André Dathe

Die Kleinunternehmerregelung

Erläutert anhand von über 60 Beispielen

André Dathe

Die Kleinunternehmerregelung

www.europäischer-hochschulverlag.de

Dathe, André
Die Kleinunternehmerregelung
Erläutert anhand von über 60 Beispielen

2. Auflage 2009
ISBN: 978-3-941482-26-5
© Europäischer Hochschulverlag GmbH & Co. KG, Bremen, 2009.
www.europäischer-hochschulverlag.de
Alle Rechte vorbehalten

Die Deutsche Bibliothek verzeichnet diesen Titel in der
Deutschen Nationalbibliografie. Bibliografische Daten sind unter
http://dnb.ddb.de abrufbar.

Vorwort

„Manchmal, wenn Andreas Marx, 49, ins Denken kommt, wähnt er sich auf einer Schussfahrt hin zum bösen Ende. Ihn verlässt dann jede Hoffnung. Marx ist Kantinenpächter im Berliner Finanzamt Kreuzberg. Eine Stelle, die er vor gut neun Jahren antrat, weil ihm damals das „Angebot ohne Nebenkosten" reizte, er weder für Putzdienste noch für Ausstattung oder Miete aufzukommen hatte und sich deshalb preußische Steuerdisziplin und darüber hinaus noch drei Angestellte leisten konnte. Auch kam die Kundschaft zahlreich.

Mittlerweile zahlt Andreas Marx Pacht, zahlt für Wasser und Strom, zahlt für Parkplätze vor dem Amt und bewältigt die Arbeit allein. Kocht, wäscht ab, bedient, putzt, kauft ein, ist von morgens 4.30 Uhr bis nachmittags 18 Uhr im Dienst, ist selbst am Wochenende vor Ort. Erstellt dann den Speiseplan, führt das Kassenbuch. Das Amt und seine Beamten knausern. „Eher früher als später" will Marx sich deshalb ganz woanders wieder finden. „Vielleicht hinter dem Tresen einer Currywurstbude."

Marx hätte dann, so seine stille Hoffnung, ein im Verhältnis zum Aufwand immerhin akzeptables Auskommen. Könnte auch einmal wie andere „aus der Lade heraus" verkaufen und nicht nur über registrierte Kassenbons, was „gewisse Spielräume" gäbe. Im Finanzamt aber schaue man ihm, mehr noch als anderswo, „auf die Finger".

Darin eine ungebührliche Form von Kontrolle zu entdecken liegt dem Kantinenpächter fern. Eher scheint ihm das Gebaren seiner Beamten, diese antrainierte penible Korrektheit, wie ein Reflex aus Zeiten, als deren Arbeit selbst noch auf stabilen staatstragenden Fundamenten ruhte. Doch geht diese Welt, davon ist zumindest Marx überzeugt, „gerade ebenso in die Brüche wie die meinige".

Tatsächlich will es auch dem Kantinenbesucher Volker L., seines Zeichens Hauptsachgebietsleiter Betriebsprüfung am Finanzamt Kreuzberg, immer häufiger so scheinen, als wandele er über Treibsand und drohe zu versinken. „Der Boden, auf dem wir stehen", sagt er mit der Miene eines desillusionierten Entdeckungsreisenden, „ist nicht mehr sicher. Und allein durch Lesen der Gesetze kommen wir oft nicht mehr weiter."

Es liegt in diesen zwei Sätzen das ganze große Drama des deutschen Steuerrechts, und es ist zugleich die exakte Beschreibung all jener Niederlagen, die eine frustrierte, überforderte, jedes Elans beraubte und zum Prügelknaben gestempelte Beamtenschaft Tag für Tag einstecken muss. Um von der Masse der Steuerpflichtigen erst gar nicht zu sprechen.

Natürlich kommentiert niemand in der Kreuzberger Steuerbehörde offen die politisch motivierten Irrwege einer Fiskalpolitik und Finanzrechtsprechung, die im vorgeblichen Bemühen, es allen Interessengruppen recht zu machen, die Ungerechtigkeit zum System erhebt, ohne es zu wollen. Die Vereinfachung zum Ziel erklärt und zugleich den Paragrafendschungel überdüngt. Die Gesetze beschließt, ohne deren wahre Auswirkung solide zu berechnen. Die Formulierungen absegnet, die selbst Experten nicht mehr verstehen. Und die sich in immer kürzeren zeitlichen Ordnungsprinzipien ergänzt, umschreibt oder gar selber für null und nichtig erklärt. Weshalb man sich - nicht nur in Kreuzberg - Sorgen um den Zustand der Republik macht."[1]

Der vorgenannte Ausschnitt aus einem Artikel der Zeitschrift Focus dürfte so ziemlich genau die derzeitige Lage vieler Steuerpflichtigen als auch Finanzbeamten treffen. In diesem Zusammenhang drängt sich allerdings die Frage auf, wie sich die Steuerpflichtigen im Dickicht des vorherrschenden Paragrafendschungels zurechtfinden sollen, wenn dies schon den hierfür speziell ausgebildeten Finanzbeamten nur schwer gelingt. Ein gewichtiger Grund hierfür, ist die Tatsache, dass sich das deutsche Steuerrecht in den zurückliegenden Jahrzehnten, dies gilt auch in Bezug auf die Umsatzsteuer, zu einem immer komplexeren System entwickelt hat.

Ein kleines Licht am Ende des Tunnels stellt im Hinblick auf das Umsatzsteuerrecht, die mit dem Umsatzsteuergesetz (UStG) im Jahr 1980 eingeführte Kleinunternehmerregelung dar, welche den Unternehmer unter bestimmten Voraussetzungen von einigen ihm sonst aufgebürdeten Pflichten entbindet, z.B. von der in Neugründungsfällen erforderlichen monatlichen Abgabe der Umsatzsteuer-Voranmeldung[2] und der sich u.U. daraus ergebenden Entrichtung der Umsatzsteuer. Die Kleinunternehmerregelung dient zwar in aller erster Linie der Verwaltungsvereinfachung[3], ist aber auch für den sie anwendenden Steuerpflichtigen eine Entlastung. Allerdings stellt die Kleinunternehmerregelung aus umsatzsteuerlicher Sicht keinen Freifahrtschein dar. Es gilt einige Dinge zu beachten, um nicht Gefahr zu laufen, auf Grund von Steuerforderungen des Finanzamtes, z.B. nach einer erfolgten Außenprüfung, in wirtschaftliche Bedrängnis zu geraten.

Die Voraussetzungen, unter denen die Kleinunternehmerregelung in Anspruch genommen werden kann, und weitere im Zusammenhang mit der Kleinunternehmerregelung zu beachtende Schwerpunkte werden in den nachfolgenden Kapiteln dargestellt.

Vorab wird ausdrücklich darauf hingewiesen, dass dieses Buch in Bezug auf die Kleinunternehmerregelung zwar ein wertvolles Hilfsmittel darstellt, es jedoch nicht eine, sich an den individuellen Verhältnissen eines Unternehmers orientierende, fundierte Beratung durch einen Steuerberater ersetzen kann. Im Zweifel sollte daher immer fachkundiger Rat eingeholt werden. Im begrenzten Rahmen hilft auch das zuständige Finanzamt weiter.

---

[1] Borchert, Hans/ Fragasso Claudio und Marco: Aktenzeichen Irrsinn, Leidstätte Finanzamt: Den Beamten geht es wie den Steuerzahlern – sie blicken nicht mehr durch, in: Focus 42/2003 S. 163-168
[2] § 18 Abs. 4 Satz 2 UStG
[3] BFH-Urteil vom 11.12.1997 – V B 52/97, BFH/NV 1998, 751

Inhaltsverzeichnis

1.	**Einleitung**	6
2.	**Die Kleinunternehmerregelung gem. § 19 UStG**	8
2.1.	Allgemeines	8
2.2.	Voraussetzungen für die Anwendung der Kleinunternehmerregelung	12
2.2.1.	Unternehmer	12
2.2.2.	Inländischer Unternehmer	13
2.2.3.	Unternehmen	13
2.2.4.	Umsatzgrenzen	14
2.3.	Ermittlung des Umsatzes	24
2.3.1.	Ermittlung des Gesamtumsatzes nach § 19 Abs. 3 UStG	24
2.3.2.	Ermittlung des Umsatzes nach § 19 Abs. 1 UStG	30
2.3.3.	Folgen der Überschreitung der Umsatzgrenze	37
2.4.	Weitere Rechtsfolgen der Kleinunternehmerregelung	37
2.4.1.	Kein Vorsteuerabzug gem. § 15 UStG	38
2.4.2.	Keine Option gem. § 9 UStG	38
2.4.3.	Kein gesonderter Ausweis der Umsatzsteuer in Rechnungen	42
2.4.4.	Keine Steuerbefreiung für innergemeinschaftliche Lieferungen	42
2.4.5.	Keine Angabe der Umsatzsteuer-Identifikations-Nummer in Rechnungen	42
2.4.6.	Ausnahmen von der Nichterhebung der Umsatzsteuer	43
3.	**Wechsel der Besteuerungsform**	44
3.1.	Besteuerung nach vereinbarten Entgelten	46
3.1.1.	Umsatzsteuerliche „Leistung"	46
3.1.2.	Steuerentstehung bei der Besteuerung nach vereinbarten Entgelten	47
3.2.	Besteuerung nach vereinnahmten Entgelten	50
3.3.	Der Wechsel von der Kleinunternehmerregelung zur Regelbesteuerung	52
3.3.1.	Antrag auf Wechsel von der Kleinunternehmerregelung zur Regelbesteuerung (Option)	54
3.3.2.	Wechsel von der Kleinunternehmerregelung zur Regelbesteuerung wegen Überschreitung der Umsatzgrenzen	55
3.4.	Wechsel von der Regelbesteuerung zur Kleinunternehmerregelung	55
3.5.	Folgen des Wechsels der Besteuerungsform	55
3.5.1.	Wechsel von der Kleinunternehmerregelung zur Regelbesteuerung	56
3.5.2.	Wechsel von der Regelbesteuerung zur Kleinunternehmerregelung	58
3.6.	Auswirkungen des Wechsels der Besteuerungsform auf den Vorsteuerabzug – Berichtigung des Vorsteuerabzugs gem. § 15a UStG	60
3.6.1.	Allgemeines zur Regelung des § 15a UStG	60
3.6.2.	§ 15a UStG und die Kleinunternehmerregelung	62
4.	**Rechnungslegung durch Kleinunternehmer**	64
4.1.	Rechnungen über Kleinbeträge	64
4.1.1.	Allgemeines	64
4.1.2.	Besonderheit bei der in Anspruchnahme der Kleinunternehmerregelung	65
4.2.	Rechnungen im Sinne des § 14 UStG	66
4.2.1.	Allgemeines	66
4.2.2.	Besonderheiten bei der in Anspruchnahme der Kleinunternehmerregelung	68
4.3.	Gutschrift als besondere Art der Rechnung	68
4.3.1.	Allgemeines	68
4.3.2.	Gutschrift und die Kleinunternehmerregelung	69
5.	**Unrichtiger oder unberechtigter Steuerausweis**	71
5.1.	Unrichtiger Steuerausweis gem. § 14c Abs. 1 UStG	71
5.1.1.	Allgemeines	71
5.1.2.	Berichtigung der Rechnung	73
5.2.	Unberechtigter Steuerausweis gem. § 14c Abs. 2 UStG	74
5.2.1.	Allgemeines	74
5.2.2.	Berichtigung der Rechnung	75
5.2.3.	Strafbarkeit der Nichtanmeldung des nach § 14c Abs. 2 UStG geschuldeten Betrages	76

6.	**Umsätze innerhalb der Europäischen Union (EU)**	**78**
6.1.	Allgemeines	78
6.2.	Innergemeinschaftliche Lieferungen	80
6.2.1.	Allgemeines	80
6.2.2.	Innergemeinschaftliche Lieferung neuer Fahrzeuge	80
6.3.	Innergemeinschaftliche Erwerbe	83
6.3.1.	Überschreitung der Erwerbsschwelle	83
6.3.2.	Option	85
6.3.3.	Innergemeinschaftlicher Erwerb neuer Fahrzeuge und verbrauchsteuerpflichtiger Waren	86
6.3.4.	Erklärungspflichten und Angabe der Umsatzsteuer-Identifikations-Nummer	86
7.	**Leistungsempfänger als Steuerschuldner gem. § 13b UStG**	**88**
8.	**Erbfolge und die Kleinunternehmerregelung**	**93**
8.1.	Der Erbe war bisher nicht unternehmerisch tätig	93
8.2.	Der Erbe war bereits unternehmerisch tätig	94
9.	**Aufzeichnungspflichten der Kleinunternehmer**	**95**
10.	**Umsatzsteuererklärung und Umsatzsteuer-Voranmeldung**	**96**
10.1.	Umsatzsteuererklärung	96
10.1.1.	Zeitpunkt der Abgabe der Umsatzsteuererklärung	96
10.1.2.	Berechnung der Steuer und Fälligkeit	96
10.1.3.	Anlage UR	97
10.1.4.	Angaben bei Anwendung der Kleinunternehmerregelung	97
10.2.	Umsatzsteuer-Voranmeldung	98
10.2.1.	Allgemeines	98
10.2.2.	Voranmeldungszeitraum	98
10.2.3.	Antrag auf Dauerfristverlängerung	100
10.2.4.	Elektronische Datenübermittlung oder Steueranmeldung auf Papier	102
11.	**Rechtsbehelfsverfahren (Einspruchsverfahren)**	**104**
12.	**Umsatzsteuer-Nachschau**	**111**
12.1.	Inhalt der Regelung	111
12.2.	Rechtsschutzmöglichkeiten des Steuerpflichtigen	113
13.	**Einnahme-Überschuss-Rechnung**	**115**
13.1.	Einleitung	115
13.2.	Allgemeines	115
13.3.	Standardisierte Einnahme-Überschuss-Rechnung	120
13.4.	Führung von Aufzeichnungen - Aufzeichnungspflichten	120
13.5.	Folgen bei fehlenden oder unvollständigen Aufzeichnungen	122
14.	**ELSTER (Elektronische Steuererklärung)**	**123**
14.1.	Allgemeines	123
14.2.	Nutzen und Vorteile der elektronischen Abgabe	123
14.3.	Ablauf der elektronischen Abgabe	124
14.4.	Sicherheit der Daten	124
15.	**Anlagen**	**126**
15.1.	Anlage 1: § 19 UStG – Besteuerung der Kleinunternehmer	126
15.2.	Anlage 2: Beginn der Unternehmereigenschaft	127
15.3.	Anlage 3: Umsätze, welche gem. § 19 Abs. 3 Satz 1 UStG bei der Ermittlung des Gesamtumsatzes abgezogen werden können	128
15.4.	Anlage 4: Umsatzsteuersätze in wichtigen Staaten (Stand 01.01.2006)	131
15.5.	Anlage 5: Umsatzsteuererklärung 2005	132
15.6.	Anlage 6: Anlage UR 2005	136
15.7.	Anlage 7: Umsatzsteuer-Voranmeldung 2006	138
15.8.	Anlage 8: Antrag auf Dauerfristverlängerung	140

15.9.	Anlage 9: Umsatzsteuer-Nachschau - Verdachtsliste	141
15.10.	Anlage 10: Einnahme-Überschuss-Rechnung	142
15.11.	Anlage 11: Informationen zu ELSTER	146
15.12.	Anlage 12: Gerichtsentscheidungen im Zusammenhang mit der Kleinunternehmerregelung	147
16.	**Verzeichnisse**	**150**
16.1.	Abkürzungsverzeichnis	150
16.2.	Gesetze, Durchführungsverordnungen und Richtlinien	151
16.3.	Verwaltungsanweisungen	151
16.4.	Rechtsprechung	151

1. Einleitung

Der akuten finanziellen Notlage des Deutschen Reiches während des Ersten Weltkrieges haben wir die Erschließung neuer, rasch fließender und ergiebiger Steuerquellen zu "verdanken". Das Warenumsatzstempelgesetz, welches mit Gesetz vom 26.06.1916 eingeführt wurde, gilt als Vorläufer des heutigen Umsatzsteuergesetzes und sah die Erhebung einer Abgabe i.H.v. 0,1 Prozent der Entgelte für alle Warenlieferungen vor. In den folgenden Jahren, 1918 bis 1951, wurde der allgemeine Steuersatz schrittweise von 0,5 % (1918) auf 4 % (1951) erhöht.[4]
Der zweifellos tiefste Einschnitt in der Geschichte der Umsatzsteuer stellt die Einführung des Mehrwertsteuersystems, Allphasen-Nettoumsatzsteuer mit Vorsteuerabzug, im Jahre 1967 dar. Bereits das UStG 1967 enthielt eine besondere Vereinfachungsregelung für Kleinunternehmer. Diese musste im Rahmen der Anpassung des deutschen Umsatzsteuerrechts an die EU-rechtlichen Vorgaben der 6. EG-Richtlinie mit dem UStG 1980 modifiziert werden. Der § 19 UStG 1980 sah vor, dass Unternehmer mit einem Jahresumsatz von weniger als 20.000 DM im vorangegangenen Kalenderjahr und voraussichtlich weniger als 100.000 DM im laufenden Kalenderjahr keine Umsatzsteuer zu entrichten hatten. Darüber hinaus konnte der Unternehmer nach § 19 Abs. 2 UStG 1980 auf die Anwendung der Kleinunternehmerregelung verzichten (Option).
Die Kleinunternehmerregelung des § 19 UStG ist im Laufe der Zeit mehrfach geändert worden. So wurde zuletzt zum 01.01.2003 die Jahresumsatzgrenze des § 19 Abs. 1 UStG von 16.620 € auf 17.500 € erhöht.

Seit dem Jahr 1916 galten in der Bundesrepublik Deutschland folgende allgemeine Steuersätze:

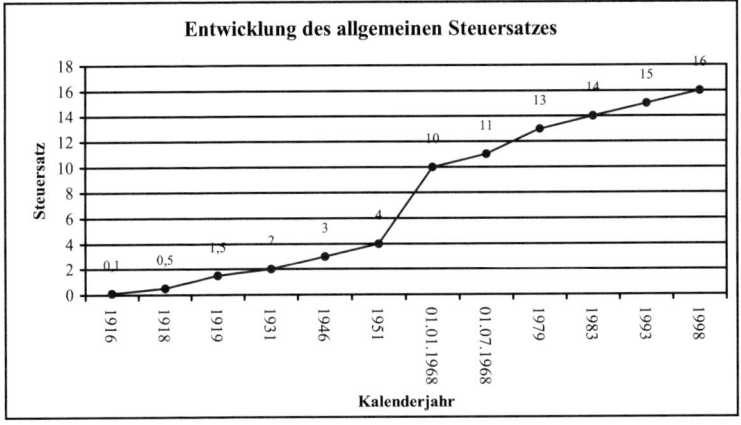

---

[4] 1,5 % (1919), 2 % (1931), 3 % (1946)

Zum 01.01.2007 steht eine erneute Umsatzsteuererhöhung ins Haus. Der allgemeine Steuersatz wird ab diesem Zeitpunkt um 3 % erhöht. Dieser beträgt dann 19 %. Ausweislich der vorstehenden Übersicht, ist dies seit dem Jahr 1968 die größte Erhöhung des Umsatzsteuersatzes. Anstatt sich endlich der Einsparung auf der Ausgabenseite des Bundeshaushaltes und der Landeshaushalte zu widmen, gefährdet die Bundesregierung mit diesem Schritt, dass derzeit zart keimende Konjunkturpflänzchen, insbesondere die gerade anspringende Binnenlandsnachfrage. Wenn schon eine Erhöhung des Umsatzsteuersatzes nicht umgangen werden konnte, wäre zu mindestens ein maßvolleres Vorgehen, in Form einer 1 % oder 2 %-igen Erhöhung des Umsatzsteuersatzes, angebracht gewesen.

Nicht zuletzt dank der genannten Steuersatzerhöhungen, stieg das Aufkommen aus der Umsatzsteuer von rd. 13,8 Mrd. € im Jahr 1970, das waren etwa 17 Prozent der gesamten Steuereinnahmen, auf rd. 139 Mrd. €[5] im Jahr 2005. Damit kommen derzeit nahezu $^1/_3$ der Steuereinnahmen der Bundesrepublik allein aus der Umsatzsteuer.

In dem nachfolgenden **Kapitel 2.** wird zunächst die Kleinunternehmerregelung und die Voraussetzungen, unter denen diese angewendet werden kann, dargestellt. Im anschließenden **Kapitel 3.** wird geschildert, was zu beachten ist, wenn von der Kleinunternehmerregelung zur „normalen" Besteuerung, der sogenannten Regelbesteuerung, übergegangen wird. Das **Kapitel 4.** widmet sich dem für einen Kleinunternehmer wichtigen Thema der Rechnungslegung. Auf die Folgen einer falschen Rechnungslegung und Berichtungsmöglichkeiten dieser, wird im **Kapitel 5.** näher eingegangen. In den weiteren Kapiteln, werden folgende Themen erörtert:

- Umsätze innerhalb der Europäischen Union (EU)   ➡ **Kapitel 6.**
- Leistungsempfänger als Steuerschuldner gem. § 13b UStG   ➡ **Kapitel 7.**
- Erbfolge und die Kleinunternehmerregelung   ➡ **Kapitel 8.**
- Aufzeichnungspflichten der Kleinunternehmer   ➡ **Kapitel 9.**
- Umsatzsteuererklärung und Umsatzsteuer-Voranmeldung   ➡ **Kapitel 10.**
- Rechtsbehelfsverfahren (Einspruchsverfahren)   ➡ **Kapitel 11.**
- Umsatzsteuer-Nachschau   ➡ **Kapitel 12.**
- Einnahme-Überschuss-Rechnung   ➡ **Kapitel 13.**
- ELSTER (elektronische Steuererklärung)   ➡ **Kapitel 14.**

In der **Anlage 12** sind Gerichtsurteile und -beschlüsse der Finanzgerichte und des Bundesfinanzhofes, welche die Kleinunternehmerregelung betreffen, aufgeführt und kurz erläutert.

---

[5] mit Einfuhrumsatzsteuer; www.bundesfinanzministerium.de [28.06.2006]

2. Die Kleinunternehmerregelung gem. § 19 UStG

2.1. Allgemeines

Die Besteuerung von Kleinunternehmern ist im § 19 UStG geregelt.[6] Der entsprechende Gesetzestext ist als **Anlage 1** beigefügt.

Zweck der Kleinunternehmerregelung des § 19 UStG ist es, Unternehmer, welche steuerpflichtige Umsätze in geringem Umfang tätigen, aus Verwaltungsvereinfachungsgründen von der Umsatzbesteuerung auszunehmen.[7] Der § 19 UStG beabsichtigt nicht die Subventionierung, wenngleich dieser Effekt eintreten kann (vgl. nachfolgendes Beispiel), oder Existenzsicherung des Kleinunternehmers.[8]

Der § 19 UStG bewirkt aus umsatzsteuerlicher Sicht die weitgehende Gleichstellung von Kleinunternehmern mit Nichtunternehmern. Diese Gleichstellung ist jedoch nicht zwingend, da der unter die Regelung des § 19 UStG fallende Unternehmer auf seinen Sonderstatus im Rahmen der Option[9] verzichten kann und dann den allgemeinen Vorschriften des UStG unterliegt.

Die aus umsatzsteuerlicher Sicht für Kleinunternehmer bestehende Sonderregelung ist insbesondere für Existenzgründer, ICH-AG´s und nebenberuflich tätige Personen geeignet, welche Umsätze im Rahmen einer bestimmten Grenze tätigen.

Da von Kleinunternehmern einerseits keine Umsatzsteuer erhoben wird, können diese andererseits auch kein Vorsteuerabzug geltend machen. Dementsprechend ist die Kleinunternehmerregelung insbesondere für Unternehmer, welche bei der Unternehmensgründung nur verhältnismäßig geringe Investitionen tätigen müssen und/oder im weiteren Geschäftsbetrieb überschaubare Betriebsausgaben haben, von Relevanz. Es kann jedoch aus längerfristigen Gesichtspunkten, trotz relativ hoher Investitionskosten bei der Unternehmensgründung, u.U. dennoch sinnvoll sein die Kleinunternehmerregelung in Anspruch zu nehmen. Zur Verdeutlichung der vorgenannten Ausführungen, wird auf das nachfolgende Beispiel verwiesen:

Beispiel:
Der Angestellte S nimmt zum 01.01. des Kalenderjahres 2006 nebenberuflich eine unternehmerische Tätigkeit als Schnitzer auf. Um diese Tätigkeit aufnehmen zu können, tätigt er im Kalenderjahr 2006 Investitionen i.H.v. 10.000 € zzgl. 1.600 € Umsatzsteuer für die Anschaffung verschiedener Werkzeuge und anderer Aufwendungen. S rechnet in den Kalenderjahren 2006 bis 2009 mit folgenden Umsätzen bzw. Betriebsausgaben:

---

[6] Im Art. 24 Abs. 2 der 6. EG-Richtlinie wurden für Kleinunternehmer nationale Sonderregelungen in Form einer Steuerbefreiung, einer degressiven Steuerermäßigung oder eines vereinfachten Besteuerungsverfahrens zugelassen.
[7] BFH-Beschluss vom 28.09.1993 – V B 90/93, BFH/NV 1994, 206
[8] BFH-Beschluss vom 28.09.1993 – V B 90/93, BFH/NV 1994, 206; BFH-Beschluss vom 11.12.1997 – V B 52/97, BFH/NV 1998,751; BFH-Beschluss vom 31.08.1999 – V B 20/98, BFH/NV 2000, 245; BFH-Beschluss vom 31.03.2000 – V B 9/00, BFH/NV 2000, 1369
[9] § 19 Abs. 2 UStG; vgl. **Kapitel 3**.

Kalender-jahr	Umsatz (Betriebseinnahmen)			Betriebsausgaben[10]	
	brutto	netto	Umsatzsteuer	netto	Vorsteuer[11]
2006	11.600 €	10.000 €	1.600 €	15.000 €	2.400 €
2007	11.600 €	10.000 €	1.600 €	3.750 €	600 €
2008	11.600 €	10.000 €	1.600 €	3.750 €	600 €
2009	11.600 €	10.000 €	1.600 €	3.750 €	600 €

Lösung:

Nachfolgend wird dargestellt, welche umsatzsteuerlichen Auswirkungen sich ergeben, wenn S die Kleinunternehmerregelung nicht anwendet, vgl. Buchstabe a), und wenn er sie anwendet, vgl. Buchstabe b):

a) S wendet die Kleinunternehmerregelung nicht an

S unterliegt somit der Regelbesteuerung (vgl. **Kapitel 3.**), d.h. er muss die durch ihn ausgeführten steuerpflichtigen Umsätze gegenüber dem Finanzamt erklären. Von der für die vorgenannten Umsätze entstehende Umsatzsteuer (vgl. Spalte 1), kann S die auf seine Betriebsausgaben entfallende abzugsfähige Vorsteuer abziehen (vgl. Spalte 2). In der Summe ergibt sich entweder ein Erstattungsanspruch oder eine Zahllast des S (vgl. Spalte 3).

Kalenderjahr	Umsatzsteuer	Vorsteuer	Erstattungsanspruch bzw. Zahllast des S (Umsatzsteuer abzgl. Vorsteuer)
Spalte	1	2	3
2006	1.600 €	2.400 €	- 800 €
2007	1.600 €	600 €	+ 1.000 €
2008	1.600 €	600 €	+ 1.000 €
2009	1.600 €	600 €	+ 1.000 €
Summe	**6.400 €**	**4.200 €**	**+ 2.200 €**

Fazit:

Der S erfüllt zwar die Voraussetzungen (Umsatzgrenzen), wie in den nachfolgenden Kapiteln dargestellt wird, für die Inanspruchnahme der Kleinunternehmerregelung. Da er diese jedoch nicht anwendet, muss S in der Summe innerhalb der Jahre 2006 bis 2009 insgesamt 2.200 € Umsatzsteuer an das für ihn zuständige Finanzamt entrichten. Darüber hinaus ist S als Unternehmensgründer in den Jahren 2006 und 2007 verpflichtet, monatlich eine Umsatzsteuer-Voranmeldung bei dem für ihn zuständigen Finanzamt einzureichen.[12]

In der nachfolgenden Alternative b) wird aufgezeigt, wie sich die Situation bei dem Unternehmer S, bei den gleichen Umsätzen und Betriebsausgaben darstellt, wenn er die Kleinunternehmerregelung in Anspruch nimmt.

---

[10] z.B. für den Kauf von Holz, die Deckung laufender Kosten etc.
[11] Die in den Rechnungen über die Betriebsausgaben enthaltene und offen ausgewiesene Umsatzsteuer wird als Vorsteuer bezeichnet.
[12] § 18 Abs. 2 Satz 4 UStG

b) S wendet die Kleinunternehmerregelung an

Kalenderjahr	Umsatzsteuer	Vorsteuer	Erstattungsanspruch bzw. Zahllast des S (Umsatzsteuer abzüglich Vorsteuer)
2006	0 €	0 €	0 €
2007	0 €	0 €	0 €
2008	0 €	0 €	0 €
2009	0 €	0 €	0 €
Summe	0 €	0 €	0 €

Fazit:

Auf Grund der Anwendung der Kleinunternehmerregelung, wird von S einerseits die Umsatzsteuer nicht erhoben, andererseits kann er keinen Vorsteuerabzug geltend machen. Zwar wäre es für S, wenn das Kalenderjahr 2006 für sich betrachtet wird, günstiger, wenn er die Kleinunternehmerregelung nicht anwendet, da er in diesem Falle eine Erstattung i.H.v. 800 €[13] erhalten würde. Betrachtet man allerdings den Zeitraum 2006 bis 2009 wird deutlich, dass dem Unternehmer S durch die Anwendung der Kleinunternehmerregelung 2.200 € mehr zur Verfügung stehen, da sich keine, wie bei der Anwendung der Regelversteuerung, vgl. Lösung a), Zahllast ergibt.

Auf Grund der Nichterhebung der Umsatzsteuer vom Kleinunternehmer, kann dieser seine Ware entweder preiswerter anbieten bzw. einen höheren Gewinn erzielen, als ein Unternehmer, welcher nicht die Kleinunternehmerregelung anwendet. Auf das nachfolgende Beispiel wird in diesem Zusammenhang zur Veranschaulichung verwiesen:

Beispiel:

Ein Kleinunternehmer (vgl. Spalte 1 und 2) und ein Unternehmer, welcher nicht die Kleinunternehmerregelung anwendet (vgl. Spalte 3), kaufen beide eine bestimmte Ware für 100 € zzgl. 16 € Umsatzsteuer ein (vgl. Zeile 1). Sie verkaufen die Ware zu den in der Zeile 4 dargestellten Preisen.

	Zeile	Kleinunternehmer		Regelversteuernder Unternehmer
Spalte		1	2	3
Wareneinkaufspreis	1	116 €	116 €	116 €
abziehbare Vorsteuer[14]	2	kein Vorsteuerabzug gem. § 19 Abs. 1 Satz 4 UStG		- 16 €
Gesamtkosten	3	116 €	116 €	100 €
Verkaufspreis (brutto)	4	316 €	348 €	348 €
an das Finanzamt abzuführende Umsatzsteuer	5	Umsatzsteuer wird gem. § 19 Abs. 1 Satz 1 UStG nicht erhoben		- 48 €[15]

---

[13] Umsatzsteuer 1.600 € - Vorsteuer 2.400 €
[14] § 15 UStG
[15] Verkaufspreis netto 300 € * 16 % Umsatzsteuer

Gewinn	6	200 €[16]	232 €[17]	200 €[18]

Aus dem vorgenannten Beispiel können, legt man gleiche Wareneinkaufspreise zu Grunde, zweierlei Schlussfolgerungen gezogen werden: Zum einen kann der Kleinunternehmer gegenüber einem Unternehmer der die Kleinunternehmerregelung nicht anwendet, seine Ware, bei gleichem Gewinn, zu einem niedrigeren Verkaufspreis anbieten, vgl. Lösung a), oder aber bei gleichem Verkaufspreis einen höheren Gewinn erzielen, vgl. Lösung b).

Lösung:

a) niedrigerer Verkaufspreis

	Kleinunternehmer	Regelversteuernder Unternehmer
Wareneinkaufspreis	116 €	100 €[19]
Verkaufspreis	316 €	348 €
an das Finanzamt abzuführende Umsatzsteuer	Umsatzsteuer wird nicht erhoben	- 48 €
Gewinn	200 €	200 €

Die vorgenannte Darstellung verdeutlicht, dass der Kleinunternehmer seine Ware für einen um 32 € niedrigeren Preis anbieten kann (vgl. grau unterlegte Werte), als der Unternehmer, der die Kleinunternehmerregelung nicht anwendet.

b) höherer Gewinn

	Kleinunternehmer	Regelversteuernder Unternehmer
Wareneinkaufspreis	116 €	100 €[20]
Verkaufspreis	348 €	348 €
an das Finanzamt abzuführende Umsatzsteuer	Umsatzsteuer wird nicht erhoben	- 48 €
Gewinn	232 €	200 €

Veräußert der Kleinunternehmer seine Ware jedoch für den gleichen Preis, wie der Unternehmer, der die Kleinunternehmerregelung nicht anwendet (vgl. grau unterlegte Werte), erzielt er einen um 32 € höheren Gewinn.

Fazit:

Der Kleinunternehmer hat mithin hinsichtlich des Warenverkaufes grundsätzlich einen Wettbewerbsvorteil, gegenüber dem Unternehmer, welcher nicht die Kleinunternehmerregelung anwendet. Allerdings kann sich dieser Vorteil jedoch dann ins Gegenteil verkehren, wenn der Kleinunternehmer überwiegend Ware an an-

---

[16] Verkaufspreis (Zeile 4) - Gesamtkosten (Zeile 3)
[17] Verkaufspreis (Zeile 4) - Gesamtkosten (Zeile 3)
[18] Verkaufspreis 348 € (Zeile 4) - Wareneinkaufspreis 116 € (Zeile 1) - an das Finanzamt abzuführende Umsatzsteuer 48 € (Zeile 5) + Vorsteuer 16 € (Zeile 2)
[19] nach Abzug der Vorsteuer i.H.v. 16 €
[20] nach Abzug der Vorsteuer i.H.v. 16 €

dere Unternehmer liefert, vgl. hierzu **Kapitel 3.3.**, oder er hohe Betriebsausgaben tätigt, welche zum Vorsteuerabzug berechtigen würden. Ob letztendlich die Anwendung der Kleinunternehmerregelung günstiger als die Regelbesteuerung ist, bedarf einer Gesamtanalyse des bestehenden oder beabsichtigten Unternehmens.

2.2. Voraussetzungen für die Anwendung der Kleinunternehmerregelung

Die Anwendung der Kleinunternehmerregelung setzt voraus, dass es sich bei dem Kleinunternehmer um einen Unternehmer im Sinne des § 2 UStG handelt und dieser Unternehmer in Deutschland ansässig ist.

Weitere Voraussetzung ist, dass der Unternehmer, soweit er bereits im Vorjahr unternehmerisch tätig war, bestimmte Umsatzgrenzen nicht überschritten hat bzw. im laufenden Kalenderjahr voraussichtlich nicht überschreiten wird.

Die Voraussetzungen für die Anwendung der Kleinunternehmerregelung sind demnach:

- ein Unternehmer im Sinne des § 2 UStG   ➜ vgl. **Kapitel 2.2.1.**,
- der im Inland ansässig ist   ➜ vgl. **Kapitel 2.2.2.**,
- ein Unternehmen betreibt   ➜ vgl. **Kapitel 2.2.3.** und
- bestimmte Umsatzgrenzen nicht überschreitet ➜ vgl. **Kapitel 2.2.4.**

2.2.1. Unternehmer

Die Unternehmereigenschaft wird im § 2 Abs. 1 UStG definiert. Danach ist Unternehmer, wer eine gewerbliche oder berufliche Tätigkeit selbständig ausübt.[21] Gewerblich oder beruflich ist jede nachhaltige Tätigkeit zur Erzielung von Einnahmen, auch wenn die Absicht Gewinn zu erzielen fehlt.[22] Unternehmer können natürliche[23] und juristische Personen[24], sowie Personenzusammenschlüsse[25] sein.

Durch die Nichterhebung der Umsatzsteuer wird der Kleinunternehmer zwar wie ein Nichtunternehmer behandelt, dennoch bleibt er innerhalb des UStG Unternehmer im Sinne des § 2 UStG. Dies ist z.B. insbesondere für die an die Unternehmereigenschaft anknüpfenden Pflichten von Bedeutung. Auf das **Kapitel 9.**, Aufzeichnungspflichten der Kleinunternehmer, und das **Kapitel 10.**, Abgabe der Umsatzsteuererklärung, sei an dieser Stelle beispielhaft verwiesen.

---

[21] § 2 Abs. 1 Satz 1 UStG
[22] § 2 Abs. 1 Satz 3 UStG
[23] § 1 BGB
[24] z.B. Aktiengesellschaft (AG), Gesellschaft mit beschränkter Haftung (GmbH)
[25] z.B. Gesellschaft bürgerlichen Rechts (GbR)

2.2.2. Inländischer Unternehmer

Bei dem Kleinunternehmer muss es sich des weiteren um einen Unternehmer handeln, der im Inland[26] oder in einem Freihafen[27] ansässig ist. Damit soll verhindert werden, dass ausländische Unternehmer mit hohen Umsätzen im Ausland und geringen Umsätzen in Deutschland, in Deutschland unter die Regelung des § 19 UStG fallen.

Beispiel:
Der Schlossermeister B aus Salzburg (Österreich) errichtet auf dem Grundstück des Prof. M in München einen aufwendig gearbeiteten Zaun. Er stellt hierfür 11.600 € brutto in Rechnung. Weitere Umsätze führt B in Deutschland nicht aus.

Lösung:
Die Lieferung und Errichtung des Zauns stellt eine Werklieferung[28] des B dar. Der Ort der Lieferung liegt in München und mithin in Deutschland[29], da die Verfügungsmacht dort verschafft wird. Das Nettoentgelt[30] beträgt 10.000 €[31], die Umsatzsteuer 1.600 €[32]. Die Kleinunternehmerregelung greift nicht, da der Schlossermeister B nicht im Inland oder in einem Freihafen ansässig ist.[33] Der Schlossermeister B muss sich daher in Deutschland registrieren lassen und die Umsatzsteuer an das zuständige Finanzamt abführen. Hinweis: Die Steuerschuldnerschaft geht nicht nach § 13b Abs. 1 Satz 1 Nr. 1 UStG auf Prof. M über, da dieser kein Unternehmer im Sinne des UStG ist (vgl. **Kapitel 7.**).[34]

2.2.3. Unternehmen

Da das Unternehmen nach § 2 Abs. 1 Satz 2 UStG die gesamte gewerbliche oder berufliche Tätigkeit eines Unternehmers umfasst, kann die Kleinunternehmerregelung auch nur für das gesamte Unternehmen einheitlich in Betracht kommen. Die Kleinunternehmerregelung kann nicht auf einen oder mehrere Betriebe des Unternehmens beschränkt werden, auch wenn diese als selbständige Betriebe anzusehen sind, da dies dem Grundsatz der Einheit des Unternehmens[35] widersprechen würde. Dies gilt sowohl hinsichtlich der Voraussetzungen für die Anwendbarkeit der Kleinunternehmerregelung gem. § 19 Abs. 1 UStG als auch für die Optionsmöglichkeit nach § 19 Abs. 2 UStG[36].

---

[26] Bundesrepublik Deutschland, vgl. § 1 Abs. 2 Satz 1 UStG
[27] § 1 Abs. 3 UStG
[28] § 3 Abs. 4 UStG i.V.m. A 27 Abs. 1 UStR 2005
[29] § 3 Abs. 7 UStG
[30] § 10 Abs. 1 UStG
[31] 11.600 € * 100/116
[32] § 12 Abs. 1 UStG, Steuersatz 16 %
[33] § 19 Abs. 1 Satz 1 UStG
[34] § 13b Abs. 2 Satz 1 UStG
[35] vgl. § 2 UStG
[36] vgl. **Kapitel 3.3.1.**

2.2.4. Umsatzgrenzen

2.2.4.1. Maßgebliche Umsatzgrenzen

Der Gesetzgeber sieht als Hürde für die Anwendung der Kleinunternehmerregelung zwei Umsatzgrenzen vor. Zum einen eine Umsatzgrenze i.H.v. 17.500 € für das abgelaufene, vorangegangene, Kalenderjahr und zum anderen eine Umsatzgrenze i.H.v. 50.000 € für das laufende Kalenderjahr. Die für Lieferungen und sonstige Leistungen[37], die der Kleinunternehmer im Inland gegen Entgelt im Rahmen seines Unternehmens ausübt[38], geschuldete Umsatzsteuer, wird vom Kleinunternehmer demnach dann nicht erhoben, wenn der im § 19 Abs. 1 Satz 2 UStG bezeichnete Umsatz, zuzüglich der darauf entfallenden Steuer, im vorangegangenen Kalenderjahr 17.500 € nicht überstiegen hat und im laufenden Kalenderjahr voraussichtlich 50.000 € nicht übersteigen wird. Auf die Ermittlung der für die Prüfung der Umsatzgrenzen maßgeblichen Umsätze und der damit im Zusammenhang stehenden Besonderheiten, z.B. dem Verkauf von Anlagevermögen, wird in **Kapitel 2.3.** näher eingegangen.

Bei der Prüfung der beiden o.g. Umsatzgrenzen ist jedoch zunächst zu unterscheiden, ob der Unternehmer, welcher die Kleinunternehmerregelung in Anspruch nehmen will, im Vorjahr bereits unternehmerisch tätig war oder die unternehmerische Tätigkeit erst im laufenden Kalenderjahr, etwa zum 01.01., aufgenommen hat. Für die beiden vorgenannten Möglichkeiten gelten jeweils folgende Umsatzgrenzen:

➨ Beginn der unternehmerischen Tätigkeit im laufenden Kalenderjahr

maßgebliche Umsatzgrenze für das Vorjahr	keine
maßgebliche voraussichtliche Umsatzgrenze für das Kalenderjahr in dem die unternehmerische Tätigkeit aufgenommen wurde	17.500 €

➨ die unternehmerische Tätigkeit hat bereits im Vorjahr bestanden

maßgebliche Umsatzgrenze für das Vorjahr	17.500 €
maßgebliche voraussichtliche Umsatzgrenze für das laufende Kalenderjahr	50.000 €

An dieser Stelle sei darauf hingewiesen, dass, wenn ohne einen ersichtlichen wirtschaftlichen Grund der Zeitpunkt der Vereinnahmung der Entgelte durch eine Vereinbarung mit dem Leistungsempfänger (Schuldner des Entgeltes) verlagert wird, um das Überschreiten der Umsatzgrenzen zu verhindern, darin eine missbräuchliche Gestaltung gem. § 42 AO zu sehen ist. Liegt ein solcher Missbrauch vor, erfolgt die Prüfung der Umsatzgrenzen ohne Berücksichtigung der

---

[37] vgl. Kapitel 3.1.1.
[38] Umsätze im Sinne des § 1 Abs. 1 Nr. 1 UStG

rechtsmissbräuchlichen Vereinbarung.[39]

a.) Beginn der unternehmerischen Tätigkeit im laufenden Kalenderjahr

Nimmt der Unternehmer seine gewerbliche oder berufliche Tätigkeit im Laufe eines Kalenderjahres auf, ist in diesen Fällen allein auf den voraussichtlichen Jahresgesamtumsatz des laufenden Kalenderjahres abzustellen.[40] Der Unternehmer hat die Einschätzung des voraussichtlichen Jahresgesamtumsatzes bei der Aufnahme seiner unternehmerischen Tätigkeit vorzunehmen.

In der Regel wird es bei der Aufnahme einer unternehmerischen Tätigkeit jedoch so sein, dass der Unternehmer nicht einschätzen kann, wie hoch die Umsätze, insbesondere in der Gründungsphase, sein werden. Dies ist Bestandteil des unternehmerischen Risikos.

Ist bei der Aufnahme der unternehmerischen Tätigkeit damit zu rechnen, dass der, ggf. hochgerechnete, Jahresgesamtumsatz 17.500 € nicht übersteigen wird, kann die Kleinunternehmerregelung angewendet werden. Maßgeblich ist hierbei der bei der Aufnahme der unternehmerischen Tätigkeit erwartete voraussichtliche Jahresgesamtumsatz. Liegen bei der Aufnahme der unternehmerischen Tätigkeit keinerlei Anhaltspunkte dafür vor, dass der Jahresgesamtumsatz 17.500 € übersteigen wird, kann die Kleinunternehmerregelung Anwendung finden.[41] Übersteigt der Umsatz im laufenden Kalenderjahr wieder erwartend dennoch die Umsatzgrenze, ist dies unschädlich.

Beispiel:
Der Tischlermeister H nimmt zum 01.01.2005 seine unternehmerische Tätigkeit auf. Bei der Aufnahme der Tätigkeit, am 01.01.2005, rechnet H zunächst mit einem monatlichen Umsatz i.H.v. 1.400 € (brutto). Tatsächlich erzielt H im Jahr 2005, auf Grund eines guten Weihnachtsgeschäftes, einen durchschnittlichen monatlichen Umsatz i.H.v. 2.000 € (brutto).

Lösung:
Da der Tischlermeister H zu Beginn seiner unternehmerischen Tätigkeit, am 01.01.2005, mit einem voraussichtlichen monatlichen Umsatz von 1.400 € rechnet und der voraussichtliche Jahresgesamtumsatz mit 16.800 € (12 Monate * 1.400 €) unter 17.500 € liegt, kann der Tischlermeister H im Kalenderjahr 2005 die Kleinunternehmerregelung in Anspruch nehmen. Das der Jahresgesamtumsatz im Kalenderjahr 2005 mit 24.000 € (12 Monate * 2.000 €) tatsächlich über 17.500 € liegt ist unbeachtlich, da H zu Beginn seiner unternehmerischen Tätigkeit, am 01.01.2005, damit nicht rechnen konnte.

Muss der Unternehmer, auf Grund verschiedener zu Beginn seiner unternehmerischen Tätigkeit vorliegender Anhaltspunkte, jedoch davon ausgehen, dass die Umsatzgrenze von 17.500 € voraussichtlich überschritten wird, kann er die Kleinunternehmerregelung nicht in Anspruch nehmen. Solche Anhaltspunkte können z.B. größere Vorbestellungen oder größere Aufträge zum Zeitpunkt der Aufnahme der unternehmerischen Tätigkeit sein.

Beispiel:

---

[39] Folgerung aus § 42 Abs. 1 Satz 2 AO
[40] A 246 Abs. 4 Satz 1 und 3 UStR 2005; BFH-Urteil vom 19.02.1976 – V R 23/73, BStBl 1976 II S. 400; BFH-Urteil vom 22.11.1984 – V R 170/83, BStBl 1985 II S. 142
[41] A 246 Abs. 4 Satz 2 UStR 2005

Der Elektromeister V nimmt zum 01.01.2005 seine unternehmerische Tätigkeit auf. Bei der Aufnahme der unternehmerischen Tätigkeit, am 01.01.2005, liegen V für die Monate Januar bis Dezember 2005 bereits Aufträge in einem Gesamtvolumen von 19.000 € (brutto) vor. Tatsächlich erzielt V im Kalenderjahr 2005 einen Umsatz von 22.000 € (brutto).

Lösung:
Da der Elektromeister V zu Beginn seiner unternehmerischen Tätigkeit, am 01.01.2005, auf Grund der ihm zu diesem Zeitpunkt vorliegenden Aufträge mit einem voraussichtlichen Umsatz von 19.000 € rechnen musste und der voraussichtlich zu erwartende Jahresgesamtumsatz damit über 17.500 € liegt, kann der Elektromeister V im Kalenderjahr 2005 die Kleinunternehmerregelung nicht in Anspruch nehmen.

Hinweis:
Wird die unternehmerische Tätigkeit erst im Laufe des Jahres, etwa zum 01.07., aufgenommen, muss der für das laufende Kalenderjahr voraussichtlich erwartete Umsatz, bei der Abschätzung, ob die Umsatzgrenze von 17.500 € voraussichtlich überschritten wird, auf einen Jahresgesamtumsatz hochgerechnet werden. Auf das nachfolgende **Kapitel 2.2.4.2.** wird in diesem Zusammenhang verwiesen.

Erweitert der Unternehmer sein Unternehmen im Laufe des Kalenderjahres, bleiben für die Umsatzprognose des laufenden Kalenderjahres grundsätzlich die Verhältnisse bei Aufnahme der unternehmerischen Tätigkeit maßgebend.

b.) <u>Die unternehmerische Tätigkeit hat bereits im Vorjahr bestanden</u>

Hat die Unternehmereigenschaft bereits im Vorjahr bestanden, ist für die Prüfung der Anwendbarkeit der Kleinunternehmerregelung der tatsächliche Jahresgesamtumsatz des Vorjahres und der zu erwartende voraussichtliche Umsatz im laufenden Kalenderjahr maßgebend.

Neben der für das Vorjahr geltenden Umsatzgrenze von 17.500 € darf der voraussichtliche Gesamtumsatz im laufenden Kalenderjahr nicht die Grenze von 50.000 € übersteigen.[42] Maßgebend ist die zu Beginn eines Jahres vorzunehmenden Beurteilung der Verhältnisse für das laufende Kalenderjahr.[43] Ist zu Beginn eines Jahres mit einem voraussichtlichen Umsatz zuzüglich Umsatzsteuer von nicht mehr als 50.000 € zu rechnen, ist dieser Betrag auch dann maßgebend, wenn der tatsächliche Umsatz zuzüglich Umsatzsteuer im Laufe des Kalenderjahres die Grenze von 50.000 € überschreitet.[44] Erweitert der Unternehmer sein Unternehmen im Laufe des Kalenderjahres, bleiben für die Umsatzprognose des laufenden Kalenderjahres grundsätzlich die Verhältnisse zu Beginn des Jahres maßgebend. War eine Erweiterung des Unternehmens schon zu Beginn des Jahres mit hinreichender Sicherheit absehbar, muss dies zwingend bei der Prüfung der Umsatzgrenze berücksichtigt werden.[45]

Muss der Unternehmer, auf Grund verschiedener zu Beginn des Kalenderjahres vorliegenden Anhaltspunkte jedoch damit rechnen, dass die Umsatzgrenze von 50.000 € im laufenden Kalenderjahr voraussichtlich überschritten wird, kann er die Kleinunternehmerregelung nicht in Anspruch neh-

---

[42] A 246 Abs. 3 Satz 1 UStR 2005
[43] A 246 Abs. 3 Satz 2 UStR 2005
[44] A 246 Abs. 3 Satz 4 UStR 2005
[45] BFH-Urteil vom 07.03.1995 – XI R 51/94, BStBl 1995 II S. 562

men. Solche Anhaltspunkte können z.B. größere Vorbestellungen oder größere Aufträge zu Beginn des Kalenderjahres sein.

Beispiel:

Der bisher arbeitslose Herr A, eröffnete zum 01.06.2004 einen Imbiss. Zu Beginn seiner unternehmerischen Tätigkeit rechnete Herr A mit monatlichen Umsätzen i.H.v. 1.400 € (brutto). Tatsächlich erzielte er im Kalenderjahr 2004 monatliche Umsätze i.H.v. 1.350 € (brutto).
Im Kalenderjahr 2005 rechnet Herr A, auf Grund der Fertigstellung der an seinem Imbiss vorbeiführenden Bundesstraße, mit im Durchschnitt 3.000 € (brutto) Umsatz im Monat. Tatsächlich erzielt er im Kalenderjahr 2005 Umsätze i.H.v.

Alternative a): 36.000 € (brutto) oder
Alternative b): 51.000 € (brutto).

Lösung:

Kalenderjahr 2004

Da Herr A zu Beginn seiner unternehmerischen Tätigkeit, am 01.06.2004, mit einem voraussichtlichen monatlichen Umsatz von 1.400 € rechnet und der Jahresgesamtumsatz mit 16.800 € (12 Monate * 1.400 €) unter 17.500 € liegt, kann A im Kalenderjahr 2004 die Kleinunternehmerregelung in Anspruch nehmen. Der tatsächliche Jahresgesamtumsatz lag im Kalenderjahr 2004 bei 16.200 € (12 Monate * 1.350 €).

Kalenderjahr 2005

Herr A muss zu Beginn des Kalenderjahres 2005 zunächst prüfen, ob er im vorangegangenen Kalenderjahr 2004 die Umsatzgrenze von 17.500 € überschritten hat. A hat im Kalenderjahr 2004 einen Jahresgesamtumsatz i.H.v. 16.200 € erzielt (vgl. o.g. Berechnung). Die Umsatzgrenze von 17.500 € wurde somit im Vorjahr nicht überschritten.

Im zweiten Schritt muss Herr A abschätzen, ob sein Jahresgesamtumsatz im Kalenderjahr 2005 voraussichtlich die Grenze von 50.000 € überschreiten wird. Hierzu muss er die zu erwartenden monatlichen Einnahmen auf einen Jahresgesamtumsatz umrechnen. Dieser beträgt 36.000 € (3.000 € * 12 Monate) und liegt demnach unter der Grenze von 50.000 €. A kann somit im Kalenderjahr 2005 die Kleinunternehmerregelung anwenden. Unbeachtlich ist in diesem Zusammenhang, ob A tatsächlich 36.000 €, vgl. Alternative a), oder 51.000 €, vgl. Alternative b), vereinnahmt, da A zu Beginn des Kalenderjahres lediglich mit monatlichen Einnahmen i.H.v. 3.000 €, rechnete.

Kalenderjahr 2006

A muss zu Beginn des Kalenderjahres 2006 zunächst wiederum prüfen, ob er im vorangegangenen Kalenderjahr 2005, die für das Vorjahr geltende Umsatzgrenze von 17.500 € überschritten hat. Im Kalenderjahr 2005 hat A 36.000 €, vgl. Alternative a), bzw. 51.000 €, vgl. Alternative b), vereinnahmt und damit in beiden Fällen die für das Vorjahr geltende Umsatzgrenze von 17.500 € überschritten. Im Kalenderjahr 2006 kann A somit die Kleinunternehmerregelung nicht mehr anwenden.

Hinweis:

Wurde die unternehmerische Tätigkeit erst im Laufe des Vorjahres, etwa zum 01.07., aufgenommen, muss der tatsächlich im Vorjahr erzielte Umsatz, bei der Prüfung der Umsatzgrenze von 17.500 €, auf einen Jahresgesamtumsatz hochgerechnet werden. In diesem Zusammenhang wird ebenfalls auf das nachfolgende **Kapitel 2.2.4.2.** verwiesen.

In der nachfolgenden Übersicht ist, ausgehend von der Tatsache, dass die unternehmerische Tätigkeit im Kalenderjahr 2003 aufgenommen wurde, dargestellt, welche Umsatzgrenzen, vgl. Spalte 2 und 3, im jeweils laufenden Kalenderjahr bzw. zu Beginn eines Kalenderjahres, vgl. Spalte 1, bei der Prüfung, ob die Kleinunternehmerregelung angewendet werden kann, maßgeblich sind:

Kalenderjahr (laufendes Kalenderjahr)	maßgebliches Vorjahr (zu beachtende Umsatzgrenze)	voraussichtlicher Jahresgesamtumsatz für das laufende Kalenderjahr (zu beachtende Umsatzgrenze)
1	2	3
2003 (Aufnahme der unternehmerischen Tätigkeit)	keines, da im Kalenderjahr 2002 keine unternehmerische Tätigkeit bestanden hat	2003 (17.500 €)
2004	2003 (17.500 €)	2004 (50.000 €)
2005	2004 (17.500 €)	2005 (50.000 €)
2006	2005 (17.500 €)	2006 (50.000 €)

Zur Verdeutlichung der in der vorgenannten Tabelle dargestellten Prüfungsmethodik, wird auf das nachfolgende vereinfachte Beispiel verwiesen:

Beispiel:

Die Fußpflegerin Frau N nimmt zum 01.01.2003 ihre unternehmerische Tätigkeit auf. In den Kalenderjahren 2003 bis 2005 rechnete Frau N zu Beginn des jeweiligen Kalenderjahres mit den in der Spalte 2 dargestellten Umsätzen. Tatsächlich erzielte sie die in der Spalte 3 dargestellten Umsätze.

Kalenderjahr	zu Beginn des Kalenderjahres erwartete Umsätze (brutto)	tatsächlich erzielte Umsätze (brutto)
1	2	3
2003	11.000 €	12.000 €
2004	12.000 €	17.800 €
2005	14.000 €	16.000 €

Lösung:

Kalenderjahr 2003

Frau N hat zu Beginn des Kalenderjahres 2003 ihre unternehmerische Tätigkeit aufgenommen. Eine Vorjahresgrenze kann nicht geprüft werden, da Frau N im Kalenderjahr 2002 noch nicht unternehmerisch tätig war. Zu Beginn des Kalenderjahres 2003 muss Frau N lediglich abschätzen, ob sie im Kalenderjahr 2003 die Umsatzgrenze von 17.500 € überschreiten wird. Laut Aufgabenstellung rechnet sie mit einem Umsatz von 11.000 € (siehe Spalte 2). Dieser liegt unter der für das Kalenderjahr der Aufnahme der unternehmerischen Tätigkeit maßgeblichen Umsatzgrenze von 17.500 €. Frau N kann somit im Kalenderjahr 2003 die Kleinunternehmerregelung in Anspruch nehmen.

Kalenderjahr 2004

Frau N muss zu Beginn des Kalenderjahres 2004 zunächst prüfen, ob sie im vorangegangenen Kalenderjahr 2003 die Umsatzgrenze von 17.500 € überschritten hat. Im Kalenderjahr 2003 hat Frau N einen Umsatz i.H.v. 12.000 € erzielt (siehe Spalte 3). Die Umsatzgrenze von 17.500 € wurde somit im Vorjahr nicht überschritten.

Im zweiten Schritt muss Frau N abschätzen, ob ihr Umsatz im Kalenderjahr 2004 voraussichtlich die Grenze von 50.000 € überschreiten wird. Laut Aufgabenstellung rechnet sie mit einem Umsatz von 12.000 € (siehe Spalte 2). Dieser liegt unter der maßgeblichen Umsatzgrenze von 50.000 €. Frau N kann somit im Kalenderjahr 2004 die Kleinunternehmerregelung in Anspruch nehmen.

Kalenderjahr 2005

Frau N muss zu Beginn des Kalenderjahres 2005 zunächst wiederum prüfen, ob sie im vorangegangenen Kalenderjahr 2004 die für das Vorjahr geltende Umsatzgrenze von 17.500 € überschritten hat. Frau N hat im Kalenderjahr 2004 einen Umsatz i.H.v. 17.800 € erzielt (siehe Spalte 3). Die Umsatzgrenze von 17.500 € wurde somit im Vorjahr überschritten. Frau N kann somit ab dem Kalenderjahr 2005 die Kleinunternehmerregelung nicht mehr in Anspruch nehmen.

2.2.4.2. Berechnung der Umsatzgrenzen, bei Aufnahme der unternehmerischen Tätigkeit im Laufe eines Kalenderjahres

Wie bereits im vorangegangenen Kapitel ausgeführt wurde, ist bei der Prüfung der beiden Umsatzgrenzen von 17.500 € und 50.000 € zunächst zu unterscheiden, ob der Unternehmer im Vorjahr bereits unternehmerisch tätig war oder ob er die unternehmerische Tätigkeit erst im laufenden Kalenderjahr aufgenommen hat.

Wurde die unternehmerische Tätigkeit nicht zum 01.01. des Vorjahres bzw. des laufenden Kalenderjahres aufgenommen, sondern erst später, z.B. zum 01.07., ist vor der Prüfung der Umsatzgrenzen zunächst eine Umrechnung der Umsätze in einen Jahresgesamtumsatz vorzunehmen.[46] Hinsichtlich der für die Aufnahme einer unternehmerischen Tätigkeit sprechenden Merkmale, wird auf die **Anlage 2** verwiesen.

Angefangene Kalendermonate sind bei der Umrechnung als volle Kalendermonate zu behandeln, es sei denn, dass die Umrechnung nach Tagen, vgl. c), zu einem niedrigeren Jahresgesamtumsatz führt.[47] Bei dieser vorzunehmenden Umrechnung ist wiederum zu unterscheiden, ob der Unternehmer seine unternehmerische Tätigkeit im laufenden Kalenderjahr, vgl. a), oder im Vorjahr, vgl. b), aufgenommen hat. Unter bestimmten Voraussetzungen ist allerdings kein Umrechnung in einen Jahresbetrag vorzunehmen, vgl. d).

a.) Beginn der unternehmerischen Tätigkeit im laufenden Kalenderjahr

Hat der Unternehmer seine Tätigkeit beispielsweise zum 01.11. eines Kalenderjahres aufgenommen, ist der für die beiden Monate November und Dezember voraussichtlich zu erwartende Umsatz nach folgender Formel in einen Jahresgesamtumsatz umzurechnen[48]:

$X * {}^{12}/_Y = Z$	
X	**voraussichtlich** erwarteter Umsatz in den Monaten November und Dezember
Y	Anzahl der Monate der unternehmerischen Tätigkeit (vorliegend 2, November und Dezember), angefangene Kalendermonate sind als volle Kalendermonate zu behandeln[49]
Z	Jahresgesamtumsatz, maßgeblich für die Prüfung der Umsatzgrenze von 17.500 €

---

[46] § 19 Abs. 3 Satz 3 UStG, A 251 Abs. 3 UStR 2005
[47] § 19 Abs. 3 Satz 4 UStG
[48] § 19 Abs. 3 Satz 3 und 4 UStG i.V.m. A 251 Abs. 3 UStR 2005
[49] Auf eine taggenaue Umrechnung des Umsatzes in einen Jahresgesamtumsatz wird an dieser Stelle nicht näher eingegangen, da der voraussichtliche Umsatz im Gründungsjahr des Unternehmens lediglich eine Schätzungsgröße darstellt und die taggenaue Berechnung nur zu sehr geringen Abweichungen führt.

Liegt der laut der vorgenannten Formel berechnete voraussichtliche Jahresgesamtumsatz unter 17.500 €, kann der Unternehmer die Kleinunternehmerregelung anwenden, liegt der voraussichtliche Jahresgesamtumsatz hingegen über 17.500 € ist dies nicht möglich.

Beispiel:

Der Schlossermeister S nimmt im Oktober 2005 seine unternehmerische Tätigkeit auf. Bei der Aufnahme der unternehmerischen Tätigkeit, Anfang Oktober, rechnet S mit einem monatlichen Umsatz i.H.v. 1.400 € (brutto).

Lösung:

Der Schlossermeister S rechnet zu Beginn seiner unternehmerischen Tätigkeit, Anfang Oktober, mit einem voraussichtlichen monatlichen Umsatz i.H.v. 1.400 €. Nach der o.g. Formel berechnet sich der Jahresgesamtumsatz wie folgt:

4.200 € (Umsatz Oktober bis Dezember 2005) * 12/3 = 16.800 € (Jahresgesamtumsatz)

Da der voraussichtliche Jahresgesamtumsatz im Kalenderjahr 2005 mit 16.800 € unter der maßgeblichen Umsatzgrenze von 17.500 € liegt, kann der Schlossermeister S im Kalenderjahr 2005 die Kleinunternehmerregelung in Anspruch nehmen.

b.) Die unternehmerische Tätigkeit hat bereits im Vorjahr bestanden

ba.) Vorjahr

Hat der Unternehmer seine unternehmerische Tätigkeit beispielsweise zum 01.07. des Vorjahres aufgenommen, ist der im Vorjahr tatsächlich erzielte Umsatz, im Rahmen der Prüfung der für das Vorjahr maßgebenden Umsatzgrenze, nach folgender Formel in einen Jahresgesamtumsatz umzurechnen:

$X * {}^{12}/_Y = Z$	
X	**tatsächlicher** Umsatz im Vorjahr
Y	Anzahl der Monate der unternehmerischen Tätigkeit (vorliegend 6, Juli bis Dezember), angefangene Kalendermonate sind als volle Kalendermonate zu behandeln, soweit eine taggenaue Berechnung nicht günstiger ist
Z	Jahresgesamtumsatz, maßgeblich für die Prüfung der Umsatzgrenze von 17.500 €

Liegt der laut der vorgenannten Formel berechnete tatsächliche Jahresgesamtumsatz im Vorjahr unter 17.500 €, kann der Unternehmer die Kleinunternehmerregelung anwenden, liegt er hingegen über 17.500 € ist dies nicht möglich.

Beispiel:

Der Schlossermeister S hat im Oktober 2005 seine unternehmerische Tätigkeit aufgenommen. In den Monaten Oktober bis Dezember 2005 erzielte S einen Umsatz von 4.500 € (brutto).

Lösung:

Der Schlossermeister S muss zu Beginn des Kalenderjahres 2006 zunächst prüfen, ob er im vorangegangenen Kalenderjahr 2005 die Umsatzgrenze von 17.500 € überschritten hat. Nach der o.g. Formel berechnet sich der Jahresgesamtumsatz für das Kalenderjahr 2005 wie folgt:

> 4.500 € (Umsatz Oktober bis Dezember 2005) * 12/3 = 18.000 € (Jahresgesamtumsatz)

Da der Jahresgesamtumsatz im Kalenderjahr 2005 über der Grenze von 17.500 € lag, kann der Schlossermeister S im Kalenderjahr 2006 die Kleinunternehmerregelung nicht mehr in Anspruch nehmen.

bb.) Laufendes Kalenderjahr

Im zweiten Schritt ist zu Beginn des laufenden Kalenderjahres zu prüfen, ob der Umsatz voraussichtlich die Grenze von 50.000 € überschreiten wird.

Einer Umrechnung des voraussichtlich zu erzielenden Umsatzes ist nur dann erforderlich, wenn der Unternehmer beabsichtigt, sein Unternehmen im laufenden Kalenderjahr, z.B. zum 01.07., aufzugeben. Der voraussichtlich zu erwartende Umsatz kann in diesem Fall nach folgender Formel in einen Jahresgesamtumsatz umgerechnet werden:

$$X * {}^{12}/_Y = Z$$

X	**voraussichtlich** erwarteter Umsatz in den Monaten Januar bis Juni
Y	Anzahl der Monate der unternehmerischen Tätigkeit (vorliegend 6, Januar bis Juni), angefangene Kalendermonate sind als volle Kalendermonate zu behandeln
Z	Jahresgesamtumsatz, maßgeblich für die Prüfung der Umsatzgrenze von 50.000 €

Liegt der laut der vorgenannten Formel berechnete voraussichtliche Jahresgesamtumsatz unter 50.000 €, kann der Unternehmer die Kleinunternehmerregelung anwenden.

Beispiel:

Der Malermeister M möchte seine unternehmerische Tätigkeit aus Altersgründen zum 01.07.2006 einstellen. Er hat im Kalenderjahr 2005 die Kleinunternehmerregelung in Anspruch genommen. Der Umsatz lag im Kalenderjahr 2005 bei 17.000 € (brutto). Zum 01.01.2006 rechnet M mit einem voraussichtlichen monatlichen Umsatz bis Ende Juni 2006 i.H.v. 2.000 € (brutto).

Lösung:

Der Malermeister M muss zu Beginn des Kalenderjahres 2006 zunächst prüfen, ob er im vorangegangenen Kalenderjahr 2005 die Umsatzgrenze von 17.500 € überschritten hat. Dies ist nicht der Fall, da der Umsatz im Kalenderjahr 2005 bei 17.000 € lag.

Im zweiten Schritt muss der Malermeister M abschätzen, ob sein Umsatz im Kalenderjahr 2006 voraussichtlich die Grenze von 50.000 € überschreiten wird. M rechnet zu Beginn des Kalenderjahres 2006 mit einem voraussichtlichen monatlichen Umsatz i.H.v. 2.000 €. Nach der o.g. Formel berechnet sich der Jahresgesamtumsatz wie folgt:

> 12.000 € (Umsatz Januar bis Juni 2006) * 12/6 = 24.000 € (Jahresgesamtumsatz)

Da der voraussichtliche Jahresgesamtumsatz im Kalenderjahr 2006 mit 24.000 € unter der maßgeblichen Umsatzgrenze von 50.000 € liegt, kann der Malermeister M auch im Kalenderjahr 2006 die Kleinunternehmerregelung in Anspruch nehmen.

Bezüglich der ebenfalls möglichen taggenauen Umrechnung des Umsatzes in einen Jahresgesamtumsatz, wird auf die nachfolgenden Ausführungen verwiesen:

c) Taggenaue Berechnung

An dieser Stelle sei vorab darauf hingewiesen, dass die Berechnung des Jahresgesamtumsatzes nach Tagen, nur in sehr wenigen Ausnahmefällen günstiger sein wird, als die Behandlung von angefangenen Kalendermonaten als volle Kalendermonate. Als Beispiel sei hier der Beginn der unternehmerischen Tätigkeit am 02.07., kein Schaltjahr, genannt.[50] Eine taggenaue Umrechnung des Umsatzes in einen Jahresgesamtumsatz ist m.E. allerdings auch dann sachgerecht, wenn, wie im nachfolgenden Beispiel, der Unternehmensbeginn auf den 01.12. eines Kalenderjahres fällt. Da der Monat Dezember bekanntlich 31 Kalendertage beinhaltet und damit ein Tag mehr, als z.B. in den Monaten September und November, zur Erzielung von Umsätzen zur Verfügung steht, würde die Multiplizierung des Umsatzes für den Monat Dezember mit der Zahl 12 zu einem verfälschten Ergebnis führen. Schließlich besteht das Kalenderjahr, je nach dem, ob ein Schaltjahr vorliegt oder nicht, aus 365 bzw. 366 Tagen und nicht etwa aus 372 Tagen (31 Tage * 12 Monate).

Beispiel:

Der Friseurmeister F beginnt seine unternehmerische Tätigkeit am 01.12.2005. Er erzielt im Monat Dezember 2005 einen Umsatz i.H.v. 1.460 €.

Lösung:

Zu Beginn des Kalenderjahres 2006 muss der Friseurmeister F prüfen, ob er im Vorjahr die Umsatzgrenze von 17.500 € überschritten hat. Die für die Prüfung erforderliche Umrechnung des Umsatzes in einen Jahresgesamtumsatz erfolgt

a) nach Monaten und
b) nach Tagen.

Umrechnung in einen Jahresgesamtumsatz	Ermittlung des Multiplikators	Ermittlung des Jahresgesamtumsatzes (monatlicher Umsatz * Multiplikator)	Jahresgesamtumsatz 2005
a) nach Monaten	12 Monate : 1 Monat = 12	1.460 € * 12 =	17.520 €
b) nach Tagen	365 Tage/31 Tage[51] = 11,7742	1.460 € * 11,7742 =	17.190 €

Fazit:

Im vorliegenden Beispielsfall führt die Umrechnung in den Jahresgesamtumsatzes nach Monaten mit

---

[50] Bei der Berechnung nach Tagen beträgt der Multiplikator 1,9945 (365 Tage/183 Tage (02.07. bis 31.12.)). Demgegenüber würde bei einer Berechnung nach Monaten der Multiplikator: 2,0 (12 Monate/6 Monate) betragen.
[51] Dezember

17.520 € zur Überschreitung, die Ermittlung des Jahresgesamtumsatzes nach Tagen mit 17.190 € jedoch zur Einhaltung der für das Vorjahr geltenden Umsatzgrenze von 17.500 €.

Um derartigen Rechenexempeln aus dem Weg zu gehen, empfiehlt es sich im laufenden Kalenderjahr die Entwicklung des Umsatzes im Auge zu behalten. Droht am Ende eines Jahres die Überschreitung der Umsatzgrenze von 17.500 €, kann dies beispielsweise durch einen Urlaub des Unternehmers vermieden und die Kleinunternehmerregelung auch im folgenden Kalenderjahr angewendet werden.

d) Keine Umrechnung in einen Jahresgesamtumsatz

Wird eine unternehmerische Tätigkeit, etwa auf Grund von Krankheit oder ähnlicher Umstände, nicht ganzjährig ausgeübt, die Absicht zur Fortführung des Unternehmens besteht jedoch fort, ist keine Umrechnung der erzielten Umsätze in einen Jahresgesamtumsatz vorzunehmen.[52] Dies gilt auch dann, wenn die unternehmerische Tätigkeit von vornherein auf einen Teil des Jahres beschränkt ist, z.B. bei Saisonbetrieben, da auch bei diesen die Absicht zur Fortsetzung des Unternehmens besteht.[53]

2.3. Ermittlung des Umsatzes

Bei der Prüfung der für Kleinunternehmer geltenden Umsatzgrenzen von 17.500 € und 50.000 € ist, wie bereits ausgeführt wurde, der Umsatz gem. § 19 Abs. 1 UStG heranzuziehen. Grundlage für die Ermittlung des Umsatzes nach § 19 Abs. 1 UStG ist der Gesamtumsatz gem. § 19 Abs. 3 UStG. Ausgehend von dieser Tatsache wird nachfolgend zunächst auf die Ermittlung des Gesamtumsatzes nach § 19 Abs. 3 UStG und anschließend auf die Ermittlung des Umsatzes gem. § 19 Abs. 1 UStG eingegangen.

2.3.1. Ermittlung des Gesamtumsatzes nach § 19 Abs. 3 UStG

Der in § 19 Abs. 3 UStG bezeichnete Gesamtumsatz ist nicht nur Ausgangsgröße für die Bestimmung des Umsatzes gem. § 19 Abs. 1 UStG, sondern auch von Bedeutung für die Zulässigkeit der Besteuerung nach vereinnahmten Entgelten gem. § 20 UStG[54].

---

[52] FG Düsseldorf, Urteil vom 25.05.1988 – 1 K 86/83 U, EFG 1988, 495
[53] BFH-Urteil vom 13.12.1963 – V 77/61 U, BStBl 1964 III S. 90
[54] § 20 Abs. 1 Satz 1 Nr. 1 und Abs. 2 UStG

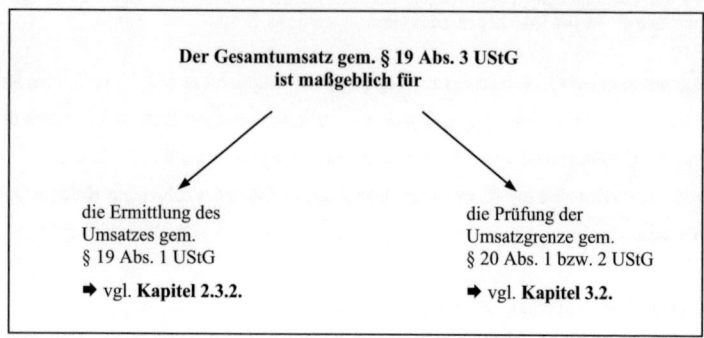

Vorab sei an dieser Stelle darauf hingewiesen, dass die Ermittlung des Gesamtumsatzes gem. § 19 Abs. 3 UStG, ausweislich der nachfolgenden Übersichten, komplizierter aussieht, als sie im Regelfall sein wird.

Für die Ermittlung der Höhe des im Vorjahr gem. § 19 Abs. 3 UStG getätigten Gesamtumsatzes, ist zunächst zu unterscheiden, ob der Unternehmer im Vorjahr bereits die Kleinunternehmerregelung in Anspruch genommen hatte oder ob er diese erst ab Beginn des laufenden Kalenderjahres in Anspruch nehmen will und damit, sofern er seine unternehmerische Tätigkeit nicht neu aufgenommen hat, im Vorjahr der Regelbesteuerung[55] unterlag. Nach der zu treffenden Unterscheidung richtet sich das anzuwendende Prüfungsschema.

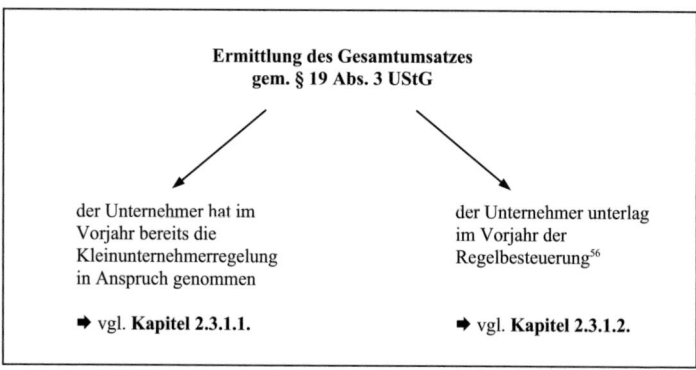

In den in den beiden nachfolgenden Kapiteln dargestellten Übersichten sind jeweils die einzelnen Schritte zur Ermittlung des Gesamtumsatzes gem. § 19 Abs. 3 UStG dargestellt. Den Übersichten schließen sich, soweit erforderlich, Erläuterungen zu den einzelnen Berechnungsschritten an.

---

[55] vgl. **Kapitel 3**.
[56] vgl. **Kapitel 3**.

2.3.1.1. Der Unternehmer hat im Vorjahr die Kleinunternehmerregelung in Anspruch genommen

Hat der Unternehmer bereits im Vorjahr die Kleinunternehmerregelung in Anspruch genommen, erfolgt die Ermittlung des Gesamtumsatzes gem. § 19 Abs. 3 UStG nach folgendem Schema:

Zeile	Übersicht Prüfungsreihenfolge für die Ermittlung des Gesamtumsatzes gem. § 19 Abs. 3 UStG
1	Summe der vom Unternehmer ausgeführten steuerbaren Umsätze (brutto) gem. § 1 Abs. 1 Nr. 1 UStG
2	abzgl. der Umsätze nach: • § 19 Abs. 3 Satz 1 Nr. 1 UStG ➡ Umsätze die nach § 4 Nr. 8i, Nr. 9b und Nr. 11 bis 28 UStG steuerfrei sind[57] und • § 19 Abs. 3 Satz 1 Nr. 2 UStG ➡ Umsätze die nach §§ 4 Nr. 8a bis h, Nr. 9a und Nr. 10 UStG steuerfrei sind, wenn sie **Hilfsumsätze**[58] sind[59].
3	= Zwischensumme 1
4	Hat der Unternehmer seine gewerbliche oder berufliche Tätigkeit nur in einem Teil des Kalenderjahres ausgeübt, ist der Gesamtumsatz in einen Jahresgesamtumsatz umzurechnen (§ 19 Abs. 3 Satz 3 UStG). Vor der Umrechnung des Gesamtumsatzes in den Jahresgesamtumsatz (§ 19 Abs. 3 Satz 3 und 4 UStG) sind Umsätze (brutto) aus der Veräußerung oder Entnahme des Anlagevermögens aus dem Gesamtumsatz herauszurechnen.[60]
5	= Zwischensumme 2
6	Berechnung des Jahresgesamtumsatzes (Zwischensumme 2 : Anzahl der Monate der unternehmerischen Tätigkeit * 12 Monate)
7	= Zwischensumme 3 (Jahresgesamtumsatz)
8	Dem ermittelten Jahresgesamtumsatz sind die Umsätze, welche lt. Zeile 4 abgezogen wurden, wieder hinzuzurechnen.[61]
9	= **Gesamtumsatz gem. § 19 Abs. 3 UStG** ➡ Basis für die Weiterberechnung des Umsatzes nach § 19 Abs. 1 UStG, vgl. **Kapitel 2.3.2.1.**

Zeile 1: Steuerbare Umsätze im Sinne des § 1 Abs. 1 Nr. 1 UStG

Ausgangspunkt für die Ermittlung des Gesamtumsatzes ist die Summe aller durch den Unternehmer ausgeführten Umsätze im Sinne des § 1 Abs. 1 Nr. 1 UStG. In die vorgenannte Summe sind nicht nur entgeltliche Umsätze sondern grundsätzlich auch unentgeltliche Entnahmen[62] und sonsti-

---

[57] vgl. Anlage 3, Buchstabe A.)
[58] A 251 Abs. 2 Satz 4 und 5 UStR 2005
[59] vgl. Anlage 3, Buchstabe B.)
[60] A 251 Abs. 3 Satz 5 UStR 2005
[61] A 251 Abs. 3 Satz 6 UStR 2005
[62] § 3 Abs. 1b UStG; Eine unentgeltliche Entnahme liegt beispielsweise vor, wenn ein Tischler aus seinem Unternehmen ein Schrank entnimmt und diesen seinem Sohn oder seiner Frau schenkt.

ge Leistungen[63] einzubeziehen. Unentgeltliche Entnahmen und sonstige Leistungen sind prinzipiell nur dann steuerbar, wenn der entnommene Gegenstand oder der für die sonstige Leistung erbrachte Wert bei der Anschaffung zum vollen oder teilweisen Vorsteuerabzug berechtigt hat.[64] Beruhte die Versagung des Vorsteuerabzugs jedoch lediglich darauf, dass der Unternehmer auf Grund der Kleinunternehmerregelung nach § 19 Abs. 1 Satz 4 UStG nicht zum Vorsteuerabzug berechtigt war, sind die unentgeltlichen Entnahmen und sonstigen Leistungen bei der Berechnung des Gesamtumsatzes zu berücksichtigen.[65]

Nicht einzubeziehen sind hingegen „Umsätze" die gem. § 1 Abs. 1 Nr. 4 UStG der Einfuhrumsatzsteuer unterliegen (Einfuhr von Gegenständen aus dem Ausland ins Inland[66]) und innergemeinschaftliche Erwerbe gem. § 1 Abs. 1 Nr. 5 UStG[67], da es sich in diesen Fällen um Umsätze auf der Eingangsseite und nicht um Umsätze auf der Ausgangsseite des Unternehmens handelt. Dasselbe gilt für die an den Unternehmer ausgeführten Umsätze, für die er die Umsatzsteuer nach § 13b Abs. 2 UStG (Leistungsempfänger als Steuerschuldner, vgl. **Kapitel 7.**) oder § 25b Abs. 2 UStG (innergemeinschaftliche Dreiecksgeschäfte) schuldet.

Zeile 2: Abzug bestimmter steuerfreier Umsätze

Im § 19 Abs. 3 Satz 1 Nr. 1 und 2 UStG werden die abzuziehenden steuerfreien Umsätze in zwei Kategorien gegliedert. Nach der **Nr. 1** sind Umsätze, welche gem. § 4 Nr. 8i, Nr. 9b und Nr. 11 bis 28 UStG steuerfrei sind (siehe **Anlage 3**, Buchstabe A.)) abzuziehen. Nach der **Nr. 2** sind steuerfrei Umsätze gem. § 4 Nr. 8 Buchstabe a bis h, Nr. 9a und Nr. 10 UStG (siehe **Anlage 3**, Buchstabe B.)) abzuziehen, wenn es sich bei diesen Umsätzen um Hilfsumsätze handelt.

Als Hilfsumsätze sind solche Umsätze anzusehen, die zwar zur unternehmerischen Tätigkeit des Unternehmens gehören, jedoch nicht den eigentlichen Gegenstand des Unternehmens bilden.[68] Beispiele für Hilfsumsätze sind:

- Eine Tischlereifirma verkauft eine Hobelmaschine. Die eigentliche unternehmerische Tätigkeit der Tischlerei ist das Tischlern und nicht der Verkauf von Maschinen. Der Verkauf der Hobelmaschine stellt daher einen Hilfsumsatz dar.

- Eine Personalvermittlungsfirma verkauft ein ihr gehörendes Betriebsgrundstück. Die eigentliche unternehmerische Tätigkeit der Personalvermittlungsfirma ist die Vermittlung von Personal. Der Verkauf des Betriebsgrundstücks stellt daher einen Hilfsumsatz dar.

---

[63] § 3 Abs. 9a UStG; Eine unentgeltliche Leistung liegt beispielsweise dann vor, wenn ein Vermieter von Baumaschinen seinem Sohn unentgeltlich eine Woche eine Motorsäge vermietet.
[64] vgl. für Entnahmen § 3 Abs. 1b Satz 2 UStG; vgl. für sonstige Leistungen A 24c Abs. 2 Satz 1 und 3 UStR 2005
[65] A 251 Abs. 1 Satz 4 UStR 2005 i.V.m. A 155 UStR 2005
[66] z.B.: ein deutscher Unternehmer kauft in den USA eine Maschine
[67] z.B.: ein deutscher Unternehmer kauft in Italien (EU-Mitgliedsstaat, vgl. Anlage 4) eine Maschine; vgl. **Kapitel 6.**
[68] A 251 Abs. 2 Satz 4 UStR 2005, BFH-Urteil vom 24.02.1988 – X R 58/82, BFH/NV 1988, 601

Typische Hilfsumsätze, die unter § 19 Abs. 3 Satz 1 Nr. 2 UStG fallen, sind z.B. die Kreditgewährung (steuerfrei gem. § 4 Nr. 8a UStG), der Verschaffung von Versicherungsschutz für eigene Arbeitnehmer (steuerfrei gem. § 4 Nr. 10b UStG) und die Veräußerung eines Grundstücks, welches bisher dem Unternehmen gedient hat (steuerfrei gem. § 4 Nr. 9a UStG).

Zeile 4, 6 und 8: Umrechnung in einen Jahresgesamtumsatz

Hat der Unternehmer seine gewerbliche oder berufliche, d.h. seine unternehmerische Tätigkeit nur in einem Teil des Kalenderjahres ausgeübt, so ist der tatsächliche Gesamtumsatz in einen Jahresgesamtumsatz umzurechnen.[69] Auf die Ausführungen hierzu unter dem **Kapitel 2.2.4.2.** wird in diesem Zusammenhang verwiesen.

Es dürfen jedoch nur solche Umsätze hochgerechnet werden, die zu den laufenden, nachhaltig durch den Unternehmer erzielten Umsätzen, gehören. Die Hochrechnung der anteilig auf die Veräußerung oder Entnahme von Wirtschaftsgütern des Anlagevermögens[70] entfallenden Umsätze würde, da diese Umsätze nur gelegentlich vorkommen, zu einem verfälschten Bild führen. Diese Umsätze sind daher vor der Hochrechnung abzuziehen (Zeile 4) und nach der Umrechnung dem ermittelten Wert wieder hinzuzurechnen (Zeile 8).

Zum Anlagevermögen gehören Wirtschaftsgüter, die dazu bestimmt sind, dem Unternehmen auf Dauer zu dienen.[71] Dies sind z.B. der Bürotisch im Büro einer Firma oder das Grundstück, auf dem sich der betriebliche Lagerplatz oder ein Bürogebäude befindet.

Ob ein Wirtschaftsgut des Anlagevermögens vorliegt, ist grundsätzlich nach den für das Einkommensteuerrecht maßgebenden Kriterien zu beurteilen.[72] Der Abzug ist auch bei solchen Wirtschaftgütern vorzunehmen, die einkommensteuerrechtlich kein Anlagevermögen darstellen, z.B. bei der Veräußerung von Einrichtungsgegenständen im Rahmen einer nicht gewerblichen Vermietung.[73]

Beispiele zu dem vorgenannten dargestellten Berechnungsschema, sind im **Kapitel 2.3.2.1.** dargestellt.

---

[69] § 19 Abs. 3 Satz 3 UStG
[70] vgl. **Kapitel 13.2.**, Buchstabe a)
[71] § 249 Abs. 2 HGB
[72] A 246 Abs. 6 Satz 3 UStR 2005
[73] A 246 Abs. 6 Satz 4 UStR 2005

2.3.1.2. Der Unternehmer unterlag im Vorjahr der Regelbesteuerung

Hat der Unternehmer im Vorjahr die Regelbesteuerung in Anspruch genommen, erfolgt die Ermittlung des Gesamtumsatzes gem. § 19 Abs. 3 UStG nach folgendem Schema:

Zeile	Übersicht Prüfungsreihenfolge für die Ermittlung des Gesamtumsatzes gem. § 19 Abs. 3 UStG
1	Summe der vom Unternehmer ausgeführten steuerbaren Umsätze (netto) gem. § 1 Abs. 1 Nr. 1 UStG Berechnung grundsätzlich nach vereinbarten Entgelten, vgl. **Kapitel 3.1**. Soweit der Unternehmer die Steuer jedoch nach vereinnahmten Entgelten berechnet, vgl. **Kapitel 3.2**., ist auch der Gesamtumsatz nach diesen Entgelten zu berechnen.[74]
2	abzgl. der Umsätze nach: • § 19 Abs. 3 Satz 1 Nr. 1 UStG ➡ die gem. § 4 Nr. 8i, Nr. 9b und Nr. 11 bis 28 UStG steuerfrei sind[75] und • § 19 Abs. 3 Satz 1 Nr. 2 UStG ➡ die gem. §§ 4 Nr. 8a bis h, Nr. 9a und Nr. 10 UStG steuerfrei sind, wenn sie **Hilfsumsätze**[76] sind[77]. **Hinweis:** Der Abzug ist jedoch für Umsätze nicht durchzuführen, für die der Unternehmer gem. § 9 UStG wirksam auf die Steuerbefreiung verzichtet (Option, vgl. **Kapitel 3.3.1.**) hat.[78]
3	= Zwischensumme 1
4	Hat der Unternehmer seine gewerbliche oder berufliche Tätigkeit nur in einem Teil des Kalenderjahres ausgeübt, ist der Gesamtumsatz in einen Jahresgesamtumsatz umzurechnen.[79] Vor der Umrechnung des Gesamtumsatzes in den Jahresgesamtumsatz sind Umsätze (netto) aus der Veräußerung oder Entnahme des Anlagevermögens aus dem Gesamtumsatz herauszurechnen.[80]
5	= Zwischensumme 2
6	Berechnung des Jahresgesamtumsatzes (Zwischensumme 2 : Anzahl der Monate der unternehmerischen Tätigkeit * 12 Monate)
7	= Zwischensumme 3 (Jahresgesamtumsatz)
8	Dem ermittelten Jahresgesamtumsatz sind die Umsätze, welche lt. Zeile 4 abgezogen wurden, wieder hinzuzurechnen.[81]
9	= **Gesamtumsatz gem. § 19 Abs. 3 UStG** (Nettoumsatz[82]) ➡ Basis für die Weiterberechnung des Umsatzes nach § 19 Abs. 1 UStG, vgl. **Kapitel 2.3.2.2.**

Die im vorrangehenden **Kapitel 2.3.1.1.**, unter dem Berechnungsschema gemachten Erläuterun-

---

[74] § 19 Abs. 3 Satz 2 UStG
[75] vgl. Anlage 3, Buchstabe A.)
[76] A 251 Abs. 2 Satz 4 und 5 UStR 2005
[77] vgl. Anlage 3, Buchstabe B.)
[78] A 251 Abs. 2 Satz 1 bis 3 UStR 2005
[79] § 19 Abs. 3 Satz 3 UStG
[80] A 251 Abs. 3 Satz 5 UStR 2005
[81] A 251 Abs. 3 Satz 6 UStR 2005
[82] A 251 Abs. 1 Satz 4 UStR 2005

gen, gelten ebenso für das vorstehende Schema. Die nachfolgenden Erläuterungen tragen jedoch der Besonderheit, das im Jahr, für das die Ermittlung des Gesamtumsatzes gem. § 19 Abs. 3 UStG erfolgt, die Regelbesteuerung[83] angewendet wurde, Rechnung.

Zeile 1: Steuerbare Umsätze im Sinne des § 1 Abs. 1 Nr. 1 UStG

Basis für die Ermittlung des Gesamtumsatzes ist die Summe aller durch den Unternehmer ausgeführten Umsätze im Sinne des § 1 Abs. 1 Nr. 1 UStG. Je nach dem, ob der Unternehmer seine Steuer nach vereinbarten Entgelten (vgl. **Kapitel 3.1.**) oder vereinnahmten Entgelten (vgl. **Kapitel 3.2.**) berechnet, ist auch der Gesamtumsatz gem. § 19 Abs. 3 UStG nach diesen Entgelten zu ermitteln.

Ebenfalls zu den Umsätzen nach § 1 Abs. 1 Nr. 1 UStG gehören Umsätze, bei denen der Leistungsempfänger gem. § 13b Abs. 2 UStG Schuldner der Umsatzsteuer ist (vgl. **Kapitel 7.**). Sämtliche Umsätze sind, soweit sie nicht steuerfrei sind, mit den Nettobeträgen anzusetzen.

Zeile 2: Abzug bestimmter steuerfreier Umsätze

Von der Summe der steuerbaren Umsätze sind steuerfreie Umsätze abzuziehen, soweit der Unternehmer nicht gem. § 9 UStG zur Steuerpflicht optiert hat.[84]

Zeile 4, 6 und 8: Umrechnung in einen Jahresgesamtumsatz

Umsätze aus der Veräußerung oder Entnahme von Wirtschaftsgütern von Wirtschaftsgütern des Anlagevermögens[85], sind vor der Umrechnung in einen Jahresgesamtumsatz mit dem Nettowert abzuziehen.

Beispiele zu dem vorgenannten dargestellten Berechnungsschema, sind im **Kapitel 2.3.2.2.** dargestellt.

2.3.2. Ermittlung des Umsatzes nach § 19 Abs. 1 UStG

Vor der Berechnung des im Vorjahr gem. § 19 Abs. 1 UStG getätigten Umsatzes, ist, für die Anwendung des zutreffenden Prüfungsschemas, zunächst wiederum zu unterscheiden, ob der Unternehmer im Vorjahr bereits die Kleinunternehmerregelung in Anspruch genommen hatte oder ob er diese erst ab Beginn des laufenden Kalenderjahres in Anspruch nehmen will und damit, sofern er seine unternehmerische Tätigkeit nicht neu aufgenommen hat, im Vorjahr der Regelbesteuerung[86] unterlag.

---

[83] vgl. **Kapitel 3.**
[84] A 251 Abs. 2 Satz 3 UStR 2005; BFH-Urteil vom 15.10.1992 – V R 91/97, BStBl 1993 II S. 209
[85] vgl. **Kapitel 13.2.**, Buchstabe a)
[86] vgl. **Kapitel 3.**

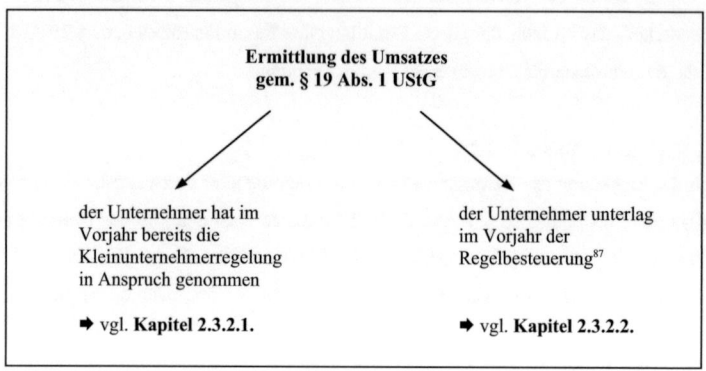

In den in den beiden nachfolgenden Kapiteln dargestellten Übersichten sind jeweils die einzelnen Schritte zur Ermittlung des Umsatzes gem. § 19 Abs. 1 UStG dargestellt. Den Übersichten schließen sich wiederum, soweit erforderlich, Erläuterungen zu den einzelnen Berechnungsschritten an.

2.3.2.1. Der Unternehmer hat im Vorjahr die Kleinunternehmerregelung in Anspruch genommen

Anknüpfend an die Ermittlung des Gesamtumsatzes gem. § 19 Abs. 3 UStG, stellt sich die Berechnung des Umsatzes nach § 19 Abs. 1 UStG wie folgt dar:

Zeile	Übersicht Prüfungsreihenfolge für die Ermittlung des Umsatzes gem. § 19 Abs. 1 UStG
1	Gesamtumsatz gem. § 19 Abs. 3 UStG, vgl. Kapitel 2.3.1.1.
2	abzgl. der Umsätze (brutto) aus der Veräußerung/Entnahme von Wirtschaftsgütern des **Anlagevermögens**[88] (vgl. Erläuterungen zu Zeile 4, 6 und 8 im **Kapitel 2.3.1.1.**)
3	= **Umsatz gem. § 19 Abs. 1 UStG**

Beispiel 1: (ohne Umrechnung auf einen Jahresgesamtumsatz)
Der selbständige Arzt A und Liebhaber historischer Traktoren betreibt neben seiner Arztpraxis einen Zubehör- und Ersatzteilhandel für historische Traktoren. Weiterhin vermietet er eine Wohnung an der Ostsee. A nimmt im Kalenderjahr 2005 die Kleinunternehmerregelung gem. § 19 UStG in Anspruch. Er hat im Kalenderjahr 2005 folgende Einnahmen aus den vorgenannten Tätigkeiten erzielt:

---

[87] vgl. **Kapitel 3.**
[88] § 19 Abs. 1 Satz 2 UStG i.V.m. A 246 Abs. 6 UStR 2005

Einnahmen	Höhe der Einnahmen
aus steuerfreien ärztlichen Behandlungen	100.000 €
aus dem Verkauf eines Röntgengerätes aus seiner Praxis	54.000 €
aus Lieferungen	11.600 €
aus steuerfreien Ausfuhrlieferungen	2.000 €
aus dem Verkauf des PC aus dem Zubehör- und Ersatzteilhandel (Anlagevermögen)	2.000 €
aus steuerfreier Vermietung	58.000 €
Summe der Einnahmen	**227.600 €**

Im laufenden Kalenderjahr 2006 rechnet A mit einem voraussichtlichen Umsatz gem. § 19 Abs. 1 UStG i.H.v. 40.000 €. Kann A im Kalenderjahr 2006 weiterhin die Kleinunternehmerregelung in Anspruch nehmen?

Lösung:
Zunächst ist der Gesamtumsatz gem. § 19 Abs. 3 UStG zu ermitteln:

Summe der steuerbaren Umsätze		227.600 €
abzgl. steuerfreier Umsätze gem. § 19 Abs. 3 Satz 1 Nr. 1 UStG		
- ärztliche Behandlungen, steuerfrei gem. § 4 Nr. 14 UStG	100.000 €	
- Verkauf des Röntgengerätes, steuerfrei gem. § 4 Nr. 28 UStG	54.000 €	
- Vermietung, steuerfrei gem. § 4 Nr. 12 UStG	58.000 €	
	212.000 €	212.000 €
Gesamtumsatz gem. § 19 Abs. 3 UStG		15.600 €

Ausgehend von dem Gesamtumsatz gem. § 19 Abs. 3 UStG ist der Umsatz nach § 19 Abs. 1 UStG zu ermitteln:

Gesamtumsatz gem. § 19 Abs. 3 UStG	15.600 €
abzgl. Umsätze von Wirtschaftsgütern des Anlagevermögens (PC des Zubehör- und Ersatzteilhandels)	2.000 €
Umsatz gem. § 19 Abs. 1 UStG	**13.600 €**

Fazit: Da der gem. § 19 Abs. 1 UStG maßgebende Umsatz im Vorjahr (2005) die 17.500 €-Grenze nicht überschritten hat und im laufenden Kalenderjahr 2006 voraussichtlich nicht die 50.000 €-Grenze übersteigen wird, kann A im Kalenderjahr 2006 die Kleinunternehmerregelung weiterhin anwenden.

Beispiel 2: (mit Umrechnung auf einen Jahresgesamtumsatz)
Der selbständige Zahnarzt Z und Liebhaber historischer Traktoren hat zum 01.07.2005 seine Tätigkeit aufgenommen. Dies gilt auch für den Zubehör- und Ersatzteilhandel für Traktoren, den er neben seiner Arztpraxis betreibt. Des weiteren vermietet er ab dem 01.07.2005 ein Haus in der Sächsischen Schweiz. Z nimmt im Kalenderjahr 2005 die Kleinunternehmerregelung gem. § 19 UStG in Anspruch. Im Kalenderjahr 2005 hat Z folgende Einnahmen aus den vorgenannten Tätigkeiten erzielt:

Einnahmen	Höhe der Einnahmen
aus steuerfreien ärztlichen Behandlungen	50.000 €
aus dem Verkauf eines Röntgengerätes aus seiner Praxis	27.000 €
aus Lieferungen	5.800 €
aus steuerfreien Ausfuhrlieferungen	1.000 €
aus dem Verkauf eines Schrankes aus dem Zubehör- und Ersatzteilhandel (Anlagevermögen)	1.000 €
aus steuerfreier Vermietung	29.000 €
Summe der Einnahmen	**113.800 €**

Im laufenden Kalenderjahr 2006 rechnet Z mit einem voraussichtlichen Umsatz gem. § 19 Abs. 1 UStG i.H.v. 41.000 €. Kann Z im Kalenderjahr 2006 weiterhin die Kleinunternehmerregelung in Anspruch nehmen?

Lösung:

Zunächst ist der Gesamtumsatz gem. § 19 Abs. 3 UStG zu ermitteln:

Summe der steuerbaren Umsätze		113.800 €
abzgl. steuerfreier Umsätze gem. § 19 Abs. 3 Satz 1 Nr. 1 UStG		
- ärztlichen Behandlung, steuerfrei gem. § 4 Nr. 14 UStG	50.000 €	
- Verkauf des Röntgengerätes, steuerfrei gem. § 4 Nr. 28 UStG	27.000 €	
- Vermietung, steuerfrei gem. § 4 Nr. 12 UStG	29.000 €	
	106.000 €	106.000 €
Zwischensumme 1		7.800 €
abzgl. Umsatz aus dem Verkauf von Anlagevermögen[89]		1.000 €
Zwischensumme 2 (maßgeblich für die Umrechnung in den Jahresgesamtumsatz)		6.800 €
Ermittlung des Jahresgesamtumsatzes: 6.800 € (Umsatz vom 01.07.2005 bis zum 31.12.2005) * 2 = 13.600 €		
Zwischensumme 3		13.600 €
zzgl. Umsatz aus dem Verkauf von Anlagevermögen[90]		1.000 €
Gesamtumsatz gem. § 19 Abs. 3 UStG		14.600 €

Ausgehend von dem Gesamtumsatz gem. § 19 Abs. 3 UStG ist der Umsatz nach § 19 Abs. 1 UStG zu ermitteln:

Gesamtumsatz gem. § 19 Abs. 3 UStG	14.600 €
abzgl. Umsätze von Wirtschaftsgütern des Anlagevermögens (Schrank aus dem Zubehör- und Ersatzteilhandel)	1.000 €
Umsatz gem. § 19 Abs. 1 UStG	**13.600 €**

---

[89] Schrank aus dem Zubehör- und Ersatzteilhandel
[90] Schrank aus dem Zubehör- und Ersatzteilhandel

Fazit: Da der gem. § 19 Abs. 1 UStG maßgebende Umsatz im Vorjahr (2005) die 17.500 €-Grenze nicht überschritten hat und im laufenden Kalenderjahr 2006 voraussichtlich nicht die 50.000 €-Grenze übersteigen wird, kann Z im Kalenderjahr 2006 weiterhin die Kleinunternehmerregelung anwenden.

2.3.2.2. Der Unternehmer unterlag im Vorjahr der Regelbesteuerung

An die Ermittlung des Gesamtumsatzes gem. § 19 Abs. 3 UStG anknüpfend, stellt sich die Berechnung des Umsatzes nach § 19 Abs. 1 UStG wie folgt dar:

Zeile	Übersicht Prüfungsreihenfolge für die Ermittlung des Umsatzes gem. § 19 Abs. 1 UStG
1	Gesamtumsatz gem. § 19 Abs. 3 UStG, vgl. **Kapitel 2.3.1.2.**
2	abzgl. der Forderungen (netto), soweit der Gesamtumsatz gem. § 19 Abs. 3 UStG (Zeile 1) nach vereinbarten Entgelten (vgl. **Kapitel 3.**) berechnet wurde
3	abzgl. der Umsätze (netto) aus der Veräußerung/Entnahme von Wirtschaftsgütern des **Anlagevermögens**[91]
4	= Umsatz (netto)
5	zzgl. der auf den Umsatz laut Zeile 4 entfallenden Umsatzsteuer (einschl. der nach § 13b UStG durch den Leistungsempfänger geschuldeten Umsatzsteuer, vgl. **Kapitel 7.**)
6	= **Umsatz gem. § 19 Abs. 1 UStG (Bruttoumsatz**[92]**)**

Zeile 2: abzüglich Forderungen

Bei der Prüfung der Umsatzgrenzen ist der nach vereinnahmten Entgelten ermittelte Umsatz zu Grunde zu legen.[93] Der Umsatz gem. § 19 Abs. 1 UStG ist daher nach vereinnahmten Entgelten zu berechnen.[94] Wurde der Gesamtumsatz nach § 19 Abs. 3 UStG (Zeile 1), welcher Grundlage für die Ermittlung des Umsatzes gem. § 19 Abs. 1 UStG ist, nach vereinbarten Entgelten berechnet, erhält man durch den Abzug der Forderungen (Zeile 2) den Umsatz nach vereinnahmten Entgelten.

Nach Abzug der Forderungen und der Umsätze des Anlagevermögens (Zeile 3), ist dem verbleibenden Umsatz (Zeile 4) die auf diesen Umsatz entfallende Umsatzsteuer hinzuzurechnen (Zeile 5). Die Hinzurechnung ist dem Umstand geschuldet, dass es sich bei dem Gesamtumsatz gem. § 19 Abs. 3 UStG um einen Nettobetrag handelt, bei der Prüfung der Umsatzgrenze nach § 19 Abs. 1 UStG jedoch vom Bruttoumsatz auszugehen ist (Zeile 6).[95]

---

[91] § 19 Abs. 1 Satz 2 UStG i.V.m. A 246 Abs. 6 UStR 2005
[92] § 19 Abs. 1 Satz 1 UStG i.V.m. A 246 Abs. 2 Satz 3 UStR 2005
[93] § 19 Abs. 1 Satz 2 UStG
[94] § 19 Abs. 1 Satz 2 UStG i.V.m. A 246 Abs. 2 Satz 2 UStR 2005
[95] § 19 Abs. 1 Satz 1 UStG

Beispiel 1: (ohne Umrechnung auf einen Jahresgesamtumsatz)

Der selbständige Arzt A und Liebhaber historischer Motorräder betreibt neben seiner Arztpraxis einen Zubehör- und Ersatzteilhandel für Motorräder. Weiterhin vermietet er eine Wohnung an der Ostsee. Z wendet die Besteuerung nach vereinnahmten Entgelten gem. § 20 UStG an.[96]

Im Kalenderjahr 2005 hat A folgende Einnahmen aus den vorgenannten Tätigkeiten erzielt:

Einnahmen	Höhe der Einnahmen
aus steuerfreien ärztlichen Behandlungen	100.000 €
aus dem Verkauf eines Röntgengerätes aus seiner Praxis	54.000 €
aus steuerpflichtigen Lieferungen (netto)	10.000 €
zzgl. Umsatzsteuer 16 %	1.600 €
aus steuerfreien Ausfuhrlieferungen	2.000 €
aus dem Verkauf des PC aus dem Zubehör- und Ersatzteilhandel (Anlagevermögen)	1.724 €
zzgl. Umsatzsteuer 16 %	276 €
aus steuerfreier Vermietung	58.000 €
Summe der Einnahmen	**227.600 €**

Im laufenden Kalenderjahr 2006 rechnet A mit einem voraussichtlichen Umsatz gem. § 19 Abs. 1 UStG i.H.v. 35.000 €. Kann A im Kalenderjahr 2006 zur Kleinunternehmerregelung übergehen?

Lösung:

Zunächst ist der Gesamtumsatz gem. § 19 Abs. 3 UStG zu ermitteln:

Summe der steuerbaren Umsätze (netto)[97]		225.724 €
abzgl. steuerfreier Umsätze gem. § 19 Abs. 3 Satz 1 Nr. 1 UStG		
- ärztliche Behandlungen, steuerfrei gem. § 4 Nr. 14 UStG	100.000 €	
- Verkauf des Röntgengerätes, steuerfrei gem. § 4 Nr. 28 UStG	54.000 €	
- Vermietung, steuerfrei gem. § 4 Nr. 12 UStG	58.000 €	
	212.000 €	212.000 €
Gesamtumsatz gem. § 19 Abs. 3 UStG		13.724 €

Ausgehend von dem Gesamtumsatz gem. § 19 Abs. 3 UStG ist der Umsatz nach § 19 Abs. 1 UStG zu ermitteln:

Gesamtumsatz gem. § 19 Abs. 3 UStG	13.724 €
abzgl. Umsätze von Wirtschaftsgütern des Anlagevermögens (PC des Zubehör- und Ersatzteilhandels, netto)	1.724 €
= Umsatz (netto)	12.000 €
zzgl. Umsatzsteuer 16 %	1.600 €
Umsatz gem. § 19 Abs. 1 UStG	**13.600 €**

---

[96] vgl. **Kapitel 3**.
[97] Summe der Einnahmen i.H.v. 227.600 € abzgl. der darin enthaltenen Umsatzsteuerbeträge i.H.v. 1.876 € (1.600 € + 276 €)

Fazit: Da der gem. § 19 Abs. 1 UStG maßgebende Umsatz im Vorjahr (2005) die 17.500 €-Grenze nicht überschritten hat und im laufenden Kalenderjahr 2006 voraussichtlich nicht die 50.000 €-Grenze übersteigen wird, kann A im Kalenderjahr 2006 die Kleinunternehmerregelung anwenden.

Beispiel 2: (mit Umrechnung auf einen Jahresgesamtumsatz)
Der selbständige Zahnarzt Z und Liebhaber historischer Traktoren hat zum 01.07.2005 seine Tätigkeit aufgenommen. Dies gilt auch für den Zubehör- und Ersatzteilhandel für Traktoren, den er neben seiner Arztpraxis betreibt. Des weiteren vermietet er ab dem 01.07.2005 ein Haus in der Sächsischen Schweiz. Z wendet die Besteuerung nach vereinbarten Entgelten gem. § 16 UStG an.[98]

Im Kalenderjahr 2005 hat Z folgende Umsätze aus den vorgenannten Tätigkeiten erzielt:

Umsätze	Höhe der Einnahmen
aus steuerfreien ärztlichen Behandlungen	50.000 €
aus dem Verkauf eines Röntgengerätes aus seiner Praxis	27.000 €
aus Lieferungen	5.000 €
zzgl. Umsatzsteuer 16 %	800 €
(Der Nettobetrag von 5.000 € enthält 1.000 € Forderungen.)	
aus steuerfreien Ausfuhrlieferungen	1.000 €
aus dem Verkauf eines Schrankes aus dem Zubehör- und Ersatzteilhandel (Anlagevermögen)	862 €
zzgl. Umsatzsteuer 16 %	138 €
aus steuerfreier Vermietung	29.000 €
Summe der Einnahmen	**113.800 €**

Im laufenden Kalenderjahr 2006 rechnet Z mit einem voraussichtlichen Umsatz gem. § 19 Abs. 1 UStG i.H.v. 41.000 €. Kann Z im Kalenderjahr 2006 zur Kleinunternehmerregelung übergehen?

Lösung:
Zunächst ist der Gesamtumsatz gem. § 19 Abs. 3 UStG zu ermitteln:

Summe der steuerbaren Umsätze (netto)[99]		112.862 €
abzgl. steuerfreier Umsätze gem. § 19 Abs. 3 Satz 1 Nr. 1 UStG		
- ärztliche Behandlungen, steuerfrei gem. § 4 Nr. 14 UStG	50.000 €	
- Verkauf des Röntgengerätes, steuerfrei gem. § 4 Nr. 28 UStG	27.000 €	
- Vermietung, steuerfrei gem. § 4 Nr. 12 UStG	29.000 €	
	106.000 €	106.000 €
Zwischensumme 1		6.862 €
abzgl. Umsatz aus dem Verkauf von Anlagevermögen (netto)[100]		862 €
Zwischensumme 2 (maßgeblich für die Umrechnung in den Jahresgesamtumsatz)		6.000 €

---

[98] vgl. **Kapitel 3.**
[99] Summe der Einnahmen i.H.v. 113.800 € abzgl. der darin enthaltenen Umsatzsteuerbeträge i.H.v. 938 € (800 € + 138 €)
[100] Schrank aus dem Zubehör- und Ersatzteilhandel

Ermittlung des Jahresgesamtumsatzes: 6.000 € (Umsatz vom 01.07.2005 bis zum 31.12.2005) * 2 = 12.000 €	
Zwischensumme 3	12.000 €
zzgl. Umsatz aus dem Verkauf von Anlagevermögen (netto)[101]	862 €
Gesamtumsatz gem. § 19 Abs. 3 UStG	12.862 €

Ausgehend von dem Gesamtumsatz gem. § 19 Abs. 3 UStG ist der Umsatz nach § 19 Abs. 1 UStG zu ermitteln:

Gesamtumsatz gem. § 19 Abs. 3 UStG	12.862 €
abzgl. Forderungen (netto)[102]	1.000 €
abzgl. Umsätze von Wirtschaftsgütern des Anlagevermögens (netto)[103]	862 €
= Umsatz (netto)	11.000 €
zzgl. Umsatzsteuer 16 %	1.760 €
Umsatz gem. § 19 Abs. 1 UStG	**12.760 €**

Fazit: Da der gem. § 19 Abs. 1 UStG maßgebende Umsatz im Vorjahr (2005) die 17.500 €-Grenze nicht überschritten hat und im laufenden Kalenderjahr 2006 voraussichtlich nicht die 50.000 €-Grenze übersteigen wird, kann Z im Kalenderjahr 2006 die Kleinunternehmerregelung anwenden.

2.3.3. Folgen der Überschreitung der Umsatzgrenze

Wurde im vorangegangenen Kalenderjahr die Umsatzgrenze von 17.500 € überschritten oder es ist im laufenden Kalenderjahr damit zu rechnen, dass sich der Umsatz voraussichtlich auf mehr als 50.000 € belaufen wird, muss der Unternehmer im laufenden Kalenderjahr zur Regelbesteuerung übergehen. Im Rahmen der Regelbesteuerung kann der Unternehmer entweder zur Berechnung der Steuer nach vereinbarten Entgelten (§ 16 UStG) oder aber, soweit er einen Antrag gem. § 20 Abs. 1 Satz 1 UStG stellt, zur Berechnung der Steuer nach vereinnahmten Entgelten übergehen. In diesem Zusammenhang wird auf die Ausführungen im **Kapitel 3.** verwiesen.

2.4. Weitere Rechtsfolgen der Kleinunternehmerregelung

Folgende Regelungen des UStG finden gem. § 19 Abs. 1 Satz 4 UStG für Kleinunternehmer keine Anwendung:

a) kein Vorsteuerabzug gem. § 15 UStG ➡ vgl. **Kapitel 2.4.1.**
b) keine Option gem. § 9 UStG ➡ vgl. **Kapitel 2.4.2.**

---

[101] Schrank aus dem Zubehör- und Ersatzteilhandel
[102] Der Umsatz gem. § 19 Abs. 1 UStG ist nach vereinnahmten Entgelten zu berechnen. Da der Unternehmer Z im Kalenderjahr 2005 seine Umsätze jedoch nach vereinbarten Entgelten berechnet hat, müssen die Forderungen i.H.v. 1.000 € netto abgezogen werden. Im Ergebnis ergibt sich danach der Umsatz nach vereinnahmten Entgelten.
[103] Schrank aus dem Zubehör- und Ersatzteilhandel

c)	kein gesonderter Ausweis der Umsatzsteuer in Rechnungen gem. § 14 Abs. 4 UStG	➡ vgl. **Kapitel 2.4.3.**
d)	keine Steuerbefreiung von innergemeinschaftlichen Lieferungen gem. § 6a UStG i.V.m. § 4 Nr. 1b UStG	➡ vgl. **Kapitel 2.4.4.**
e)	keine Angabe der Umsatzsteuer-Identifikations-Nummer in der Rechnung gem. § 14a Abs. 1, 3 und 7 UStG	➡ vgl. **Kapitel 2.4.5.**

2.4.1. Kein Vorsteuerabzug gem. § 15 UStG

Der Kleinunternehmer ist nicht berechtigt, die in seinen Betriebsausgaben enthaltene Umsatzsteuer als Vorsteuer geltend zu machen, da der Vorsteuerabzug gem. § 19 Abs. 1 Satz 4 UStG ausgeschlossen ist.

Beispiel:

Der Kleinunternehmer K kauft sich am 05.01.2005 einen Schreibtisch für sein Büro. Der Kaufpreis beträgt 1.000 € zzgl. 160 € Umsatzsteuer. Im Kalenderjahr 2005 hat K Umsätze i.H.v. 11.600 € (brutto) erzielt.

Lösung:

Der Kleinunternehmer K muss die in seinen Bruttoumsätzen enthaltene Umsatzsteuer i.H.v. 1.600 €[104] nicht an das Finanzamt abführen, da diese gem. § 19 Abs. 1 Satz 1 UStG nicht erhoben wird. Andererseits kann er die in den Aufwendungen für den Schreibtisch enthaltene Umsatzsteuer i.H.v. 160 € nicht als Vorsteuer geltend machen.[105]

Bei einem Kleinunternehmer scheidet ebenso der im Rahmen eines innergemeinschaftlichen Erwerbs[106] gem. § 15 Abs. 1 Satz 1 Nr. 3 UStG grundsätzlich mögliche Vorsteuerabzug aus (vgl. **Kapitel 6.**).

2.4.2. Keine Option gem. § 9 UStG

2.4.2.1. Allgemeines zur Option

Als Option wird im Umsatzsteuerrecht u.a. die Möglichkeit bezeichnet, bestimmte, grundsätzlich umsatzsteuerfreie Umsätze, doch als umsatzsteuerpflichtige Umsätze zu behandeln. Die vorgenannte Optionsmöglichkeit ist im § 9 des UStG geregelt.

Gem. § 9 UStG kann der Unternehmer unter bestimmten Voraussetzungen auf die Steuerbefreiung verzichten. Der Verzicht ist beispielsweise dann sinnvoll, wenn ein Unternehmer seine Leistungen an andere Unternehmer erbringt, die dann infolge des Verzichts auf die Steuerbefreiung, die in den Rechnungen des leistenden Unternehmers offen ausgewiesene Umsatzsteuer als Vorsteuer abziehen können. Darüber hinaus kann ein Verzicht auch dann sinnvoll sein, wenn ein Unternehmer

---

[104] 16/116 * 11.600 €
[105] § 19 Abs. 1 Satz 4 UStG
[106] § 1a UStG

beispielweise hohe Sanierungsaufwendungen an einem Gebäude tätigt, welches er zu vermieten beabsichtigt. Der Verzicht auf die grundsätzlich mögliche steuerfreie Vermietung[107] führt dazu, dass der Unternehmer die in den Sanierungsaufwendungen enthaltene Umsatzsteuer als Vorsteuer geltend machen kann.

Voraussetzungen für den Verzicht auf die Steuerbefreiung sind gem. § 9 Abs. 1 UStG[108]:

- ein Unternehmer im Sinne des § 2 UStG muss einen Umsatz erbringen,
- es muss ein steuerfreier Umsatz gem. § 4 Nr. 8a bis g, Nr. 9a, Nr. 12, 13 oder 19 UStG (siehe **Anlage 3**) vorliegen und
- der Umsatz muss an einen anderen Unternehmer für dessen Unternehmen ausgeführt werden.

Der Unternehmer hat bei den genannten Steuerbefreiungen die Möglichkeit, seine Entscheidung für die Steuerpflicht bei jedem Umsatz einzeln zu treffen.[109] Die Ausübung des Verzichts auf die Steuerbefreiung ist an keine besondere Form und Frist gebunden.[110] Er ist grundsätzlich so lange möglich, wie die Steuerfestsetzung noch nicht unanfechtbar geworden ist oder unter dem Vorbehalt der Nachprüfung steht.[111]

Hinsichtlich der grundsätzlich steuerfreien Umsätze gem. § 4 Nr. 9a UStG und § 4 Nr. 12 UStG, worunter u.a. die Vermietung und Verpachtung von Grundstücken zählen, ist der Verzicht auf die Steuerbefreiung u.U. gem. § 9 Abs. 2 UStG an eine weitere Voraussetzung geknüpft. Zunächst ist jedoch zu prüfen, ob die Vorschrift des § 9 Abs. 2 UStG überhaupt anzuwenden ist. Der § 9 Abs. 2 UStG ist im Rahmen einer Option nicht zu prüfen, wenn das auf dem Grundstück errichtete Gebäude gem. § 27 Abs. 2 UStG:

1.	Wohnzwecken dient oder zu dienen bestimmt ist, mit der Errichtung[112] des Gebäudes vor dem 01.06.1984 begonnen worden ist und die Fertigstellung vor dem 01.04.1985 erfolgt ist,
2.	anderen nichtunternehmerischen Zwecken dient oder zu dienen bestimmt ist und mit der Errichtung des Gebäudes vor dem 01.06.1984 begonnen worden ist und die Fertigstellung vor dem 01.01.1986 erfolgt ist,
3.	anderen als in den Nummern 1 und 2 bezeichneten Zwecken dient oder zu dienen bestimmt ist und mit der Errichtung des Gebäudes vor dem 11.11.1993 begonnen worden ist und die Fertigstellung vor dem 01.01.1998 erfolgt ist.

---

[107] § 4 Nr. 12a UStG
[108] § 9 Abs. 1 UStG, A 148 UStR 2005
[109] A 148 Abs. 1 Satz 2 UStR 2005
[110] A 148 Abs. 3 Satz 1 UStR 2005
[111] A 148 Abs. 3 Satz 5 und 6 UStR 2005
[112] Als Beginn der Errichtung eines Gebäudes ist beispielsweise der Zeitpunkt des Beginns der Ausschachtarbeiten, die Erteilung eines spezifizierten Bauauftrags an den Bauunternehmer oder die Anfuhr nicht unbedeutender Mengen von Baumaterial auf dem Bauplatz anzusehen.

Greift der § 9 Abs. 2 UStG wegen der Einordnung des Gebäudes in die in der vorgenannten Übersicht dargestellten Tatbestandsmerkmale nicht, müssen für eine wirksame Option nach § 9 UStG lediglich die o.g. Voraussetzungen des § 9 Abs. 1 UStG erfüllt sein.

Kann ein Gebäude hingegen nicht in die o.g. Übersicht eingeordnet werden, muss im Rahmen der Prüfung der Option bezüglich der steuerfreien Umsätze gem. § 4 Nr. 9a UStG und § 4 Nr. 12 UStG zusätzlich der § 9 Abs. 2 UStG beachtet werden. Danach ist die Option bei diesen Umsätzen nur zulässig, soweit der Leistungsempfänger, z.b. der Mieter, das Grundstück ausschließlich für Umsätze verwendet oder zu verwenden beabsichtigt, die den Vorsteuerabzug nicht ausschließen. Der Unternehmer hat die Voraussetzungen nachzuweisen.[113]

Verwendet der Leistungsempfänger, z.B. ein Grundstück bzw. einzelne Grundstücksteile, nur in sehr geringem Umfang für Umsätze, die den Vorsteuerabzug ausschließen (Ausschlussumsätze), ist der Verzicht auf die Steuerbefreiung zur Vermeidung von Härten weiterhin zulässig. Eine geringfügige Verwendung für Ausschlussumsätze kann angenommen werden, wenn im Falle der steuerpflichtigen Vermietung die auf den Mietzins für das Grundstück bzw. für den Grundstücksteil entfallende Umsatzsteuer im Besteuerungszeitraum (Kalenderjahr) höchstens zu 5 % vom Vorsteuerabzug ausgeschlossen wäre (Bagatellgrenze).[114]

Beispiel:

F ist Unternehmer in Chemnitz. Er vermietet ab dem 01.01.2005 das ihm in Chemnitz gehörende Gebäude für monatlich 1.160 € steuerfrei an den Unternehmer G. Im entsprechenden Mietvertrag hat F keine Umsatzsteuer offen ausgewiesen. Der Unternehmer G nutzt das Gebäude für sein Unternehmen, er tätigt keine die Vorsteuer ausschließende Umsätze. Das vorgenannte Gebäude wurde am 01.01.1999 fertig gestellt.

Ab dem 01.01.2006 vermietet F das Gebäude umsatzsteuerpflichtig. Der Mietvertrag mit dem Unternehmer G wurde entsprechend geändert. Nunmehr wird die auf die monatliche Miete entfallende Umsatzsteuer i.H.v. 160 €[115] offen ausgewiesen. In den Kalenderjahren 2005 und 2006 waren F im Zusammenhang mit dem Gebäude jeweils Aufwendungen i.H.v. 17.400 € (15.000 € netto zzgl. 2.400 € Umsatzsteuer) entstanden.

Lösung:

Kalenderjahr 2005: ➔ steuerfreie Vermietung

Im Kalenderjahr 2005 vermietet der Unternehmer F sein Gebäude gem. § 4 Nr. 12a UStG steuerfrei an den Unternehmer G. Da F mit der Vermietung des Gebäudes steuerfreie Umsätze ausführt, kann er gem. § 15 Abs. 2 Satz 1 Nr. 1 UStG aus den ihm im Zusammenhang mit dem Gebäude entstandenen Aufwendungen i.H.v. 17.400 €[116] keinen Vorsteuerabzug geltend machen.

Der Unternehmer G kann seinerseits hinsichtlich der an den Unternehmer F gezahlten Mietaufwendungen keine Vorsteuer abziehen, da F umsatzsteuerfrei vermietet und somit in seinen Rechnungen (Mietvertrag) keine Umsatzsteuer ausweisen darf.

---

[113] § 9 Abs. 2 UStG, A 148a UStR 2005
[114] A 148a Abs. 3 UStR 2005
[115] 16/116 * 1.160 €
[116] Aufwendungen netto 15.000 € zzgl. 2.400 € Umsatzsteuer

Kalenderjahr 2006: ➡ steuerpflichtige Vermietung

Ab dem Kalenderjahr 2006 vermietet der Unternehmer F sein Gebäude steuerpflichtig. Zunächst ist zu prüfen, ob die Voraussetzungen des § 9 Abs. 1 UStG vorliegen:

- F ist ein Unternehmer im Sinne des § 2 UStG,
- er tätigt steuerfreie Umsätze gem. § 4 Nr. 12a UStG (Vermietung eines Gebäudes) und
- die Vermietung erfolgt an einen anderen Unternehmer für dessen Unternehmen.

Die Voraussetzungen des § 9 Abs. 1 UStG sind somit erfüllt.

Darüber hinaus ist der § 9 Abs. 2 UStG zu prüfen, da unter diesen u.a. die steuerfreien Vermietungsumsätze gem. § 4 Nr. 12a UStG fallen. Die Prüfung des § 9 Abs. 2 UStG erfolgt jedoch nur insoweit, als diese nicht gem. § 27 Abs. 2 UStG entfällt. Im vorliegenden Fall ist der § 27 Abs. 2 Nr. 3 UStG zu prüfen, da das vermietete Gebäude unternehmerischen Zwecken dient. Die Fertigstellung des vermieteten Gebäudes erfolgte am 01.01.1999 und fällt damit nicht unter den im § 27 Abs. 2 UStG genannten Zeitraum. Demnach entfällt die Prüfung des § 9 Abs. 2 UStG nicht.

Der § 9 Abs. 2 UStG setzt voraus, dass der Leistungsempfänger ausschließlich Umsätze ausführt, die den Vorsteuerabzug nicht ausschließen. Der Unternehmer G tätigt ausweislich des Sachverhaltes keine den Vorsteuerabzug ausschließende Umsätze. Die Voraussetzungen des § 9 Abs. 2 UStG liegen somit ebenfalls vor. Der Unternehmer F hat damit im Kalenderjahr 2006 wirksam zur Steuerpflicht optiert.

Umsatzsteuerlich ergeben sich für die Unternehmer F und G im Kalenderjahr 2006 folgende Konsequenzen:

Für die Vermietungsumsätze muss der Unternehmer F Umsatzsteuer i.H.v. 1.920 €[117] an das Finanzamt abführen, kann aber gleichzeitig, da er nunmehr steuerpflichtig vermietet, Vorsteuer i.H.v. 2.400 €[118] aus den ihm im Zusammenhang mit dem Gebäude entstanden Aufwendungen gelten machen. Damit ergibt sich ein Betrag zu seinen Gunsten i.H.v. 480 €[119].

Der Unternehmer G kann seinerseits hinsichtlich der an den Unternehmer F gezahlten Mietaufwendungen Vorsteuer i.H.v. 1.920 € geltend machen, da F nunmehr umsatzpflichtig vermietet und somit in seinen Rechnungen (Mietvertrag) an den Unternehmer G Umsatzsteuer offen ausweisen darf.[120]

2.4.2.2. Die Kleinunternehmerregelung und die Option nach § 9 UStG

Der die Kleinunternehmerregelung in Anspruch nehmende Unternehmer kann die im vorgenannten Kapitel erläuterte Option[121] nicht durchführen, da dies gem. § 19 Abs. 1 Satz 4 UStG ausgeschlossen ist.

Möchte ein Kleinunternehmer bezüglich steuerfreier Umsätze, für die eine Option gem. § 9 UStG möglich ist, zur Steuerpflicht optieren, muss er eine sogenannte Doppeloption durchführen. Zunächst muss er gem. § 19 Abs. 2 UStG auf die Anwendung der Kleinunternehmerregelung verzichten (➡ 1. Option, vgl. **Kapitel 3.3.1.**), anschließend kann er für die grundsätzlich steuerfreien Umsätze, soweit die Voraussetzungen hierfür vorliegen, auf die Steuerbefreiung verzichten (➡ 2. Option, vgl. **Kapitel 2.4.2.1.**).

---

[117] 12 Monate * 160 €
[118] § 15 Abs. 1 Satz 1 Nr. 1 UStG
[119] Vorsteuer i.H.v. 2.400 € - 1.920 € Umsatzsteuer
[120] § 15 Abs. 1 Satz 1 Nr. 1 Satz 1 und 2 UStG
[121] § 9 UStG

2.4.3. Kein gesonderter Ausweis der Umsatzsteuer in Rechnungen

Bei der Anwendung der Kleinunternehmerregelung kommt dem Aspekt der Rechnungsstellung eine immense Bedeutung zu. So darf der die Kleinunternehmerregelung anwendende Unternehmer gem. § 19 Abs. 1 Satz 4 UStG in seinen Rechnungen keine Umsatzsteuer gesondert ausweisen. In diesem Zusammenhang wird auf das **Kapitel 4.** verwiesen, in welchem auf die Thematik „Rechnungslegung durch Kleinunternehmer" näher eingegangen wird.

Insbesondere dann, wenn der Unternehmer trotz des vorgenannten Verbots, Umsatzsteuer offen in seinen Rechnungen ausweist, kann dies gravierende Folgen haben, den die offen in Rechnungen ausgewiesenen Umsatzsteuerbeträge werden durch den Kleinunternehmer gem. § 14c UStG geschuldet und müssen entsprechend an das Finanzamt abgeführt werden (vgl. **Kapitel 5.**).

2.4.4. Keine Steuerbefreiung für innergemeinschaftliche Lieferungen

Bei Kleinunternehmern findet die Vorschrift über die Steuerbefreiung innergemeinschaftlicher Lieferungen[122] keine Anwendung.[123] In diesem Zusammenhang wird auf die Ausführungen im **Kapitel 6.**, Umsätze innerhalb der Europäischen Union (EU), verwiesen.

2.4.5. Keine Angabe der Umsatzsteuer-Identifikations-Nummer in Rechnungen

Bei Kleinunternehmern findet des weiteren die Vorschrift über die Angabe der USt-IDNr. in Rechnungen (§ 14a Abs. 1, 3 und 7 UStG) grundsätzlich keine Anwendung. Das Wörtchen „grundsätzlich" lässt richtigerweise sogleich vermuten, dass es von der vorgenannten Regelung, wie so oft im Steuerrecht, Ausnahmen gibt. Der Kleinunternehmer muss bei der Rechnungslegung dann eine USt-IDNr. angeben, wenn er:

1. die maßgebende Erwerbsschwelle des § 1a Abs. 3 Nr. 2 UStG im Vorjahr überschritten hat oder im laufenden Kalenderjahr voraussichtlich überschreiten wird,
2. gem. § 1a Abs. 4 UStG zur Erwerbsbesteuerung optiert hat oder
3. gem. § 1a Abs. 5 UStG neue Fahrzeuge bzw. verbrauchsteuerpflichtige Waren erwirbt.

Bezüglich der vorgenannten drei Tatbestände, bei deren Erfüllung der Kleinunternehmer zur Angabe der USt-IDNr. verpflichtet ist, wird auf die Ausführungen im **Kapitel 6.** verwiesen.

---

[122] § 6a UStG i.V.m. § 4 Nr. 1a UStG
[123] § 19 Abs. 1 Satz 4 UStG

2.4.6. Ausnahmen von der Nichterhebung der Umsatzsteuer

Die im Rahmen der Kleinunternehmerreglung grundsätzlich vorgesehene Nichterhebung der Umsatzsteuer[124], findet für die nach den folgenden Vorschriften geschuldete Umsatzsteuer keine Anwendung[125]:

- § 14c Abs. 2 UStG - Unberechtigter Steuerausweis, ➜ vgl. **Kapitel 5.**
- § 13b Abs. 2 UStG - Leistungsempfänger als Steuerschuldner, ➜ vgl. **Kapitel 7.**
- § 25b Abs. 2 UStG - Innergemeinschaftliche Dreiecksgeschäfte und
- § 13a Abs. 1 Nr. 6 UStG - Umsatzsteuerlager.

Auf die beiden letztgenannten Vorschriften, § 25b Abs. 2 UStG und § 13a Abs. 1 Nr. 6 UStG, wird auf Grund ihrer Komplexität und der für den „normalen" Kleinunternehmer geringen Relevanz nicht näher eingegangen.

---

[124] § 19 Abs. 1 Satz 1 UStG
[125] § 19 Abs. 1 Satz 3 UStG

3. Wechsel der Besteuerungsform

Das Umsatzsteuergesetz unterscheidet u.a. zwischen den beiden Besteuerungsformen Kleinunternehmerregelung und Regelbesteuerung. Die Regelbesteuerung gliedert sich wiederum in die Besteuerung nach vereinbarten Entgelten (§ 16 UStG, vgl. **Kapitel 3.1.**) und die Besteuerung nach vereinnahmten Entgelten (§ 20 UStG, vgl. **Kapitel 3.2.**). Die Anwendung der Besteuerung nach vereinnahmten Entgelten ist jedoch nur unter bestimmten Voraussetzungen möglich.

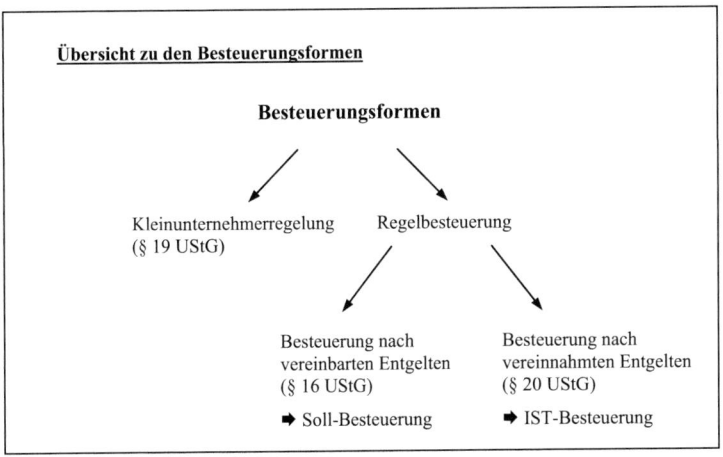

In den nachfolgenden Kapiteln wird sowohl auf den Wechsel von der Kleinunternehmerregelung zur Regelbesteuerung (§ 19 UStG ➜ §§ 16 bzw. 20 UStG) als auch auf den Wechsel von der Regelbesteuerung zur Kleinunternehmerregelung (§§ 16 bzw. 20 UStG ➜ § 19 UStG) und der in diesem Zusammenhang zu beachtenden Problematiken eingegangen. Vorab werden jedoch die Prinzipien und Unterschiede der Besteuerung nach vereinbarten Entgelten und nach vereinnahmten Entgelten dargestellt. An Hand des nachfolgenden Beispiels, wird zunächst die Besteuerung nach „vereinbarten Entgelten" veranschaulicht:

Beispiel:
Der Tischlermeister T, welcher die Besteuerung nach vereinbarten Entgelten anwendet und seine Umsatzsteuer-Voranmeldung monatlich abgibt, verkauft am 15.03.2005 an die Privatperson P einen Schrank für 1.000 € zzgl. 160 € Umsatzsteuer. P zahlt den Kaufpreis erst am 20.05.2005. T hat keinen Antrag auf Dauerfristverlängerung gestellt.[126]

Lösung:
Bei der Besteuerung nach vereinbarten Entgelten, entsteht die Umsatzsteuer unabhängig vom Zeitpunkt der Zahlung, im Zeitpunkt der Ausführung der Leistung. Im vorliegenden Fall ist dies die Lieferung des

---

[126] Bei einem Antrag auf Dauerfristverlängerung, wird die Frist zur Einreichung der Umsatzsteuer-Voranmeldung gem. § 46 UStDV um einen Monat verlängert, vgl. hierzu **Kapitel 10.2.3.**

Schrankes im Monat März 2005. D.h., der Tischlermeister T muss in seiner Umsatzsteuer-Voranmeldung für den Monat März 2005, die er bis zum 10.04.2005[127] bei dem für ihn zuständigen Finanzamt einzureichen hat, den o.g. Umsatz i.H.v. 1.000 € erklären. Des weiteren muss er die auf den Umsatz entfallende Umsatzsteuer i.H.v. 160 €[128] an das Finanzamt entrichten.

Das vorgenannte Beispiel macht den erheblichen Nachteil der Besteuerung nach vereinbarten Entgelten deutlich. Der Tischlermeister T muss am 10.04.2005, die auf seinen Umsatz des Monats März 2005 entfallende Umsatzsteuer i.H.v. 160 € an das Finanzamt entrichten, obwohl der Kunde seine Zahlung erst am 20.05.2005 an T leistet. D.h., der Unternehmer, welcher die Besteuerung nach vereinbarten Entgelten anwendet, muss u.U. in Vorleistung treten. Bei der heutzutage vorherrschenden Zahlungsmoral, muss der Unternehmer immer längere Zeiträume zwischen der Ausführung der Leistung und dem entsprechenden Zahlungseingang überdauern. Soweit das betreffende Unternehmen nicht über genügend Eigenkapital verfügt, kann es die vorgenannten Zeiträume nur mit Fremdkapital, welches entsprechend verzinst wird, überbrücken. Einen Ausweg aus der vorgenannten Situation, stellt insbesondere für Kleinunternehmer, welche zur Regelbesteuerung wechseln müssen bzw. wollen, die Besteuerung nach vereinnahmten Entgelten dar. An Hand des nachfolgenden Beispiels, wird das Prinzip der Besteuerung nach „vereinnahmten Entgelten" erläutert:

Beispiel:
Der Tischlermeister T, welcher die Besteuerung nach vereinnahmten Entgelten anwendet und seine Umsatzsteuer-Voranmeldung monatlich abgibt, verkauft am 15.03.2005 an die Privatperson P einen Schrank für 1.000 € zzgl. 160 € Umsatzsteuer. P zahlt den Kaufpreis erst am 20.05.2005. T hat keinen Antrag auf Dauerfristverlängerung gestellt.[129]

Lösung:
Bei der Besteuerung nach vereinnahmten Entgelten entsteht die Umsatzsteuer unabhängig vom Zeitpunkt der Leistung, im Zeitpunkt der Zahlung durch den Leistungsempfänger. Im vorliegenden Beispielsfall hat der Leistungsempfänger, die Privatperson P, den Kaufpreis für den Schrank im Mai 2005 (20.05.2005) an T gezahlt. D.h., der Tischlermeister T muss in der Umsatzsteuer-Voranmeldung für den Monat Mai 2005, die er bis zum 10.06.2005 bei dem für ihn zuständigen Finanzamt einzureichen hat, den o.g. Umsatz i.H.v. 1.000 € erklären. Des weiteren muss er die auf den Umsatz entfallende Umsatzsteuer i.H.v. 160 € an das Finanzamt entrichten.

Geht ein Kleinunternehmer auf Grund der Überschreitung der Umsatzgrenzen oder auf Grund der Option zur Regelbesteuerung über, gilt für das folgende Kalenderjahr automatisch die Besteuerung nach vereinbarten Entgelten. Möchte er die, aus den vorgenannten Gründen günstigere, Besteuerung nach vereinnahmten Entgelten in Anspruch nehmen, muss er dies bei dem für ihn zuständigen Finanzamt beantragen.[130] Der Übergang zur Besteuerung nach vereinnahmten Entgelten ist allerdings nur unter den im **Kapitel 3.2.** dargestellten Voraussetzungen zulässig.

---

[127] vgl. **Kapitel 10.2.**
[128] 1.000 € Nettoumsatz * 16 % Steuersatz
[129] Bei einem Antrag auf Dauerfristverlängerung, wird die Frist zur Einreichung der Umsatzsteuer-Voranmeldung gem. § 46 UStDV um einen Monat verlängert, vgl. hierzu **Kapitel 10.2.3.**
[130] § 20 Abs. 1 Satz 1 UStG

3.1. Besteuerung nach vereinbarten Entgelten

3.1.1. Umsatzsteuerliche „Leistung"

Bevor auf die Grundsätze der Besteuerung nach vereinbarten Entgelten näher eingegangen wird, wird vorab erläutert, was aus umsatzsteuerlicher Sicht unter dem Begriff „Leistung" zu verstehen ist. Unter dem Oberbegriff „Leistung" sind im Umsatzsteuerrecht die „Lieferung" und die „sonstige Leistungen" zusammengefasst. Die Differenzierung der Leistung in Lieferung und sonstige Leistung ermöglicht es dem Gesetzgeber, Art und Umfang der Besteuerung jeweils unterschiedlich zu regeln.

a) Lieferung

Eine Lieferung liegt vor, wenn die Verfügungsmacht an einem Gegenstand verschafft wird.[131] Gegenstände im vorgenannten Sinne sind körperliche Gegenstände, Sachen gem. § 90 BGB, Tiere gem. § 90a BGB, Sachgesamtheiten und solche Wirtschaftsgüter, die im Wirtschaftsverkehr wie körperliche Sachen behandelt werden.[132] Die Verschaffung der Verfügungsmacht beinhaltet den von den Beteiligten endgültig gewollten Übergang von wirtschaftlicher Substanz, Wert und Ertrag eines Gegenstandes vom Leistenden auf den Leistungsempfänger.[133] Der Abnehmer muss faktisch in der Lage sein, mit dem Gegenstand nach Belieben zu verfahren, insbesondere ihn wie ein Eigentümer zu nutzen und zu veräußern können.[134]

Beispiele für Lieferungen sind: der Verkauf eines Fernsehers, der Verkauf eines Zierfisches oder der Verkauf eines Fahrzeuges.

Lieferungen gelten dann als ausgeführt, wenn der Leistungsempfänger die Verfügungsmacht an den zu liefernden Gegenstand erlangt.[135] Dies wird im Regelfall die Übergabe sein. Auf das Beispiel 1 im nachfolgenden **Kapitel 3.1.2.** wird in diesem Zusammenhang verwiesen.

b) Sonstige Leistung

Hinsichtlich der Definition des Begriffs „sonstige Leistung" nimmt der Gesetzgeber eine Negativabgrenzung gegenüber der Lieferung vor. So führt er aus: „*Sonstige Leistungen, sind Leistungen, die keine Lieferung sind*".[136] Eine sonstige Leistung kann auch in einem Unterlassen oder im Dulden einer Handlung oder eines Zustandes bestehen.[137] Als sonstige Leistungen kommen insbesondere in Betracht[138]:

---

[131] § 3 Abs. 1 Satz 1 UStG, A 24 Abs. 1 Satz 1 UStR 2005
[132] A 24 Abs. 1 Satz 2 UStR 2005
[133] A 24 Abs. 2 Satz 1 UStR 2005; BFH-Urteile vom 18.11.1999 – V R 13/99, BStBl 2000 II S. 153 und vom 16.03.2000 – V R 44/99, BStBl 2000 II S. 361
[134] A 24 Abs. 2 Satz 2 UStR 2005
[135] A 177 Abs. 2 Satz 1 UStR 2005
[136] § 3 Abs. 9 Satz 1 UStG, A 24 Abs. 3 Satz 1 UStR 2005
[137] § 3 Abs. 9 Satz 1 UStG
[138] A 24 Abs. 3 Satz 2 UStR 2005

- Dienstleistungen,
- Gebrauchs- und Nutzungsüberlassungen (Vermietung, Verpachtung, Darlehensgewährung, Einräumung eines Nießbrauchs),
- Reiseleistungen und
- Restaurationsumsätze[139].

Sonstige Leistungen sind grundsätzlich im Zeitpunkt ihrer Vollendung ausgeführt.[140] In diesem Zusammenhang wird auf das Beispiel 2 im nachfolgenden **Kapitel 3.1.2.** verwiesen.

3.1.2. Steuerentstehung bei der Besteuerung nach vereinbarten Entgelten

Die Steuer entsteht für Lieferungen und sonstige Leistungen bei der Berechnung der Steuer nach vereinbarten Entgelten (Soll-Besteuerung) mit Ablauf des Voranmeldungszeitraums (vgl. **Kapitel 10.2.2.**), in dem die Leistungen ausgeführt worden sind.[141] In den Voranmeldungszeiträumen der Ausführung der Leistungen, sind die entsprechenden Umsätze gegenüber dem Finanzamt zu erklären.

Beispiel 1: Steuerentstehung bei einer Lieferung

Der Tischlermeister T, welcher der Besteuerung nach vereinbarten Entgelten unterliegt und seine Umsatzsteuer-Voranmeldung monatlich abgibt, verkauft am 11.04.2006 an Herrn B einen selbsthergestellten Schrank für 1.000 € zzgl. Umsatzsteuer i.H.v. 160 €[142]. Herr B nimmt den Schrank am 11.04.2006 mit und zahlt die 1.160 € am 01.05.2006.

Lösung:

Die Umsatzsteuer, welche auf den Verkauf des Tisches entfällt, entsteht mit Ablauf des Voranmeldungszeitraums April 2006, da der Tischlermeister T den Tisch im April geliefert hat. T muss daher den o.g. Umsatz in der Umsatzsteuer-Voranmeldung April 2006 erklären. Die spätere Zahlung durch Herrn B, am 01.05.2006, ist für die Steuerentstehung des T unbeachtlich, da dieser die Besteuerung nach vereinbarten Entgelten anwendet.

Beispiel 2: Steuerentstehung bei einer sonstigen Leistung

Der Tischlermeister T, welcher der Besteuerung nach vereinbarten Entgelten unterliegt und seine Umsatzsteuer-Voranmeldung monatlich abgibt, vermietet im Zeitraum vom 25.02. bis 11.04.2006 eine Hobelmaschine an Herrn L für 1.000 € zzgl. Umsatzsteuer i.H.v. 160 €. Herr L zahlt die vereinbarte Mietsumme am 01.05.2006.

Lösung:

Bei der Vermietung der Hobelmaschine handelt es sich um eine sonstige Leistung. Die Umsatzsteuer, welche auf die Vermietung der Hobelmaschine entfällt, entsteht mit Ablauf des Voranmeldungszeitraums April 2006, da bei sonstigen Leistungen die Umsatzsteuer grundsätzlich mit Vollendung der Leistung entsteht. Im vorliegenden Beispielsfall ist die Vermietung am 11.04.2006 beendet. Der Tischlermeister T muss daher den o.g. Umsatz in der Umsatzsteuer-Voranmeldung April 2006 erklären. Die spätere Zahlung durch

---

[139] Abgabe von Speisen und Getränken zum Verzehr an Ort und Stelle, vgl. A 25a UStR 2005
[140] A 177 Abs. 3 Satz 1 UStR 2005
[141] § 13 Abs. 1 Nr. 1a Satz 1 UStG
[142] 1.000 € Nettoumsatz * 16 % Steuersatz

Herrn L, am 01.05.2006, ist für die Steuerentstehung des T unbeachtlich, da dieser die Besteuerung nach vereinbarten Entgelten anwendet.

Von den vorgenannten Grundsätzen der Steuerentstehung gibt es einige Ausnahmen, auf welche nachfolgend näher eingegangen wird:

a) Teilleistungen

Die Steuer entsteht bei Teilleistungen mit Ablauf des Voranmeldungszeitraums, in dem die Teilleistungen ausgeführt worden sind.[143]

Teilleistungen liegen vor, wenn für bestimmte Teile einer wirtschaftlich teilbaren Leistung das Entgelt gesondert vereinbart wird.[144] Teilleistungen setzen voraus, dass eine Leistung nach wirtschaftlicher Betrachtungsweise überhaupt teilbar ist und dass sie nicht als Ganzes, sondern in Teilen geschuldet und bewirkt wird.

Beispiel:

Herr S ist in Berlin Eigentümer eines Geschäftshauses. Dieses Geschäftshaus hat er laut Mietvertrag ab Januar 2006 für monatlich 30.000 € zzgl. 4.800 € Umsatzsteuer, unter Verzicht auf die Steuerbefreiung[145], an den Bauunternehmer B vermietet. Herr S unterliegt der Besteuerung nach vereinbarten Entgelten und gibt seine Umsatzsteuer-Voranmeldung monatlich ab.

Lösung:

Die Vermietungsleistung, wird in monatlichen Teilleistungen erbracht. Bei der Vermietung handelt es sich um eine wirtschaftlich teilbare Leistung. Das Entgelt wurde im Mietvertrag für jeden Monat gesondert vereinbart. Die Umsatzsteuer für die Vermietungsleistung entsteht mit Ablauf jedes Kalendermonats der Vermietung. Herr S muss daher in seinen Umsatzsteuer-Voranmeldungen für die Monate Januar bis Dezember 2006, die Vermietungsumsätze, jeweils 30.000 €, erklären und die darauf entfallende Umsatzsteuer i.H.v. 4.800 € an das Finanzamt entrichten. D.h., für die Vermietungsleistung im Januar 2006, entsteht die Umsatzsteuer mit Ablauf des Kalendermonats Januar 2006 und ist dementsprechend in der Umsatzsteuer-Voranmeldung Januar 2006 durch Herrn S zu erklären.

b) Anzahlung

Wird das Entgelt oder ein Teil des Entgelts vereinnahmt, bevor die Leistung oder die Teilleistung ausgeführt worden ist, so entsteht insoweit die Steuer mit Ablauf des Voranmeldungszeitraums, in dem das Entgelt oder das Teilentgelt vereinnahmt worden ist.[146] Die vorgenannten Ausführungen gelten für Anzahlungen, Abschlagszahlungen und Vorauszahlungen.

Beispiel:

Der Schmiedemeister S erhält vom Kunden K am 10.03.2006 den Auftrag einen exklusiven Briefkasten (Gesamtkosten brutto 2.320 €) herzustellen. Bei der Auftragserteilung zahlt K einen Betrag i.H.v. 1.160 € an. Am 01.04.2006 übergibt der Schmiedemeister S an K den fertigen Briefkasten. K zahlt am selben Tag den noch offenen Restbetrag i.H.v. 1.160 €. Der Schmiedemeister S unterliegt der Besteuerung nach vereinbarten Entgelten und gibt seine Umsatzsteuer-Voranmeldung monatlich ab.

---

[143] § 13 Abs. 1 Nr. 1a Satz 1 und 2 UStG
[144] § 13 Abs. 1 Nr. 1a Satz 3 UStG
[145] § 4 Nr. 12a UStG i.V.m. § 9 UStG
[146] § 13 Abs. 1 Nr. 1a Satz 4 UStG

Lösung:

Da der Schmiedemeister S einen Teil des Entgelts vereinnahmt hat, bevor er die Lieferung an K erbracht hat, entsteht für die Anzahlung die Umsatzsteuer i.H.v. 160 €[147] mit Ablauf des Voranmeldungszeitraums, in dem S diese vereinnahmt hat. Im vorliegenden Sachverhalt ist dies der Voranmeldungszeitraum März 2006.
Die restliche Umsatzsteuer i.H.v. 160 €[148] entsteht mit Ablauf des Voranmeldungszeitraums der Ausführung der Lieferung. Dies ist vorliegend der April 2006.

Wurde durch einen Unternehmer bei Erhalt einer Anzahlung (Abschlagszahlung, Vorauszahlung) über diese Anzahlung eine Rechnung im Sinne des § 14 Abs. 1 bis 4 UStG mit offen ausgewiesener Umsatzsteuer erteilt[149], müssen in der nach der Ausführung der Lieferung oder sonstigen Leistung erteilten Endrechnung, die in der Rechnung über die Anzahlung ausgewiesenen Teilentgelte und die auf diese entfallenden Steuerbeträge gem. § 14 Abs. 5 Satz 2 UStG abgesetzt werden.

Beispiel:

Sachverhalt, siehe vorangegangenes Beispiel zur Anzahlung. Der Schmiedemeister S erteilt jedoch über die erhaltene Anzahlung am 10.03.2006 folgende Rechnung:

Anzahlung netto	1.000 €
zzgl. Umsatzsteuer 16 %	160 €
Summe Anzahlung	**1.160 €**

Lösung:

Der Schmiedemeister S kann beispielsweise wie folgt im Rahmen einer Endrechnung über die von ihm erbrachte Lieferung abrechnen, um der Formvorschrift des § 14 Abs. 5 Satz 2 UStG gerecht zu werden:

	Bruttobetrag	Entgelt	Umsatzsteuer
Rechnungsbetrag	2.320 €	2.000 €	320 €
abzgl. Anzahlung	1.160 €	1.000 €	160 €
verbleibende Restzahlung	**1.160 €**	**1.000 €**	**160 €**

Werden entgegen der o.g. Verpflichtung in einer Endrechnung die vor der Leistung im Rahmen einer Anzahlung vereinnahmten Teilentgelte und die darauf entfallenden Steuerbeträge nicht abgesetzt oder angegeben, hat der Unternehmer den in dieser (End-)Rechnung ausgewiesenen Umsatzsteuerbetrag an das Finanzamt abzuführen.[150] Der Teil der in der Entrechnung ausgewiesenen Steuer, der auf die vor der Leistung vereinnahmten Teilentgelte (Anzahlungen) entfällt, wird in diesen Fällen zusätzlich nach § 14c Abs. 1 UStG (vgl. **Kapitel 5.1.**) geschuldet.

---

[147] Anzahlung brutto 1.160 €, darin enthaltene Umsatzsteuer 160 € (1.160 € * (16/116))
[148] Rechnungsgesamtbetrag 2.320 € - Anzahlung 1.160 € = 1.160 € Restzahlung (1.000 € netto und 160 € Umsatzsteuer)
[149] § 14 Abs. 5 Satz 1 UStG
[150] A 187 Abs. 10 Satz 1 UStR 2005

Beispiel:

Sachverhalt, siehe vorangegangenes Beispiel. Der Schmiedemeister S rechnet am 01.04.2006 gegenüber dem Kunden K, wie folgt im Rahmen einer Endrechnung ab:

Rechnungsbetrag netto	2.000 €
zzgl. Umsatzsteuer 16 %	320 €
Rechnungsbetrag brutto	2.320 €
abzgl. Anzahlung	1.160 €
verbleibende Restzahlung	**1.160 €**

Lösung:

Da der Schmiedemeister S einen Teil des Entgelts vereinnahmt hat, bevor er die Lieferung an K erbracht hat, entsteht für diese Anzahlung die Umsatzsteuer i.H.v. 160 €[151] mit Ablauf des Voranmeldungszeitraums, in dem S diese vereinnahmt hat.[152] Im vorliegenden Sachverhalt ist dies der Voranmeldungszeitraum März 2006. Die restliche Umsatzsteuer i.H.v. 160 €[153] entsteht mit Ablauf des Voranmeldungszeitraums der Ausführung der Lieferung.[154] Dies ist vorliegend der April 2006.

Da S bei der Erstellung der Endrechnung, die in seiner Rechnung über die erhaltene Anzahlung offen ausgewiesene Umsatzsteuer nicht abgesetzt hat, schuldet er mit Ablauf des Voranmeldungszeitraums April 2006 zusätzlich 160 € nach § 14c Abs. 1 UStG.[155]

3.2. Besteuerung nach vereinnahmten Entgelten

Die Steuer entsteht für Lieferungen und sonstige Leistungen bei der Berechnung der Steuer nach vereinnahmten Entgelten (IST-Besteuerung) mit Ablauf des Voranmeldungszeitraums, in dem die Entgelte vereinnahmt worden sind.[156] Die Besteuerung nach vereinnahmten Entgelten kann jedoch nur unter bestimmten Voraussetzungen angewendet werden.

a) Voraussetzung

Das Finanzamt kann auf Antrag gestatten, dass ein Unternehmer die Steuer nach vereinnahmten Entgelten berechnet, wenn er eine der drei unter § 20 Abs. 1 Satz 1 UStG, nachstehend genannten, Voraussetzungen erfüllt:

1. Der Gesamtumsatz (§ 19 Abs. 3 UStG, vgl. **Kapitel 2.3.**) hat im vorangegangenen Kalenderjahr nicht mehr als 125.000 €/250.000 €[157] betragen, oder
2. der Unternehmer ist von der Verpflichtung Bücher zu führen und auf Grund jährlicher Bestandsaufnahmen regelmäßig Abschlüsse zu machen, nach § 148 AO befreit, oder

---

[151] Anzahlung brutto 1.160 €, darin enthaltene Umsatzsteuer 160 € (1.160 € * (16/116))
[152] § 13 Abs. 1 Nr. 1a Satz 4 UStG
[153] Rechnungsgesamtbetrag 2.320 € - Anzahlung 1.160 € = 1.160 € Restzahlung (1.000 € netto und 160 € Umsatzsteuer)
[154] § 13 Abs. 1 Nr. 1a Satz 1 UStG
[155] A 187 Abs. 10 Satz 3 UStR 2005
[156] § 13 Abs. 1 Nr. 1b UStG
[157] Mit Wirkung zum 01.07.2006 wurde die für die alten Bundesländer geltende Umsatzgrenze von 125.000 € auf 250.000 € angehoben

3. der Unternehmer führt Umsätze aus einer Tätigkeit als Angehöriger eines freien Berufs im Sinne des § 18 Abs. 1 Nr. 1 EStG[158] aus (sog. „Freiberufler-Privileg")[159].

Die unter der Nummer 1 bezeichnete Umsatzgrenze i.H.v. 125.000 € gilt für Unternehmer in den alten Bundesländern. Mit Wirkung zum 01.07.2006 wurde die für die alten Bundesländer geltende vorgenannte Grenze auf 250.000 € angehoben.[160] Für Unternehmer in den neuen Bundesländern tritt im Zeitraum vom 01.01.1996 bis zum 31.12.2009 an die Stelle des Betrags von 125.000 €/250.000 € der Betrag von 500.000 €.[161]

Hinweis:
Nur eine der drei o.g. Voraussetzungen muss erfüllt sein. So kann beispielsweise ein Freiberufler trotz eines Gesamtumsatzes von 1 Mio. € die IST-Besteuerung anwenden, wenn er die Voraussetzung der Nummer 3 („Freiberufler-Privileg") erfüllt.

b) Antragstellung

Die IST-Besteuerung erfolgt nicht automatisch. Der Unternehmer muss einen Antrag stellen.[162] Der Antrag auf Genehmigung der Besteuerung nach vereinnahmten Entgelten ist dabei weder an eine Form noch eine Frist gebunden.[163] Das Finanzamt wird dem Antrag grundsätzlich unter dem Vorbehalt des jederzeitigen Widerrufs entsprechen, wenn einer der o.g. Tatbestandsvoraussetzungen des § 20 Abs. 1 UStG erfüllt ist.[164] Die Genehmigung erstreckt sich wegen des Prinzips der Abschnittsbesteuerung stets auf das volle Kalenderjahr.[165] Bei der Genehmigung des Finanzamtes handelt es sich um einen begünstigenden Verwaltungsakt, der unter den Voraussetzungen der §§ 130, 131 AO zurückgenommen oder widerrufen werden kann. Sowohl die Ablehnung des Antrages auf Genehmigung der Besteuerung nach vereinnahmten Entgelten als auch die Rücknahme bzw. der Widerruf einer erteilten Genehmigung, sind durch Einspruch[166] anfechtbar

---

[158] Einkünfte aus selbständiger Arbeit sind gemäß § 18 Abs. 1 Nr. 1 EStG Einkünfte aus freiberuflicher Tätigkeit. Zu der freiberuflichen Tätigkeit gehören die selbständig ausgeübte wissenschaftliche, künstlerische, schriftstellerische, unterrichtende oder erzieherische Tätigkeit, die selbständige Berufstätigkeit der Ärzte, Zahnärzte, Tierärzte, Rechtsanwälte, Notare, Patentanwälte, Vermessungsingenieure, Architekten, Handelschemiker, Wirtschaftsprüfer, Steuerberater, beratenden Volks- und Betriebswirte, vereidigte Buchprüfer, Steuerbevollmächtigten, Heilpraktiker, Dentisten, Krankengymnasten, Journalisten, Bildberichterstatter, Dolmetscher, Übersetzer, Lotzen und ähnliche Berufe. Ein Angehöriger eines freien Berufs im vorgenannten Sinne, ist auch dann freiberuflich tätig, wenn er sich der Mithilfe fachlich vorgebildeter Arbeitskräfte bedient; Voraussetzung ist, dass er auf Grund eigener Fachkenntnisse leitend und eigenverantwortlich tätig wird.
[159] Freiberufler, die sich zu einer Kapitalgesellschaft zusammengeschlossen haben, ist die Genehmigung der IST-Besteuerung nach § 20 Abs. 1 Nr. 3 UStG nicht zu erteilen, vgl. BFH-Urteil vom 22.07.1999, BStBl 1999 II S. 630. Die IST-Besteuerung ist in diesem Fall nur dann möglich, wenn der Gesamtumsatz unter den Grenzen des § 20 Abs. 1 Nr. 1 UStG i.V.m. § 20 Abs. 2 UStG liegt.
[160] Gesetz zur steuerlichen Förderung von Wachstum und Beschäftigung vom 26.04.2006, BStBl 2006 I S. 1091
[161] Die ursprünglich bis zum 31.12.2004 bzw. 31.12.2006 befristete Sonderregelung wurde im Rahmen des Gesetzes zur steuerlichen Förderung von Wachstum und Beschäftigung vom 26.04.2006, BStBl 2006 I S. 1091 bis zum 31.12.2009 verlängert.
[162] § 20 Abs. 1 Satz 1 UStG
[163] A 254 Abs. 1 Satz 1 UStR 2005
[164] A 254 Abs. 1 Satz 2 UStR 2005
[165] A 254 Abs. 1 Satz 4 UStR 2005

bzw. der Widerruf einer erteilten Genehmigung, sind durch Einspruch[166] anfechtbar (vgl. **Kapitel 11.**), da es sich hierbei jeweils um Verwaltungsakte handelt.

Die IST-Besteuerung kann auch bereits im Jahr der Betriebseröffnung oder Gründung eines Unternehmens beantragt werden. Bei der Prüfung der Umsatzgrenze ist der voraussichtlich zu erwartende Umsatz ggf. in einen Jahresumsatz umzurechnen.

Beispiel:
Der Unternehmer U beginnt mit seiner unternehmerischen Tätigkeit in Sachsen (neue Bundesländer) am 01.06.2005. Er möchte von Anfang an die IST-Besteuerung anwenden. Seinen Gesamtumsatz (§ 19 Abs. 3 UStG) schätzt er für die Zeit vom 01.06. bis 31.12.2005 auf 50.000 €.

Lösung:
Der auf das Kalenderjahr hochgerechnete Jahresumsatz beträgt mit 85.714 € (12/7 von 50.000 €) nicht mehr als 500.000 €. U kann somit im Kalenderjahr 2005 die IST-Besteuerung beantragen.

c) Entstehungszeitpunkt der Umsatzsteuer

Bei Anwendung der IST-Besteuerung entsteht die Umsatzsteuer für Lieferungen und sonstige Leistungen, wie bereits ausgeführt wurde, mit Ablauf des Voranmeldungszeitraums, in dem die Entgelte vereinnahmt worden sind.[167] Hierbei kommt es im Gegensatz zur Besteuerung nach vereinbarten Entgelten nicht auf den Zeitpunkt der Leistung an. Dies bedeutet, dass der Unternehmer die Umsatzsteuer erst in dem Umsatzsteuer-Voranmeldungszeitraum gegenüber dem Finanzamt erklären muss, in dem er die Zahlung vom Kunden erhalten hat.

Als Zeitpunkt der Vereinnahmung gilt bei Überweisung grundsätzlich der Zeitpunkt der Gutschrift. Ein Scheckbetrag ist grundsätzlich bereits mit dessen Hingabe zugeflossen und nicht erst mit der Einlösung.

3.3. Der Wechsel von der Kleinunternehmerregelung zur Regelbesteuerung

Für den Wechsel von der Kleinunternehmerregelung zur Regelbesteuerung kann es zwei Gründe geben. Der Wechsel kann zum einen auf Antrag, was auch als Option bezeichnet wird, und zum anderen dann erfolgen, wenn der Unternehmer im Vorjahr die Umsatzgrenze von 17.500 € überschritten hat bzw. wenn er im laufenden Kalenderjahr damit rechnen muss, dass er die Umsatzgrenze von 50.000 € voraussichtlich überschreiten wird.

---

[166] § 347 AO
[167] § 13 Abs. 1 Nr. 1b UStG

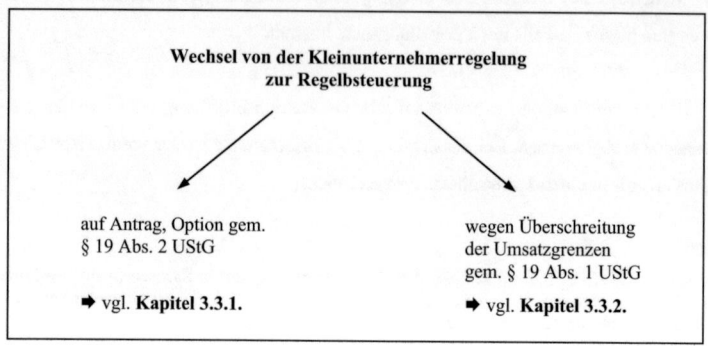

Der wohl größte Nachteil bei der Anwendung der Kleinunternehmerregelung liegt im Verlust des Vorsteuerabzugs. Der Kleinunternehmer ist insbesondere dann benachteiligt, wenn er seine Umsätze überwiegend gegenüber vorsteuerabzugsberechtigten Unternehmern erbringt. Dies verdeutlicht das nachfolgende Beispiel:

Beispiel:

Der Kleinunternehmer K und der regelbesteuernde Unternehmer U verkaufen jeweils an den ebenfalls regelbesteuernden Unternehmer Z Ware im Wert von 1.160 € (1.000 € zzgl. 160 € Umsatzsteuer). Der Kleinunternehmer K stellt, da er Umsatzsteuer in Rechnungen nicht offen ausweisen darf, eine Rechnung über den Bruttobetrag i.H.v. 1.160 €. Der Unternehmer U stellt eine ordnungsgemäße Rechnung über 1.000 € zzgl. 160 € Umsatzsteuer aus.

Lösung:

Der Unternehmer Z hat aus dem Erwerb der Ware von K und U letztendlich folgende Anschaffungskosten:

	Kleinunternehmer K	Unternehmer U
Anschaffungskosten brutto	1.160 €	1.160 €
abzgl. Vorsteuer gem. § 15 UStG	nicht möglich[168]	160 €
Anschaffungskosten des Z	**1.160 €**	**1.000 €**

Aus der Rechnung des K kann der Unternehmer Z keinen Vorsteuerabzug geltend machen, da der Vorsteuerabzug gem. § 15 UStG eine offen ausgewiesene Umsatzsteuer voraussetzt. Demnach sind die Anschaffungskosten höher, wenn der Unternehmer Z bei dem Kleinunternehmer K Ware einkauft. Der Unternehmer Z wird daher aus wirtschaftlichen Gründen grundsätzlich bei dem Unternehmer U Ware einkaufen, da er aus dessen Rechnung die ausgewiesene Umsatzsteuer als Vorsteuer abziehen kann.

Damit Kleinunternehmer keine Wettbewerbsnachteile erleiden, können sie auf die Anwendung der Kleinunternehmerregelung verzichten. Bei wirksamen Verzicht werden die Umsätze fortan der Regelbesteuerung unterworfen. Der Leistungsempfänger hat dann die Möglichkeit, die in den Rechnungen des leistenden Unternehmers offen ausgewiesene Umsatzsteuer als Vorsteuer geltend

---

[168] § 19 Abs. 1 Satz 4 UStG

machen zu können.

3.3.1. Antrag auf Wechsel von der Kleinunternehmerregelung zur Regelbesteuerung (Option)

Der Unternehmer kann dem Finanzamt bis zur Unanfechtbarkeit der Steuerfestsetzung[169] erklären, dass er auf die Anwendung der Kleinunternehmerregelung gem. § 19 UStG verzichtet (Option).[170] Die Option gilt rückwirkend ab Beginn des Kalenderjahres, für das der Unternehmer sie abgegeben hat.[171] Hat der Unternehmer seine gewerbliche oder berufliche Tätigkeit während des Kalenderjahres aufgenommen, für das die Option gelten soll, so gilt die Option von Beginn dieser Tätigkeit.[172]

Vor Eintritt der Unanfechtbarkeit der Steuerfestsetzung kann der Unternehmer die Erklärung mit Wirkung für die Vergangenheit zurücknehmen. Hat er in einer Rechnung bereits Umsatzsteuer gesondert ausgewiesen, kann er diese in entsprechender Anwendung des § 14c Abs. 1 Satz 2 UStG berichtigen (vgl. **Kapitel 5.1.**).[173]

Eine Steuerfestsetzung ist unanfechtbar, wenn auf die Einlegung eines Rechtsbehelfs wirksam verzichtet oder ein Rechtsbehelf wirksam zurückgenommen worden ist, wenn die Rechtsbehelfsfrist ohne Einlegung eines förmlichen Rechtsbehelfs abgelaufen oder wenn gegen den Verwaltungsakt oder die gerichtliche Entscheidung kein Rechtsbehelf mehr gegeben ist.[174] Dabei ist unter Unanfechtbarkeit die formelle Bestandskraft der erstmaligen Steuerfestsetzung zu verstehen, die auch in einer Steuerfestsetzung unter dem Vorbehalt der Nachprüfung oder in einer Steueranmeldung bestehen kann.[175]

Nach Eintritt der Unanfechtbarkeit der Steuerfestsetzung bindet die Erklärung den Unternehmer mindestens für fünf Kalenderjahre.[176] Sie kann nur mit Wirkung vom Beginn eines Kalenderjahres an widerrufen werden.[177] Der Widerruf ist spätestens bis zur Unanfechtbarkeit der Steuerfestsetzung des Kalenderjahres, für das er gelten soll, zu erklären.[178]

Optiert der Unternehmer nach § 19 Abs. 2 UStG unterliegt er der Besteuerung nach den allgemeinen Vorschriften des UStG (Regelbesteuerung[179]).[180]

Für die Erklärung der Option nach § 19 Abs. 2 UStG ist keine bestimmte Form vorgesehen. Be-

---

[169] § 18 Abs. 3 und 4 UStG
[170] § 19 Abs. 2 Satz 1 UStG
[171] A 247 Abs. 1 Satz 4 Nr. 1 Satz 1 UStR 2005
[172] A 247 Abs. 1 Satz 4 Nr. 1 Satz 2 UStR 2005
[173] A 247 Abs. 2 UStR 2005
[174] A 247 Abs. 6 Satz 1 UStR 2005
[175] vgl. BFH-Urteil vom 19.12.1985 – V R 167/82, BStBl 1986 II S. 420 und BFH-Urteil vom 11.12.1997 – V B 52/97, BStBl 1998 II S. 420; A 247 Abs. 6 Satz 2 UStR 2005
[176] § 19 Abs. 2 Satz 2 UStG i.V.m. A 247 Abs. 3 UStR 2005
[177] § 19 Abs. 2 Satz 3 UStG
[178] § 19 Abs. 2 Satz 4 UStG
[179] vgl. **Kapitel 3.**
[180] A 247 Abs. 1 Satz 2 UStR 2005

rechnet der Unternehmer in den Voranmeldungen oder in der Steuererklärung für das Kalenderjahr die Steuer nach den allgemeinen Vorschriften des UStG, ist darin grundsätzlich eine Option im Sinne des § 19 Abs. 2 Satz 1 UStG zu sehen.[181] Im Zweifel ist der Unternehmer zu fragen, welcher Besteuerungsform er seine Umsätze unterwerfen will.[182]

Ein Kleinunternehmer, der nach § 19 Abs. 1 Satz 4 UStG vom Vorsteuerabzug ausgeschlossen ist, kann eine Vorsteuerberichtigung zu seinen Gunsten vornehmen, wenn das Wirtschaftsgut ursprünglich zur Ausführung steuerfreier und später nach der Option für die allgemeine Besteuerung zur Ausführung steuerpflichtiger Umsätze eingesetzt wird.[183]

3.3.2. Wechsel von der Kleinunternehmerregelung zur Regelbesteuerung wegen Überschreitung der Umsatzgrenzen

Der Wechsel von der Kleinunternehmerregelung zur Regelbesteuerung hat dann zu erfolgen, wenn im vorangegangenen Kalenderjahr die Umsatzgrenze von 17.500 € überschritten wurde bzw. wenn im laufenden Kalenderjahr voraussichtlich die Umsatzgrenze von 50.000 € überschritten wird. Insoweit gelten die bereits unter dem **Kapitel 2.3.3.** gemachten Ausführungen.

3.4. Wechsel von der Regelbesteuerung zur Kleinunternehmerregelung

Der Wechsel von der Regelbesteuerung zur Kleinunternehmerregelung ist grundsätzlich dann möglich, wenn die Voraussetzungen des § 19 Abs. 1 UStG vorliegen. Dabei ist jedoch in den Fällen, in denen ein Unternehmer nach § 19 Abs. 2 UStG von der Kleinunternehmerregelung zur Regelbsteuerung optiert hat, die Fünfjahresfrist zu beachten.

Es ist also insbesondere nicht möglich, in einem Jahr auf die Kleinunternehmerregelung zu verzichten, um so beispielsweise die auf größer Investitionen entfallende Umsatzsteuer als Vorsteuer geltend machen zu können und im darauffolgenden Jahr wieder zur Kleinunternehmerregelung zurückzuwechseln.

Nach Ablauf der Fünfjahresfrist kann der Unternehmer die Option mit Wirkung vom Beginn eines Kalenderjahres an widerrufen. Bereits ausgestellte Rechnungen mit gesondertem Steuerausweis können wiederum gem. § 14c Abs. 1 UStG berichtigt werden (vgl. **Kapitel 5.1.**).[184]

3.5. Folgen des Wechsels der Besteuerungsform

Wird die Besteuerungsform gewechselt, dürfen keine Umsätze unversteuert bleiben bzw. doppelt besteuert werden. Darüber hinaus bedarf es der Klärung der Frage, welche Vorsteuerbeträge gel-

---

[181] BFH-Urteil vom 19.12.1985 - V R 167/82, BStBl 1986 II S. 420; A 247 Abs. 1 UStR 2005
[182] A 247 Abs. 1 Satz 4 Nr. 2 UStR 2005
[183] A 215 Abs. 11 UStR 2005
[184] A 247 Abs. 4 UStR 2005

tend gemacht werden können und welche nicht. Es gelten folgende Grundsätze:

a) Entstehung der Umsatzsteuer
Für die Entstehung der Umsatzsteuer ist der Leistungszeitpunkt maßgebend. D.h., es kommt die jeweilige Besteuerungsform des Kalenderjahres zur Anwendung, in dem der betreffende Umsatz ausgeführt wurde (vgl. **Kapitel 3.1.1. und 3.1.2.**)

b) Vorsteuerabzug
Für den Vorsteuerabzug ist der Zeitpunkt des Leistungsbezugs maßgebend. D.h., es findet die jeweilige Besteuerungsform des Kalenderjahres Anwendung, in welchem die Eingangsleistung[185] an den Unternehmer erbracht wurde.

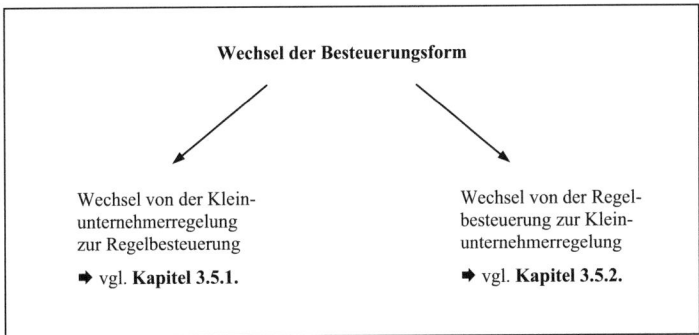

3.5.1. Wechsel von der Kleinunternehmerregelung zur Regelbesteuerung

Bei dem Wechsel von der Kleinunternehmerregelung zur Regelbesteuerung gilt es folgendes zu beachten:

a) Umsatzsteuer
Umsätze, die der Unternehmer vor dem Übergang zur Regelbesteuerung ausgeführt hat, fallen auch dann unter die Kleinunternehmerregelung, wenn die Entgelte nach diesem Zeitpunkt vereinnahmt werden.[186] Umsätze, die der Unternehmer hingegen nach dem Übergang ausführt, unterliegen der Regelbesteuerung.[187]

---

[185] Der Unternehmer U bekommt im Dezember 2005 einen Schreibtisch für sein Büro geliefert. Die Eingangsleistung, die Lieferung des Schrankes, gilt als im Dezember 2005 an den Unternehmer U als erbracht.
[186] A 253 Abs. 1 UStR 2005
[187] A 253 Abs. 2 UStR 2005

b) Vorsteuer

Der Vorsteuerabzug ist nur dann möglich, wenn die Eingangsleistung nach dem Zeitpunkt des Wechsels zur Regelbesteuerung erfolgt ist.[188] Der Vorsteuerabzug ist hingegen dann ausgeschlossen, wenn die Eingangsleistung vor dem Wechsel zur Regelbesteuerung erfolgt ist.[189] Auf den Zeitpunkt des Eingangs der Rechnung kommt es nicht an.[190]

c) Änderung der Bemessungsgrundlage

Ändert sich nach dem Übergang zur Regelbesteuerung die Bemessungsgrundlage für Umsätze, die vor dem Übergang ausgeführt worden sind, findet der § 17 UStG (Änderung der Bemessungsgrundlage) keine Anwendung, da für den Umsatz, dessen Bemessungsgrundlage sich geändert hat, gem. § 19 Abs. 1 Satz 1 UStG keine Umsatzsteuer erhoben wurde.[191]

Beispiel:

Der Unternehmer K unterlag im Kalenderjahr 2005 der Kleinunternehmerregelung. Zum 01.01.2006 geht K zur Besteuerung nach den allgemeinen Vorschriften des UStG (Regelbesteuerung) über. K führt im Rahmen seines Unternehmens keine Umsätze aus, die den Vorsteuerabzug ausschließen.

Geschäftsvorfall 1

Der Unternehmer K nimmt im Januar 2006 für Leistungen, welche er bereits im Dezember 2005 ausgeführt hatte, 3.500 € ein.

Lösung Geschäftsvorfall 1:

Maßgeblich ist vorliegend der Leistungszeitpunkt, dies war das Kalenderjahr 2005. Im Kalenderjahr 2005 wurde die Kleinunternehmerregelung angewendet, dementsprechend wird für die im Kalenderjahr 2005 ausgeführte Leistung, trotz Vereinnahmung des Entgeltes im Januar 2006, gem. § 19 Abs. 1 Satz 1 UStG keine Umsatzsteuer erhoben. Dies gilt unabhängig davon, ob K im Kalenderjahr 2006 seine Umsätze nach vereinnahmten oder vereinbarten Entgelten ermittelt.[192]

Geschäftsvorfall 2

Im Januar 2006 erbringt K steuerpflichtige Leistungen, für welche er bereits im Dezember 2005 das Entgelt i.H.v. 1.500 € (brutto) vereinnahmt hatte.

Lösung Geschäftsvorfall 2:

Maßgeblich ist wiederum der Leistungszeitpunkt, dies war das Kalenderjahr 2006. Im Kalenderjahr 2006 erfolgt die Ermittlung der Umsatzsteuer nach den allgemeinen Bestimmungen des UStG (Regelbesteuerung). Soweit K im Kalenderjahr 2006 seine Umsatzsteuer-Voranmeldung monatlich abgibt, muss er in der Umsatzsteuer-Voranmeldung Januar 2006 einen Umsatz von 1.293,10 €[193] und Umsatzsteuer i.H.v. 206,90 €[194] anmelden.

---

[188] A 253 Abs. 3 UStR 2005 i.V.m. A 191 Abs. 5 Satz 1 UStR 2005
[189] A 253 Abs. 3 UStR 2005 i.V.m. A 191 Abs. 5 Satz 2 UStR 2005
[190] A 253 Abs. 3 UStR 2005 i.V.m. A 191 Abs. 5 Satz 4 UStR 2005
[191] A 253 Abs. 4 UStR 2005
[192] A 253 Abs. 1 UStR 2005
[193] 1.500 €/ 1,16
[194] 16/116 von 1.500 €

Geschäftsvorfall 3

Im November 2005 hat K vom Kfz-Händler L einen PKW erworben. Auf Bitte des K erteilt L die Rechnung hierüber erst im Januar 2006.

Lösung Geschäftsvorfall 3:

Für den Vorsteuerabzug ist der Zeitpunkt der Eingangsleistung maßgebend.[195] Im vorliegenden Beispielsfall war dies das Kalenderjahr 2005.[196] Im Kalenderjahr 2005 galt die Kleinunternehmerregelung, nach der gem. § 19 Abs. 1 Satz 4 UStG ein Vorsteuerabzug ausscheidet. Allerdings fällt der angeschaffte PKW unter die Vorschrift des § 15a UStG (Berichtigung des Vorsteuerabzugs). K kann für den PKW ab dem 01.01.2006 bis zum Ende des Berichtigungszeitraums gem. § 15a UStG (vgl. **Kapitel 3.6.**) eine Vorsteuerberichtigung zu seinen Gunsten vornehmen, da er auf Grund des Wechsels zur Regelbesteuerung nunmehr zum Abzug der Vorsteuer berechtigt ist. Laut Sachverhalt tätigt er im Rahmen seines Unternehmens keine Umsätze, welche den Vorsteuerabzug ausschließen.

Geschäftsvorfall 4

Im Januar 2006 hatte K für den o.g. PKW einen Anhänger erworben. Diesen hatte er bereits im Dezember 2005 bestellt. Im Zeitpunkt der Bestellung hatte K bereits eine Rechnung mit gesondertem Umsatzsteuerausweis über 5.000 € zzgl. 800 € Umsatzsteuer erhalten. Auf die Rechnung leistete K im Dezember 2005 eine Anzahlung i.H.v. 2.000 €.

Lösung Geschäftsvorfall 4:

Für den Vorsteuerabzug ist wiederum der Zeitpunkt der Eingangsleistung maßgebend. Dies ist das Kalenderjahr 2006, da der Anhänger im Januar 2006 geliefert wurde. Damit fällt der Erwerb des Anhängers unter die Besteuerung nach den allgemeinen Vorschriften des UStG (Regelbesteuerung). K kann, soweit er im Kalenderjahr 2006 seine Umsatzsteuer-Voranmeldungen monatlich abgibt, im Januar 2006 für die Anschaffung des Anhängers eine Vorsteuer i.H.v. 800 € geltend machen.[197]

Die sich auf Grund des Wechsels von der Kleinunternehmerregelung zur Regelbesteuerung eventuell ergebende Korrekturbeträge sind in der Umsatzsteuererklärung (siehe **Anlage 5**), **Zeile 55** bis **57**[198], bzw. in der Umsatzsteuer-Voranmeldung (siehe **Anlage 7**), **Zeile 52**[199], einzutragen.

3.5.2. Wechsel von der Regelbesteuerung zur Kleinunternehmerregelung

Im Rahmen des Wechsels von der Regelbesteuerung zur Kleinunternehmerregelung ist folgendes zu beachten:

a) Umsatzsteuer

Umsätze, die der Unternehmer vor dem Übergang von der Regelbesteuerung zur Kleinunternehmerregelung ausgeführt hat, unterliegen der Regelbesteuerung.[200] Werden Entgelte für die vorgenannten Umsätze nach dem Übergang zur Kleinunternehmerregelung vereinnahmt, gilt Folgendes:

---

[195] Maßgebend ist der Zeitpunkt des Erwerbs des PKW (Kalenderjahr 2005), nicht der Zeitpunkt der Rechnungsausstellung (Kalenderjahr 2006).
[196] A 191 Abs. 5 Satz 2, 3 und 4 UStR 2005
[197] A 193 Abs. 2 UStR 2005
[198] Umsatzsteuererklärung 2005
[199] Umsatzsteuer-Voranmeldung 2006
[200] A 253 Abs. 6 Satz 1 UStR 2005

aa) Der Unternehmer hat die Besteuerung nach vereinbarten Entgelten durchgeführt

Hat der Unternehmer die Steuer vor dem Übergang nach vereinbarten Entgelten berechnet, waren die Umsätze bereits vor dem Übergang zu versteuern, und zwar in dem Besteuerungs- oder Voranmeldungszeitraum, in dem sie ausgeführt wurden.[201] Eine Besteuerung zum Zeitpunkt der Entgeltsvereinnahmung entfällt somit.[202]

ab) Der Unternehmer hat die Besteuerung nach vereinnahmten Entgelten durchgeführt

Hat der Unternehmer die Steuer vor dem Übergang nach vereinnahmten Entgelten berechnet, sind die Umsätze nach dem Übergang der Regelbesteuerung zu unterwerfen, und zwar in dem Besteuerungs- oder Voranmeldungszeitraum, in dem die Entgelte vereinnahmt werden.[203]

Umsätze, die der Unternehmer <u>nach</u> dem Übergang zur Kleinunternehmerregelung ausführt, fallen unter § 19 Abs. 1 UStG.[204] Sind Anzahlungen für diese Umsätze vor dem Übergang vereinnahmt und der Umsatzsteuer unterworfen worden, ist die ggf. bereits entrichtete Steuer zu erstatten (Korrekturbetrag), sofern keine Rechnungen ausgestellt wurden, die zum Vorsteuerabzug berechtigt haben.[205]

b) Vorsteuer

Der Vorsteuerabzug ist nur dann möglich, wenn die Eingangsleistung vor dem Wechsel zur Kleinunternehmerregelung erfolgt ist.[206]

c) Änderung der Bemessungsgrundlage

Ändert sich nach dem Übergang zur Kleinunternehmerregelung die Bemessungsgrundlage für Umsätze, die vor dem Übergang ausgeführt worden sind, so sind die dafür geschuldeten Steuerbeträge unter entsprechender Anwendung des § 17 UStG zu berichtigen.[207] Dies gilt ebenso für Vorsteuerbeträge, wenn (Eingangs-)Leistungen vor dem Übergang zur Kleinunternehmerregelung erbracht wurden und sich die Bemessungsgrundlage dieser Leistungen geändert haben.[208]

Beispiel:
> Der Unternehmer L unterlag im Kalenderjahr 2005 der Regelbesteuerung. Er berechnete seine Umsätze nach vereinbarten Entgelten. Zum 01.01.2006 wechselt er zur Kleinunternehmerregelung. L führt im Rahmen seines Unternehmens keine Umsätze aus, die den Vorsteuerabzug ausschließen.

---

[201] § 13 Abs. 1 Nr. 1a UStG, vgl. **Kapitel 3.1.**
[202] A 253 Abs. 6 Satz 2 Nr. 1 UStR 2005
[203] § 13 Abs. 1 Nr. 1b UStG, vgl. **Kapitel 3.2.**, A 253 Abs. 6 Satz 2 Nr. 2 UStR 2005
[204] A 253 Abs. 7 Satz 1 UStR 2005
[205] A 253 Abs. 7 Satz 2 UStR 2005
[206] A 253 Abs. 8 UStR 2005 i.V.m. A 191 Abs. 6 Satz 1 UStR 2005
[207] A 253 Abs. 9 Satz 1 UStR 2005
[208] A 253 Abs. 9 Satz 2 UStR 2005

Geschäftsvorfall 1

Im Januar 2006 erbringt L steuerpflichtige Leistungen, für welche er bereits im November 2005 das Entgelt i.H.v. 2.000 € (brutto) vereinnahmt hatte. Über die vorgenannte Anzahlung hatte L keine Rechnung ausgestellt.

Lösung Geschäftsvorfall 1:

Maßgeblich ist wiederum der Leistungszeitpunkt, dies war das Kalenderjahr 2006. Im Kalenderjahr 2006 unterliegt L bereits der Kleinunternehmerregelung. Umsatzsteuer wird für die erbrachten Leistungen gem. § 19 Abs. 1 Satz 1 UStG nicht erhoben.

Für die im November 2005 erhaltene Anzahlung musste der Unternehmer L die darin enthaltene Umsatzsteuer i.h.v. 276 €[209] im Rahmen der Umsatzsteuer-Voranmeldung November 2005 an das Finanzamt abführen.[210] Diese Umsatzsteuer (Korrekturbetrag) ist auf Antrag des L durch das Finanzamt im Kalenderjahr 2006 zu erstatten.

Geschäftsvorfall 2

Im Januar 2006 hatte L für sein Büro einen Schreibtisch geliefert bekommen. Diesen hatte er bereits im Dezember 2005 bestellt. Im Zeitpunkt der Lieferung hatte L eine Rechnung über 2.000 € zzgl. 320 € Umsatzsteuer erhalten.

Lösung Geschäftsvorfall 2:

Für den Vorsteuerabzug ist wiederum der Zeitpunkt der Eingangsleistung maßgebend. Dies ist das Kalenderjahr 2006, da der Schreibtisch im Januar 2006 geliefert wurde. Damit fällt der Erwerb des Schreibtisches unter die Kleinunternehmerregelung. L kann, ungeachtet der im Kalenderjahr 2005 geleisteten Anzahlung, gem. § 19 Abs. 1 Satz 4 UStG keine Vorsteuer geltend machen. Für die im Dezember 2005 geleistete Anzahlung war kein Vorsteuerabzug möglich, da über diese Anzahlung keine Rechnung ausgestellt worden war.

Die sich auf Grund des Wechsels von der Regelbesteuerung zur Kleinunternehmerregelung eventuell ergebende Korrekturbeträge sind ebenfalls in der Umsatzsteuererklärung (siehe **Anlage 5**), **Zeile 55** bis **57**[211], bzw. in der Umsatzsteuer-Voranmeldung (siehe **Anlage 7**), **Zeile 52**[212], einzutragen.

3.6. Auswirkungen des Wechsels der Besteuerungsform auf den Vorsteuerabzug – Berichtigung des Vorsteuerabzugs gem. § 15a UStG

3.6.1. Allgemeines zur Regelung des § 15a UStG

Für den Vorsteuerabzug sind gem. § 15 UStG die Verhältnisse zum Zeitpunkt des Leistungsbezuges maßgebend. Durch den § 15a UStG (Berichtigung des Vorsteuerabzugs) wird der Vorsteuerabzug so ausgeglichen, dass er den Verhältnissen entspricht, die sich für den gesamten, jeweils geltenden, Berichtigungszeitraum ergeben.

---

[209] 16/116 von 2.000 €
[210] § 13 Abs. 1 Nr. 1a Satz 4 UStG
[211] Umsatzsteuererklärung 2005
[212] Umsatzsteuer-Voranmeldung 2006

Dem § 15a UStG und damit der Berichtigung des Vorsteuerabzugs unterliegen:

- Wirtschaftsgüter, die nicht nur einmalig zur Ausführung von Umsätzen verwendet werden (Anlagevermögen[213])[214],
- Wirtschaftsgüter, die nur einmalig zur Ausführung von Umsätzen verwendet werden (Umlaufvermögen[215])[216],
- Gegenstände, die in ein Wirtschaftgut nachträglich eingehen und sonstige Leistungen, die an einem Wirtschaftsgut ausgeführt werden[217],
- sonstige Leistungen[218],
- nachträgliche Anschaffungs- oder Herstellungskosten[219].

Ändern sich bei einem Wirtschaftsgut die für den ursprünglichen Vorsteuerabzug maßgeblichen Verhältnisse innerhalb des Berichtigungszeitraumes von fünf Jahren, so ist für jedes Kalenderjahr der Änderung ein Ausgleich durch eine Berichtigung des Abzugs der auf die Anschaffungs- oder Herstellungskosten entfallenden Vorsteuerbeträge vorzunehmen.[220] U.a. bei Grundstücken einschließlich ihrer wesentlichen Bestandteile und bei Gebäuden auf fremdem Grund und Boden tritt an die Stelle des Berichtigungszeitraums von fünf Jahren ein Zeitraum von zehn Jahren.[221]
Bei Wirtschaftsgütern mit einer kürzeren Verwendungsdauer ist der entsprechend kürzere Berichtigungszeitraum anzusetzen.[222]
Die Berichtigung des Vorsteuerabzugs ist jeweils für den Voranmeldungszeitraum bzw. das Kalenderjahr vorzunehmen, in dem sich die für den ursprünglichen Vorsteuerabzug maßgebenden Verhältnisse geändert haben.[223] Eine Änderung der Steuerfestsetzung für das Kalenderjahr des ursprünglichen Vorsteuerabzugs erfolgt nicht.
Im Rahmen der Berichtigung des Vorsteuerabzugs sind die Vereinfachungsregelungen des § 44 UStDV zu beachten. Danach entfällt z.B. dann eine Berichtigung des Vorsteuerabzugs gem. § 15a UStG, wenn die auf die Anschaffungs- oder Herstellungskosten eines Wirtschaftsgutes entfallende Vorsteuer 1.000 € nicht übersteigt.[224]

---

[213] vgl. **Kapitel 13.2.**, Buchstabe a)
[214] § 15a Abs. 1 UStG
[215] vgl. **Kapitel 13.2.**, Buchstabe a)
[216] § 15a Abs. 2 UStG
[217] § 15a Abs. 3 UStG
[218] § 15a Abs. 4 UStG
[219] § 15a Abs. 6 UStG
[220] § 15a Abs. 1 Satz 1 UStG
[221] § 15a Abs. 1 Satz 2 UStG
[222] A 216 Abs. 1 Satz 3 UStR 2005
[223] A 217 Abs. 1 Satz 1 UStR 2005
[224] § 44 Abs. 1 UStDV

3.6.2. § 15a UStG und die Kleinunternehmerregelung

Laut dem BFH-Urteil vom 17.06.2004[225] stellt der Wechsel von der Kleinunternehmerregelung zu der Besteuerung nach den allgemeinen Vorschriften des UStG (Regelbesteuerung) eine Änderung der für den Vorsteuerabzug maßgeblichen Verhältnisse im Sinne des § 15a UStG a.f. dar.[226] Der durch den Gesetzgeber mit Wirkung vom 01.01.2005 neugefasste § 15a UStG, regelt entsprechend im neuen Absatz 7, dass „*Eine Änderung der Verhältnisse im Sinne der Absätze 1 bis 3 [...]*" des § 15a UStG auch beim Übergang von der allgemeinen Besteuerung zur Nichterhebung der Steuer nach § 19 Abs. 1 UStG und umgekehrt gegeben ist.

Die Neuregelung des § 15 Abs. 7 UStG setzt jedoch voraus, dass sich durch den Wechsel der Besteuerungsform die Verhältnisse, die für den Vorsteuerabzug maßgebend waren, auch tatsächlich geändert haben. Alleine der Wechsel der Besteuerungsform führt, wie das nachfolgende Beispiel 3 zeigt, noch nicht zu einer Vorsteuerberichtigung gem. § 15a UStG.

➡ Beispiel zum Wechsel von der Kleinunternehmerregelung zu der Regelbesteuerung

Beispiel 1:
Der Unternehmer F, welcher im Kalenderjahr 2005 die Kleinunternehmerregelung anwendet, schafft sich am 01.08.2005 einen PKW für 10.000 € zzgl. 1.600 € Umsatzsteuer an, den er ausschließlich für unternehmerische Zwecke und Umsätze für die der Vorsteuerabzug nicht ausgeschlossen ist nutzt. Ab dem Kalenderjahr 2006 geht F zur Regelbesteuerung über.

Lösung:
Im Kalenderjahr 2005 ist der Vorsteuerabzug gem. § 19 Abs. 1 Satz 4 UStG ausgeschlossen.

Im Kalenderjahr 2006 kann F gem. § 15a Abs. 7 UStG i.V.m. § 15a Abs. 1 UStG eine Vorsteuerberichtigung zu seinen Gunsten vornehmen, da eine Änderung der für den ursprünglichen Vorsteuerabzug maßgeblichen Verhältnisse vorliegt. Durch den Wechsel zur Regelbesteuerung ist F ab dem 01.01.2006 zum Vorsteuerabzug berechtigt, da er keine den Vorsteuerabzug ausschließende Umsätze tätigt.

Berichtigungszeitraum 5 Jahre[227]: 01.08.2005 bis 31.07.2010
Berichtigungsbetrag für 2006: 1/5 von 1.600 € = 256 €
Zeitpunkt der Berichtigung: mit der Umsatzsteuerjahreserklärung 2006[228]

F kann in seiner Umsatzsteuererklärung 2006 eine Vorsteuerberichtigung i.H.v. 256 € zu seinen Gunsten geltend machen.

➡ Beispiele zum Wechsel von der Regelbesteuerung zu der Kleinunternehmerregelung

Beispiel 2:
Der Unternehmer F, der seine Umsätze nach den allgemeinen Vorschriften des UStG (Regelbesteuerung) besteuert, schafft sich am 01.12.2005 einen PKW für 40.000 € zzgl. 6.400 € Umsatzsteuer an. Den vorgenannten PKW nutzt F ausschließlich für unternehmerische Zwecke und Umsätze für die der Vorsteuerab-

---

[225] Az.: V R 31/02, BFH/NV 2004, 1487
[226] der § 15a UStG a.f. galt bis zum 31.12.2004, vgl. § 27 Abs. 11 UStG
[227] § 15a Abs. 1 Satz 1 UStG
[228] § 44 Abs. 3 UStDV

zug nicht ausgeschlossen ist. In der Umsatzsteuer-Voranmeldung Dezember 2005 macht F für den Kauf des PKW Vorsteuer in Höhe von 6.400 € geltend. Im Kalenderjahr 2006 geht F zur Kleinunternehmerregelung über.

Lösung:

Im Kalenderjahr 2005 kann F die auf die Anschaffungskosten des PKW's entfallende Umsatzsteuer i.H.v. 6.400 € als Vorsteuer geltend machen.

Im Kalenderjahr 2006 hat der Unternehmer F eine Vorsteuerberichtigung gem. § 15a Abs. 7 UStG i.V.m. § 15a Abs. 1 UStG vorzunehmen. Durch den Wechsel zur Kleinunternehmerregelung hätte F auf Grund des § 19 Abs. 1 Satz 4 UStG keinen Vorsteuerabzug aus der Anschaffung des PKW geltend machen können, so dass eine Änderung der für den ursprünglichen Vorsteuerabzug maßgebenden Verhältnisse vorliegt.

Berichtigungszeitraum 5 Jahre[229]: 01.12.2005 bis 30.11.2010
Berichtigungsbetrag für 2006: 1/5 von 6.400 € = 1.280 €
Zeitpunkt der Berichtigung: mit der Umsatzsteuerjahreserklärung 2006[230]

F muss im Rahmen seiner Umsatzsteuererklärung 2006 eine Vorsteuerberichtigung zu seinen Ungunsten i.H.v. 1.280 € erklären.

Beispiel 3:

Der Unternehmer E, der seine Umsätze nach den allgemeinen Vorschriften des UStG (Regelbesteuerung) besteuert, hat im Kalenderjahr 2005 ein Mehrfamilienhaus errichten lassen, welches er gem. § 4 Nr. 12a UStG umsatzsteuerfrei vermietet. Der auftragsausführende Bauunternehmer stellt E 400.000 € zzgl. 64.000 € Umsatzsteuer in Rechnung. Im Kalenderjahr 2006 geht E zur Kleinunternehmerregelung über.

Lösung:

Im Kalenderjahr 2005 kann E aus der Rechnung des Bauunternehmers keine Vorsteuer geltend machen, da er die Wohnungen in dem Mietshaus ausschließlich für Umsätze verwendet, die den Vorsteuerabzug gem. § 15 Abs. 2 Nr. 1 UStG i.V.m. § 4 Nr. 12a UStG ausschließen (steuerfreie Vermietung).

Im vorliegenden Sachverhalt führt auch der Wechsel von der Regelbesteuerung zur Kleinunternehmerregelung zu keiner Vorsteuerberichtigung. Durch den vorgenannten Wechsel tritt keine Änderung der für den ursprünglichen Vorsteuerabzug maßgebenden Verhältnisse ein. Im Zeitpunkt des Leistungsbezuges, dem Kalenderjahr 2005, war der Vorsteuerabzug nach § 15 Abs. 2 Nr. 1 UStG i.V.m. § 4 Nr. 12a UStG ausgeschlossen (steuerfreie Vermietung). Im Kalenderjahr 2006 kann E auf Grund der Regelung des § 19 Abs. 1 Satz 4 UStG ebenfalls keinen Vorsteuerabzug geltend machen.

---

[229] § 15a Abs. 1 Satz 1 UStG
[230] § 44 Abs. 4 Satz 1 UStDV

4. Rechnungslegung durch Kleinunternehmer

Kleinunternehmer haben sämtliche umsatzsteuerlichen Verpflichtungen, von denen sie nicht nach § 19 Abs. 1 Satz 4 UStG befreit sind, zu erfüllen. Dazu zählt neben der Verpflichtung zur Abgabe der Umsatzsteuer-Jahreserklärung[231] vor allem die Verpflichtung zur Ausstellung der Rechnung in den Fällen des § 14 Abs. 2 Satz 1 UStG. Der § 19 Abs. 1 Satz 4 UStG entbindet den Kleinunternehmer lediglich vom gesonderten Umsatzsteuerausweis[232] sowie von der Angabe der USt-IDNr.[233].

Nach § 14 Abs. 2 Satz 1 UStG sind Unternehmer und somit auch Kleinunternehmer verpflichtet innerhalb von sechs Monaten eine Rechnung auszustellen, wenn sie an einen anderen Unternehmer für dessen Unternehmen oder an eine juristische Person[234] eine Leistung ausführen. Auch bei grundstücksbezogenen Leistungen eines Unternehmers an Private, beispielsweise Bauleistungen an einem Haus oder Gartenarbeiten, besteht die Verpflichtung, eine Rechnung zu erstellen. Kommt der Kleinunternehmer seiner Pflicht zur Rechnungsausstellung nicht oder nicht rechtzeitig nach, droht ihm eine Geldbuße, die bis zu 5.000 € betragen kann.[235] In Anbetracht der letztgenannten möglichen Konsequenz, sollte der Kleinunternehmer daher seiner Pflicht zur Ausstellung von Rechnungen nachkommen. Dabei kann er sich u.a. der nachfolgenden drei Varianten der Rechnungslegung bedienen:

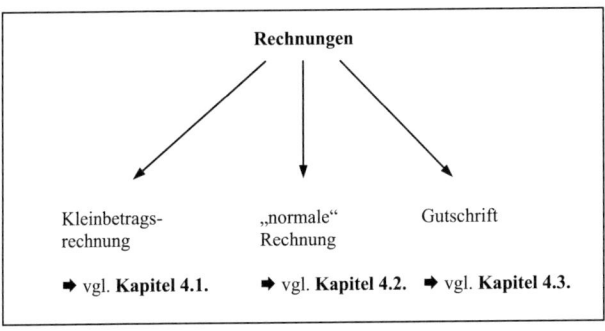

4.1. Rechnungen über Kleinbeträge

4.1.1. Allgemeines

Eine vereinfachte Rechnungslegung ist dann möglich, wenn der Gesamtbetrag einer Rechnung

---

[231] § 18 Abs. 3 UStG
[232] § 14 Abs. 4 Satz 1 Nr. 8 UStG
[233] § 14 Abs. 4 Satz 1 Nr. 2 UStG
[234] z.B. eine GmbH oder eine AG
[235] § 26a Abs. 1 Nr. 1, Abs. 2 UStG

100 €[236] nicht übersteigt. Diese sogenannten Kleinbetragsrechnungen müssen abweichend von den sonst für Rechnungen geltenden Formerfordernissen[237], lediglich folgende Angaben enthalten:

1. den vollständigen Namen und die vollständige Anschrift des leistenden Unternehmers,
2. das Ausstellungsdatum,
3. die Menge und die Art der gelieferten Gegenstände oder den Umfang und die Art der sonstigen Leistung und
4. das Entgelt und den darauf entfallenden Steuerbetrag für die Lieferung oder sonstige Leistung in einer Summe sowie den anzuwendenden Steuersatz oder im Fall einer Steuerbefreiung einen Hinweis darauf, dass für die Lieferung oder sonstige Leistung eine Steuerbefreiung gilt.[238]

Beispiel:

Die Firma „Traube" des Weinhändlers T verkauft am 10.08.2005 an den Unternehmer U 10 Flaschen Wein für 90 € (77,59 € zzgl. 12,41 € Umsatzsteuer). Der Weinhändler T unterliegt der Regelbesteuerung.

Lösung:

Da sich der Gesamtbetrag der Rechnung 100 € nicht übersteigt, reicht es aus, wenn der Unternehmer T in seiner Rechnung an den U die für eine Kleinbetragsrechnung erforderlichen Angaben macht. Die Rechnung des T könnte wie folgt lauten:

Rechnung des Unternehmers T	Erläuterungen
Firma Traube, Rathausplatz 5, 01662 Meißen	vollständiger Namen und die vollständige Anschrift des leistenden Unternehmers
10. August 2005	Ausstellungsdatum
10 Flaschen Wein Sondergärung 2005 (9 € je Flasche)	die Menge und die Art der gelieferten Gegenstände
Rechnungsbetrag: 90 € Steuersatz: 16 %	das Entgelt und den darauf entfallenden Steuerbetrag für die Lieferung in einer Summe sowie den anzuwendenden Steuersatz

Die vorgenannten Ausführungen gelten für Unternehmer, welche der Regelbesteuerung unterliegen. Kleinunternehmer müssen die im nachfolgenden Kapitel dargestellte Besonderheit beachten.

4.1.2. Besonderheit bei der in Anspruchnahme der Kleinunternehmerregelung

Im Zusammenhang mit der Ausstellung von Kleinbetragsrechnungen durch Kleinunternehmer wird in der Kommentierungsliteratur zum UStG die Auffassung vertreten, dass es sich bei der Angabe des Umsatzsteuersatzes in diesen Rechnungen um einen vereinfachten gesonderten Um-

---

[236] Derzeit ist geplant, die Grenze für Kleinbetragsrechnungen zum 01.01.2007 auf 150 € zu erhöhen.
[237] § 14 Abs. 4 UStG
[238] § 33 Satz1 UStDV

satzsteuerausweis, welcher jedoch gem. § 19 Abs. 1 Satz 4 UStG nicht zulässig ist, handelt.[239] Die sich unter Anwendung des entsprechenden Steuersatz ergebende Umsatzsteuer wird, folgt man dieser Auffassung, gem. § 14c Abs. 2 UStG geschuldet (vgl. Kapitel 5.2.).

Aus den vorgenannten Gründen sollte der Kleinunternehmer daher, abweichend von den unter dem Kapitel 4.1.1. aufgeführten erforderlichen Angaben einer Kleinbetragsrechnung, den Steuersatz weglassen.

Beispiel:

Die Firma „Traube" des Weinhändlers T verkauft am 10.08.2005 an den Unternehmer U 10 Flaschen Wein für 90 €. Der Weinhändler T nimmt die Kleinunternehmerregelung in Anspruch.

Lösung:

Da sich der Gesamtbetrag der Rechnung 100 € nicht übersteigt, reicht es aus, wenn der Unternehmer T in seiner Rechnung an den U für eine Kleinbetragsrechnung erforderlichen Angaben macht. Die Rechnung des T könnte wie folgt lauten:

Rechnung des Unternehmers T	Erläuterungen
Firma Traube, Rathausplatz 5, 01662 Meißen	vollständiger Namen und die vollständige Anschrift des leistenden Unternehmers
10. August 2005	Ausstellungsdatum
10 Flaschen Wein Sondergärung 2005 (9 € je Flasche)	die Menge und die Art der gelieferten Gegenstände
Rechnungsbetrag: 90 €	das Entgelt und den darauf entfallenden Steuerbetrag für die Lieferung in einer Summe

4.2. Rechnungen im Sinne des § 14 UStG

4.2.1. Allgemeines

Eine Rechnung ist jedes Dokument, mit dem über eine Lieferung oder sonstige Leistung abgerechnet wird, gleichgültig, wie dieses Dokument im Geschäftsverkehr bezeichnet wird.[240]

Im Gegensatz zu der für Kleinbetragsrechnungen geltenden Vereinfachungsregelung, sind bei der Erstellung von „normalen" Rechnungen, einige Dinge mehr zu beachten. So muss eine Rechnung gem. § 14 Abs. 4 Satz 1 UStG folgende Angaben enthalten:

1. den vollständigen Namen und die vollständige Anschrift des leistenden Unternehmers und des Leistungsempfängers,
2. die dem leistenden Unternehmer vom Finanzamt erteilte Steuernummer oder die ihm vom Bundeszentralamt für Steuern erteilte USt-IDNr.,
3. das Ausstellungsdatum,

---

[239] Kommentar Rau/Dürrwächter zum UStG, § 19 Rz. 45; vgl. auch A 190d Abs. 1 Satz 5 UStR 2005
[240] § 14 Abs. 1 Satz 1 UStG

4. eine fortlaufende Nummer mit einer oder mehreren Zahlenreihen, die zur Identifizierung der Rechnung vom Rechnungsaussteller einmalig vergeben wird (Rechnungsnummer),
5. die Menge und die Art (handelsübliche Bezeichnung) der gelieferten Gegenstände oder den Umfang und die Art der sonstigen Leistung,
6. den Zeitpunkt der Lieferung oder sonstigen Leistung bzw. den Zeitpunkt der Vereinnahmung des Entgelts oder eines Teils des Entgelts für eine noch nicht ausgeführte Lieferung oder sonstige Leistung[241], sofern dieser Zeitpunkt feststeht und nicht mit dem Ausstellungsdatum der Rechnung identisch ist,
7. das nach Steuersätzen und einzelnen Steuerbefreiungen aufgeschlüsselte Entgelt für die Lieferung oder sonstige Leistung (§ 10 UStG) sowie jede im Voraus vereinbarte Minderung des Entgelts, sofern sie nicht bereits im Entgelt berücksichtigt ist.
8. den anzuwendenden Steuersatz sowie den auf das Entgelt entfallenden Steuerbetrag oder im Fall einer Steuerbefreiung einen Hinweis darauf, dass für die Lieferung oder sonstige Leistung eine Steuerbefreiung gilt und
9. in den Fällen des § 14b Abs. 1 Satz 5 UStG[242] einen Hinweis darauf, dass der Leistungsempfänger die Rechnung zwei Jahre aufzubewahren hat.

Beispiel:
Die Firma „Traube" des Weinhändlers T verkauft am 10.08.2005 an den Bauunternehmer B 10 Flaschen Wein für 1.160 €. Der Weinhändler T unterliegt der <u>Regelbesteuerung</u>.

Lösung:
Die Rechnung des Unternehmers T könnte wie folgt lauten:

Zeile	Rechnung des Unternehmers T	Erläuterungen
1	Firma Traube, Rathausplatz 5, 01662 Meißen	vollständiger Namen und die vollständige Anschrift des leistenden Unternehmers T
2	Stein auf Stein GmbH, Forststraße 4, 01662 Meißen	vollständiger Namen und die vollständige Anschrift des Leistungsempfängers B
3	211/123/12345 (Steuernummer) oder DE 123 456 789 (USt-IDNr.)	Steuernummer oder USt-IDNr. des Unternehmers T
4	10. August 2005	Ausstellungsdatum
5	10/2005	fortlaufende Rechnungsnummer des Unternehmers T
6	10 Flaschen Wein Sondergärung 2005	die Menge und die Art der gelieferten Gegenstände
7	10. August 2005	Zeitpunkt der Lieferung
8	1.000 € (Rechnungsbetrag netto)	Entgelt für die Lieferung

---

[241] § 14 Abs. 5 Satz 1 UStG
[242] Der Hinweis an den Leistungsempfänger, dass dieser die Rechnung zwei Jahre aufbewahren muss, ist nur in den Fällen zu erteilen, wenn der Unternehmer (Leistungsgeber) Leistungen gem. § 14 Abs.2 Satz 1 Nr. 1 UStG (grundstücksbezogene Leistungen) erbringt und der Leistungsempfänger kein Unternehmer ist oder Unternehmer ist, aber die Leistung für seinen privaten Bereich bezogen hat.

| 9 | zzgl. Umsatzsteuer 16 %: 160 € Rechnungsbetrag brutto: 1.160 € | den anzuwendenden Steuersatz sowie den auf das Entgelt entfallenden Steuerbetrag |

Die vorgenannten Ausführungen gelten wiederum für Unternehmer, welche der Regelbesteuerung unterliegen. Kleinunternehmer müssen die im nachfolgenden Kapitel dargestellten Besonderheiten beachten.

4.2.2. Besonderheiten bei der in Anspruchnahme der Kleinunternehmerregelung

Die wichtigste Regel die der Kleinunternehmer bei der Ausstellung von Rechnungen zu beachten hat, ist die, dass er keine Umsatzsteuer offen ausweisen darf. Darüber hinaus darf er, soweit er über eine USt-IDNr. verfügt, diese, bis auf einige Ausnahmen[243], in seinen Rechnungen nicht angeben.

Beispiel:
Die Firma „Traube" des Weinhändlers T verkauft am 10.08.2005 an den Unternehmer U 10 Flaschen Wein für 1.160 €. Der Weinhändler T nimmt die Kleinunternehmerregelung in Anspruch.

Lösung:
Die Rechnung des Unternehmers T würde sich gegenüber der im **Kapitel 4.2.1.** dargestellten Lösung (Zeile 3, 8 und 9), wie folgt ändern:

Zeile	Rechnung des Unternehmers T	Erläuterungen
3	211/123/12345 (Steuernummer)	Steuernummer des Unternehmers T
8	entfällt	Entgelt für die Lieferung
9	Rechnungsbetrag: 1.160 € (Steuersatz 16 %)	Rechnungsgesamtbetrag (den anzuwendenden Steuersatz)

4.3. Gutschrift als besondere Art der Rechnung

4.3.1. Allgemeines

Als Rechnung gilt unter besonderen Voraussetzungen auch eine „Gutschrift". Im Gegensatz zu einer „normalen" Rechnung, welche durch den Leistungsgeber ausgestellt wird, erfolgt bei der Gutschrift die Rechnungsausstellung durch den Leistungsempfänger.[244]
Eine Gutschrift kann auch ausgestellt werden, wenn über steuerfreie Umsätze abgerechnet wird oder wenn beim leistenden Unternehmer auf Grund der Anwendung der Kleinunternehmerregelung die Umsatzsteuer nicht erhoben wird.[245] Dies kann dazu führen, das der Empfänger der Gut-

---

[243] vgl. **Kapitel 6.3.4.**
[244] § 14 Abs. 2 Satz 2 UStG, A 184 Abs. 1 Satz 1 UStR 2005
[245] A 184 Abs. 1 Satz 6 UStR 2005

schrift unrichtig oder unberechtigt ausgewiesene Steuer nach § 14c UStG schuldet.[246]

Die Voraussetzungen für die Wirksamkeit einer Abrechnung als Gutschrift sind:

- eine Vereinbarung darüber, dass mit einer Gutschrift abgerechnet wird, vor der Abrechnung,
- eine wirksame Übermittlung der Gutschrift an den Leistungsgeber und
- kein Widerspruch des Leistungsgebers.

Hinsichtlich der einzelnen vorgenannten Voraussetzungen gilt Folgendes:

a) Vereinbarung

Die am Leistungsaustausch Beteiligten können frei vereinbaren, ob der leistende Unternehmer oder der in § 14 Abs. 2 Satz 1 Nr. 2 UStG bezeichnete Leistungsempfänger abrechnet. Die Vereinbarung hierüber muss vor der Abrechnung getroffen worden sein.[247]

Die Vereinbarung zur Abrechnung mit Gutschrift ist an keine besondere Form gebunden. Sie kann sich aus Verträgen oder sonstigen Geschäftsunterlagen ergeben. Sie kann auch mündlich getroffen werden.[248]

b) Übermittlung

Voraussetzung für die Wirksamkeit einer Gutschrift ist, dass die Gutschrift dem leistenden Unternehmer übermittelt worden ist.[249] Die Gutschrift ist übermittelt, wenn sie dem leistenden Unternehmer so zugänglich gemacht worden ist, dass er von ihrem Inhalt Kenntnis nehmen kann.[250]

c) kein Widerspruch

Der Empfänger der Gutschrift darf dieser nicht widersprochen haben.[251] Die Wirksamkeit des Widerspruchs setzt den Zugang beim Gutschriftsaussteller voraus.[252] Mit dem Widerruf verliert die Gutschrift die Wirkung als Rechnung.[253]

4.3.2. Gutschrift und die Kleinunternehmerregelung

Zwar wird die Gutschrift durch den Leistungsempfänger ausgestellt, widerspricht jedoch der die Gutschrift erhaltende Unternehmer (Leistungsgeber) dieser nicht, hat die Gutschrift die selbe Wir-

---

[246] A 184 Abs. 1 Satz 7 UStR 2005
[247] § 14 Abs. 2 Satz 2 UStG
[248] A 184 Abs. 2 UStR 2005
[249] A 184 Abs. 3 Satz 1 UStR 2005
[250] A 184 Abs. 3 Satz 2 UStR 2005, BFH-Urteil vom 15.09.1994 – XI R 56/93, BStBl. 1995 II S. 275
[251] § 14 Abs. 2 Satz 3 UStG
[252] A 184 Abs. 4 Satz 4 UStR 2005
[253] A 184 Abs. 4 Satz 3 UStR 2005

kung, wie eine durch den Unternehmer (Leistungsgeber) selbst ausgestellte Rechnung. Dies erlangt insbesondere dann an Bedeutung, wenn z.b. ein die Kleinunternehmerregelung in Anspruch nehmender Unternehmer eine Gutschrift mit offen ausgewiesener Umsatzsteuer erhält. In diesem Fall muss er, da er keine Umsatzsteuer offen ausweisen darf, will er die Steuerschuldnerschaft gem. § 14c Abs. 2 UStG[254] vermeiden, der Gutschrift widersprechen. Mit wirksamen Widerspruch verliert die Gutschrift, wie bereits ausgeführt wurde, die Wirkung einer Rechnung.

Beispiel:

Der Finanzrichter R mit Wohnsitz in Leipzig schreibt für den Steuerrechtsverlag S aus Dresden im Kalenderjahr 2005 vier Fachaufsätze. R nimmt die Kleinunternehmerregelung in Anspruch. R erhält im Oktober 2005 vom Verlag S folgende Gutschrift, welcher er nicht widerspricht:

Honorar für fachschriftstellerische Arbeiten	6.000 €
zzgl. 7 % Umsatzsteuer[255]	420 €
Rechnungsbetrag	**6.420 €**

Lösung:

Der Finanzrichter R nimmt die Kleinunternehmerregelung im Sinne des § 19 UStG in Anspruch. R darf somit in seinen Rechnungen keine Umsatzsteuer ausweisen.
R hat eine Gutschrift erhalten, in welcher Umsatzsteuer offen ausgewiesen wird. Die Gutschrift ist wirksam, da R dieser nicht widersprochen hat.[256] Die Gutschrift hat damit die Wirkung, wie eine durch den R selbst ausgestellte Rechnung. Da R, entgegen der Regelung des § 19 Abs. 1 Satz 4 UStG, in „seiner" Rechnung Umsatzsteuer offen ausgewiesen hat, schuldet er die in der Gutschrift ausgewiesene Umsatzsteuer i.H.v. 420 € gem. § 14c Abs. 2 Satz 1 UStG.[257] Die 420 € muss R in der Umsatzsteuerjahreserklärung 2005 erklären und entsprechend an das Finanzamt entrichten. R kann jedoch auch gegenüber dem Verlag S der Gutschrift widersprechen.

---

[254] vgl. **Kapitel 5.2.**
[255] der Umsatzsteuersatz beträgt gem. § 12 Abs. 2 Nr. 7c UStG 7 %
[256] § 14 Abs. 2 Satz 2 und 3 UStG
[257] A 190d Abs. 1 Satz 1 und 2 UStR 2005

5. Unrichtiger oder unberechtigter Steuerausweis

Dieses Kapitel beschäftigt sich mit dem Thema des unrichtigen bzw. unberechtigten Steuerausweises, welches im § 14c UStG geregelt ist. Wird die Umsatzsteuer in einer Rechnung unrichtig oder unberechtigter Weise ausgewiesen, so wird die zu hoch bzw. die ausgewiesene Umsatzsteuer geschuldet, d.h., sie muss an das Finanzamt abgeführt werden. Allerdings gibt es die Möglichkeit der Rechnungsberichtigung.

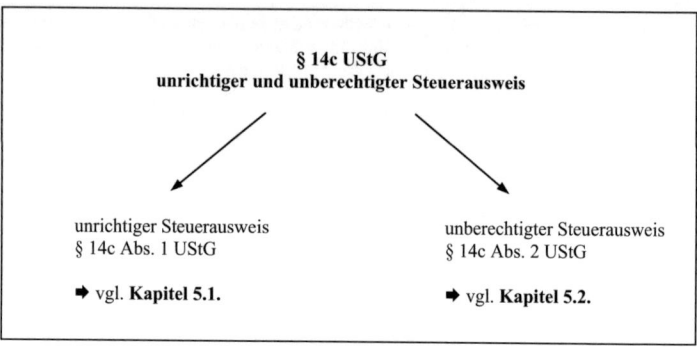

Das Problem des unberechtigten Steuerausweises gem. § 14c Abs. 2 UStG kann den umsatzsteuerlichen Kleinunternehmer etwa dann ereilen, wenn er einer Gutschrift mit offen ausgewiesener Umsatzsteuer nicht widersprochen hat (vgl. **Kapitel 4.3.2.**). Der unrichtige Steuerausweis gem. § 14c Abs. 1 UStG wird für den Kleinunternehmer prinzipiell erst nach dem Wechsel zur Regelbesteuerung relevant (vgl. **Kapitel 3.3.**). Die Regelung des § 14c Abs. 1 UStG und die sich auf Grund dieser Vorschrift ergebenden Konsequenzen sollte jedoch jeder Unternehmer, insbesondere im Hinblick auf einen späteren Wechsel zur Regelbesteuerung, kennen. Nachfolgend wird daher kurz auf den § 14c Abs. 1 UStG eingegangen.

5.1. Unrichtiger Steuerausweis gem. § 14c Abs. 1 UStG

5.1.1. Allgemeines

Hat ein Unternehmer in einer Rechnung für eine Lieferung oder sonstige Leistung einen höheren Steuerbetrag, als er nach dem UStG für den Umsatz schuldet, gesondert ausgewiesen, so schuldet er auch den Mehrbetrag.[258] Die vorgenannte Rechtsfolge tritt unabhängig davon ein, ob die Rechnung alle in § 14 Abs. 4 UStG und § 14a UStG aufgeführten Angaben enthält.[259]

---

[258] § 14c Abs. 1 Satz 1 UStG
[259] A 190c Abs. 1 Satz 2 UStR 2005

Beispiel:

Der Unternehmer B betreibt in Dresden eine Buchhandlung. Er veräußert an den Architekten A ein Buch über moderne Architektur, welches dem ermäßigten Steuersatz von 7 %[260] unterliegt. B stellt dem A folgende Rechnung aus:

Buch über moderne Architektur	200,00 €
zzgl. 16 % Umsatzsteuer	32,00 €
Summe	**232,00 €**

Lösung:

Der Buchhändler B hat für die Berechnung der Umsatzsteuer, anstatt des Steuersatzes von 7 % den Steuersatz von 16 % herangezogen und damit einen höheren Steuerbetrag, als er nach dem UStG schuldet, in seiner Rechnung ausgewiesen.

Für den Verkauf des Buches schuldet B zum einen die gesetzliche Steuer. Dies sind 7 % des Entgeltes. Das Entgelt beträgt 216,82 € (232,00 € : 1,07), da bei einem zu hohen Steuerausweis, wie im vorliegenden Fall, aus dem Rechnungsbruttobetrag die Umsatzsteuer mit dem richtigen Steuersatz herauszurechnen ist. Die gesetzliche Steuer beträgt somit 15,18 € (216,82 € * 7 %).

Da B in der Rechnung mit 32,00 € mehr Umsatzsteuer ausgewiesen hat, als er nach dem UStG schuldet (15,18 €), muss er außerdem den Mehrbetrag i.H.v. 16,82 € (32,00 € - 15,18 € gesetzliche Steuer) gem. § 14c Abs. 1 UStG an das Finanzamt entrichten.

Die Vorschrift des § 14c Abs. 1 UStG gilt für Unternehmer, die persönlich zum gesonderten Steuerausweis berechtigt sind, demnach nicht für Kleinunternehmer, und für eine Lieferung oder sonstige Leistung einen Steuerbetrag in der Rechnung gesondert ausgewiesen haben, obwohl sie für diesen Umsatz keine oder eine niedrigere Steuer schulden. Danach werden u.a. folgende Fallgestaltungen von § 14c Abs. 1 UStG erfasst:

- Rechnungsausstellung mit gesondertem Steuerausweis für steuerpflichtige Leistungen, wenn eine höhere als die dafür geschuldete Steuer ausgewiesen wurde;
- Rechnungsausstellung mit gesondertem Steuerausweis für steuerfreie Leistungen;
- Rechnungsausstellung mit gesondertem Steuerausweis für nicht steuerbare Leistungen[261];
- Rechnungsausstellung mit gesondertem Steuerausweis für nicht versteuerte steuerpflichtige Leistungen, wenn die Steuer für die Leistung wegen des Ablaufs der Festsetzungsfrist[262] nicht mehr erhoben werden kann.

Ein zu hoher Steuerausweis im Sinne des § 14c Abs. 1 UStG liegt auch dann vor, wenn in Rechnungen über Kleinbeträge ein zu hoher Steuersatz ausgewiesen wird.[263] Dies wäre beispielsweise der Fall, wenn der der Kleinbetragsrechnung zu Grunde liegende Umsatz dem Steuersatz von 7 % unterliegt, in der Kleinbetragsrechnung jedoch 16 % als Steuersatz ausgewiesen werden. Die Rechtsfolge des § 14c Abs. 1 UStG tritt unabhängig davon ein, ob und in welcher Höhe der

---

[260] § 12 Abs. 2 Nr. 1 i.V.m. der Anlage 2 Nr. 49 UStG
[261] unentgeltliche Leistungen, Leistungen im Ausland und Geschäftsveräußerungen im Sinne des § 1 Abs. 1a UStG
[262] §§ 169 bis 171 AO
[263] A 190c Abs. 2 UStR 2005

Leistungsempfänger den Vorsteuerabzug vornehmen kann. Der § 14c Abs. 1 UStG findet auch in den Fällen Anwendung, in denen der Steuerbetrag von einem zu hohen Entgelt berechnet wurde oder in denen für ein und dieselbe Leistung mehrere Rechnungen ausgestellt wurden.[264]

Der auf Grund eines unrichtigen Steuerausweises gem. § 14c Abs. 1 UStG geschuldete Steuerbetrag ist in der Umsatzsteuer-Voranmeldung, siehe **Anlage 7, Zeile 63** und **64**[265], bzw. der Umsatzsteuererklärung, siehe **Anlage 5, Zeile 102**[266], entsprechend einzutragen.

5.1.2. Berichtigung der Rechnung

In den Fällen des § 14c Abs. 1 UStG lässt das Gesetz im § 14c Abs. 1 Satz 2 UStG grundsätzlich eine Berichtigung des Steuerbetrages zu. Der Rechnungsaussteller kann die zu hoch ausgewiesene Umsatzsteuer gegenüber dem Leistungsempfänger berichtigen; dies muss schriftlich erfolgen. Die Berichtigung des geschuldeten Mehrbetrags ist für den Besteuerungszeitraum vorzunehmen, in welchem dem Leistungsempfänger die Rechnung mit geändertem (berichtigten) Steuerausweis erteilt wurde.[267] Die Vorschrift des § 17 Abs. 1 UStG (Änderung der Bemessungsgrundlage) ist entsprechend anzuwenden.[268]

Die Berichtigung der zu hoch ausgewiesenen Umsatzsteuer erfolgt durch Berichtigungserklärung gegenüber dem Leistungsempfänger.[269] Dem Leistungsempfänger muss eine hinreichend bestimmte, schriftliche Berichtigung tatsächlich zugehen.

Besonderheiten gelten in den Fällen der Geschäftsveräußerung im Ganzen[270] und in den Fällen der Rückgängigmachung des Verzichts auf die Steuerbefreiung nach § 9 UStG. Die Berichtigung des geschuldeten Steuerbetrages ist in diesen Fällen nur dann zulässig, wenn die Rechnung berichtigt und die Gefährdung des Steueraufkommens beseitigt wurde.[271]

In den Fällen des zu niedrigen Steuerausweises findet der § 14c Abs. 1 UStG keine Anwendung.

Beispiel:

L ist Unternehmer in Leipzig. Für eine Lieferung eines Schrankes, die dem Steuersatz von 16 % unterliegt, stellt L folgende Rechnung aus:

---

[264] A 190c Abs. 4 UStR 2005
[265] Umsatzsteuer-Voranmeldung 2006
[266] Umsatzsteuererklärung 2005
[267] A 190c Abs. 5 Satz 3 UStR 2005
[268] A 190c Abs. 5 Satz 2 UStR 2005
[269] A 190c Abs. 6 Satz 3 UStR 2005, BFH-Urteil vom 10.12.1992 – V R 73/90, BStBl 1993 II S. 383
[270] § 1 Abs. 1a UStG
[271] § 14c Abs. 1 Satz 3 UStG, A 190c Abs. 10 UStR 2005 i.V.m. A 190d UStR 2005

Bürotisch	1.000,00 €
zuzüglich 7 % Umsatzsteuer	70,00 €
Summe	**1.070,00 €**

Lösung:

Bemessungsgrundlage für den vorgenannten Umsatz ist gem. § 10 Abs. 1 UStG das Entgelt. Entgelt ist alles, was der Leistungsempfänger aufwendet, um die Leistung zu erhalten, jedoch abzüglich der gesetzlich zutreffenden Umsatzsteuer.[272] Danach ergibt sich ein Entgelt von 922,41 € (1.070 € : 1,16) und eine gesetzliche Umsatzsteuer von 147,59 € (922,41 € * 16 %). Da der Unternehmer L in seiner Rechnung keinen höheren Steuerbetrag ausgewiesen hat (70,00 €), als er nach dem UStG schuldet (147,59 €), kommt der § 14c Abs. 1 UStG nicht zur Anwendung.

5.2. Unberechtigter Steuerausweis gem. § 14c Abs. 2 UStG

5.2.1. Allgemeines

Wer in einer Rechnung einen Steuerbetrag gesondert ausweist, obwohl er zum gesonderten Ausweis der Steuer nicht berechtigt ist, schuldet den ausgewiesenen Betrag.[273] Das gleiche gilt, wenn jemand wie ein leistender Unternehmer abrechnet und einen Steuerbetrag gesondert ausweist, obwohl er nicht Unternehmer ist oder eine Lieferung oder sonstige Leistung nicht ausführt.[274] Die vorgenannte Rechtsfolge tritt unabhängig davon ein, ob die Rechnung alle in § 14 Abs. 4 UStG und § 14a UStG aufgeführten Angaben enthält.[275]

Im Gegensatz zum § 14c Abs. 1 UStG findet die Regelung des § 14c Abs. 2 UStG auf Unternehmer und Nichtunternehmer Anwendung. Die Vorschrift des § 14c Abs. 2 UStG ist als Gefährdungstatbestand ausgestaltet. Sie hat den Zweck, potentielle Rechnungsaussteller von einem unberechtigten Ausstellen von Rechnungen, die dem Rechnungsempfänger die Möglichkeit eines ungerechtfertigten Vorsteuerabzugs eröffnen würde, abzuhalten. Der Steueranspruch des § 14c Abs. 2 UStG besteht unabhängig davon, ob der Rechnungsempfänger einen Vorsteuerabzug vorgenommen hat oder nicht.[276]

Der § 14c Abs. 2 UStG erfasst u.a. folgende Sachverhalte:

- Ein Kleinunternehmer weist in einer Rechnung Umsatzsteuer offen aus, obwohl er gem. § 19 Abs. 1 Satz 1 UStG dazu nicht berechtigt ist.
- Ein Unternehmer erteilt eine Rechnung mit gesondertem Umsatzsteuerausweis, obwohl er eine Leistung nicht ausgeführt hat, z.B. eine Schein- oder Gefälligkeitsrechnung.

---

[272] § 10 Abs. 1 Satz 2 UStG
[273] § 14c Abs. 2 Satz 1 UStG
[274] § 14c Abs. 2 Satz 2 UStG
[275] A 190d Abs. 1 Satz 3 UStR 2005
[276] A 190d Abs. 7 UStR 2005

- Ein Unternehmer erteilt eine Rechnung mit gesondert ausgewiesener Umsatzsteuer für eine Leistung, die er nicht im Rahmen seines Unternehmens ausgeführt hat.
- Ein Nichtunternehmer (Privatperson) weist beispielsweise in einem Kaufvertrag Umsatzsteuer gesondert aus.

Beispiel:

Die Kleinunternehmerin M verkauft auf dem Zwickauer Wochenmarkt selbstgemachte Marmelade. An die Privatperson P verkauft M 4 Gläser Marmelade und rechnet gegenüber P in ihrer Quittung wie folgt ab:

4 Gläser Marmelade zu je 2,50 €	10,00 €
zzgl. 16 % Umsatzsteuer	1,60 €
Summe	**11,60 €**

Lösung:

Da M Kleinunternehmerin ist, wird von ihr gem. § 19 Abs. 1 Satz 1 UStG keine Umsatzsteuer erhoben. In ihren Rechnungen (Quittung) darf M im Gegenzug jedoch gem. § 19 Abs. 1 Satz 4 UStG auch keine Umsatzsteuer ausweisen. Da sie dies dennoch getan hat, schuldet sie die ausgewiesene Umsatzsteuer i.H.v. 1,60 € gem. § 14c Abs. 2 UStG.

Der auf Grund eines unberechtigten Steuerausweises gem. § 14c Abs. 2 UStG geschuldete Steuerbetrag ist in der Umsatzsteuer-Voranmeldung, siehe **Anlage 7, Zeile 63** und **64**[277], bzw. der Umsatzsteuererklärung, siehe **Anlage 5, Zeile 102**[278], entsprechend einzutragen.

5.2.2. Berichtigung der Rechnung

Im Gegensatz zum § 14c Abs. 1 UStG sieht § 14c Abs. 2 UStG die Möglichkeit einer Rechnungsberichtigung nur bei Vorliegen besonderer Voraussetzungen vor. Der nach § 14c Abs. 2 Satz 1 und 2 UStG geschuldete Steuerbetrag kann berichtigt werden, soweit der Aussteller der Rechnung den unberechtigten Steuerausweis gegenüber dem Rechnungsempfänger für ungültig erklärt hat und die Gefährdung des Steueraufkommens beseitigt worden ist.[279] Die Gefährdung des Steueraufkommens ist beseitigt, wenn ein Vorsteuerabzug beim Empfänger der Rechnung nicht durchgeführt oder die geltend gemachte Vorsteuer an die Finanzbehörde zurückgezahlt worden ist.[280]
Der Schuldner der unberechtigt ausgewiesenen Umsatzsteuer hat die Berichtigung des geschuldeten Steuerbetrages bei dem für seine Besteuerung zuständigen Finanzamt gesondert schriftlich zu beantragen.[281] Diesem Antrag hat er ausreichende Angaben über die Identität des Rechnungsempfängers beizufügen.[282] Die Berichtigung des geschuldeten Steuerbetrags ist nach Zustimmung des

---

[277] Umsatzsteuer-Voranmeldung 2006
[278] Umsatzsteuererklärung 2005
[279] § 14c Abs. 2 Satz 3 UStG, A 190d Abs. 3 Satz 1 UStR 2005
[280] § 14c Abs. 2 Satz 4 UStG
[281] § 14c Abs. 2 Satz 5 UStG, A 190d Abs. 4 Satz 1 UStR 2005
[282] A 190d Abs. 4 Satz 2 UStR 2005

Finanzamtes in entsprechender Anwendung des § 17 Abs. 1 UStG für den Besteuerungszeitraum vorzunehmen, in dem die Gefährdung des Steueraufkommens beseitigt wurde.[283]

Beispiel:
A ist Arbeitnehmer bei einer Firma in Rostock. Andere Einkünfte erzielt er nicht. A veräußert seinen gebrauchten Wartburg an den Unternehmer F. A rechnet im Kaufvertrag, welcher zwischen dem A und F geschlossen wurde, wie folgt ab:

gebrauchter Wartburg	5.000,00 €
zzgl. 16 % Umsatzsteuer	800,00 €
Summe	**5.800,00 €**

Lösung:
Der Verkauf des Wartburg ist nicht steuerbar[284], da A kein Unternehmer[285] ist. Da A jedoch in dem Kaufvertrag Umsatzsteuer gesondert ausgewiesen hat, schuldet A den ausgewiesenen Betrag i.H.v. 800,00 € gem. § 14c Abs. 2 UStG.

Gem. § 14c Abs. 2 Sätze 3 bis 5 UStG hat A die Möglichkeit der Rechnungsberichtigung. Er kann bei seinem Finanzamt die Berichtigung des geschuldeten Steuerbetrages schriftlich beantragen und nach dessen Zustimmung die Berichtigung in entsprechender Anwendung des § 17 Abs. 1 UStG vornehmen. Die erforderliche Beseitigung der Gefährdung des Steueraufkommens liegt dann vor, wenn der Unternehmer F aus der o.g. Rechnung entweder keinen Vorsteuerabzug vorgenommen hat oder die geltend gemachte Vorsteuer an das Finanzamt zurückgezahlt hat.

5.2.3. Strafbarkeit der Nichtanmeldung des nach § 14c Abs. 2 UStG geschuldeten Betrages

Der Rechnungsaussteller ist nach § 14c Abs. 2 UStG gesetzlich verpflichtet, den geschuldeten Betrag in seiner Umsatzsteuererklärung anzugeben und an das zuständige Finanzamt abzuführen. Sofern es sich bei dem Rechnungsaussteller um einen Unternehmer im Sinne des § 2 UStG handelt, ergibt sich diese Verpflichtung im Allgemeinen aus § 18 Abs. 1, 2 UStG i.V.m. § 16 Abs. 1 Satz 4 UStG. Bei einem Nichtunternehmer findet diese Regelung gem. § 18 Abs. 4b UStG i.V.m. § 18 Abs. 4a UStG entsprechende Anwendung.

Gem. § 370 Abs. 1 Nr. 1 AO begeht eine Steuerhinterziehung u.a., wer den Finanzbehörden über steuerlich erhebliche Tatsachen unrichtige oder unvollständige Angaben macht und dadurch Steuern verkürzt.

Der § 370 Abs. 1 Nr. 1 AO setzt jedoch ausdrücklich voraus, dass sich die Tat auf eine Steuer bezieht, d.h. eine Steuerhinterziehung wäre tatbestandlich nur dann zu bejahen, wenn der nach § 14c Abs. 2 UStG geschuldete Betrag als Steuer im Sinne des § 3 AO zu qualifizieren wäre. Hierzu bestehen unterschiedliche Auffassungen. Zum Teil wird die Auffassung vertreten, dass es sich

---

[283] § 14c Abs. 2 Satz 5 UStG
[284] § 1 Abs. 1 UStG
[285] vgl. **Kapitel 2.2.1.**

bei der aus § 14c Abs. 2 UStG resultierenden Zahllast um eine reine Sanktion handelt. Die herrschende Meinung kennzeichnet den § 14c Abs. 2 UStG jedoch als Steuertatbestand. Für letztere Ansicht sprechen insbesondere formale Erwägungen. So könnte man auf den systematischen Standort dieser Regelung im UStG verweisen. Zudem spricht das Gesetz in den § 16 Abs. 1 UStG und § 18 Abs. 4b UStG im Hinblick auf § 14c Abs. 2 UStG von „geschuldeten Steuerbeträgen". Die Nichtzahlung des nach § 14c Abs. 2 UStG geschuldeten Betrages erfüllt damit den Tatbestand der Steuerhinterziehung gem. § 370 AO.

Der auf Grund eines unberechtigten Steuerausweises gem. § 14c Abs. 2 UStG geschuldete Steuerbetrag sollte daher in der Umsatzsteuer-Voranmeldung bzw. der Umsatzsteuererklärung entsprechend erklärt werden.

6. Umsätze innerhalb der Europäischen Union (EU)

Das Thema „Umsätze innerhalb der Europäischen Union" dürfte für den „normalen" Kleinunternehmer, eher von untergeordneter Bedeutung sein. Da es allerdings vereinzelt dazu kommen kann, dass auch ein Kleinunternehmer Umsätze innerhalb der EU tätigt, wird nachfolgend auf die für diese Umsätze geltenden Grundsätze eingegangen. Auf Grund der Komplexität des Themas, sollte jedoch je nach Lage der Dinge, ein Steuerberater aufgesucht werden, der den betreffenden Sachverhalt dann individuell beurteilen kann.

6.1. Allgemeines

Ein Kleinunternehmer kann innerhalb der EU u.a. innergemeinschaftliche Lieferungen und Erwerbe ausführen. Die zu der EU gehörenden Mitgliedsstaaten sind aus der **Anlage 4** ersichtlich. Eine innergemeinschaftliche Lieferung liegt dann vor, wenn ein Kleinunternehmer einen Gegenstand[286] von Deutschland (EU-Mitgliedstaat) in eines der in der **Anlage 4** aufgeführten EU-Mitgliedsstaaten liefert (vgl. Buchstabe a) des nachfolgenden Beispiels). Ein innergemeinschaftlicher Erwerb liegt hingegen dann vor, wenn ein Kleinunternehmer einen Gegenstand aus einem in der **Anlage 4** genannten EU-Mitgliedsstaaten nach Deutschland geliefert bekommt (vgl. Buchstabe b) des nachfolgenden Beispiels).

Die innergemeinschaftliche Lieferung und der innergemeinschaftliche Erwerb bedingen einander. So liegt in dem einen Mitgliedsstaat, von wo aus ein Gegenstand geliefert wird, nur dann eine innergemeinschaftliche Lieferung vor, wenn in dem anderen Mitgliedsstaat, wo der Gegenstand hingelangt, die Voraussetzungen für einen innergemeinschaftlichen Erwerb vorliegen.

Die vorgenannte Systematik wird nachfolgend an Hand eines Beispiels verdeutlicht:

Beispiel:
Der Kleinunternehmer U in Deutschland, welcher mit Textilien handelt, steht mit dem in Italien ansässigem Unternehmer F, welcher mit Kleidung handelt, in Lieferbeziehungen. Im Februar 2006 liefert

a) der Kleinunternehmer U an den Unternehmer F Textilien und
b) der Unternehmer F an den Kleinunternehmer U Kleidung.

In der folgenden Übersicht ist dargestellt, welcher Unternehmer jeweils eine innergemeinschaftliche Lieferung bzw. einen innergemeinschaftlichen Erwerb tätigt:

---

[286] A 24 Abs. 1 UStR 2005

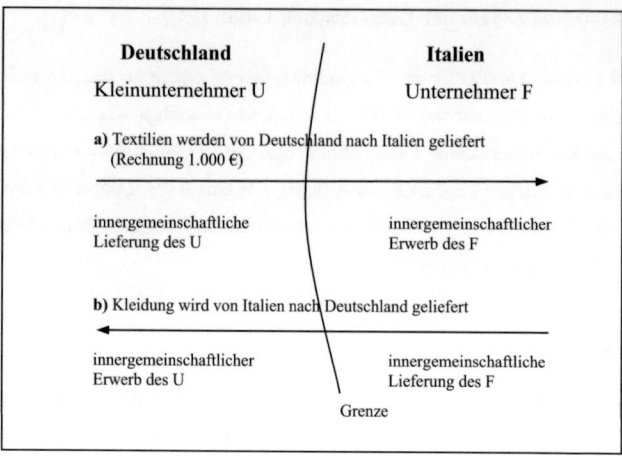

Lösung:

Sowohl bei Deutschland als auch bei Italien handelt es sich laut der **Anlage 4** um EU-Mitgliedsstaaten.

Im Fall a) gelangt die Ware von Deutschland nach Italien. Demnach tätigt der Kleinunternehmer U eine innergemeinschaftliche Lieferung in Deutschland und der Unternehmer F einen innergemeinschaftlichen Erwerb in Italien.

Im Fall b) gelangt die Ware von Italien nach Deutschland. Dementsprechend tätigt nunmehr der Unternehmer F eine innergemeinschaftliche Lieferung in Italien und der Kleinunternehmer U einen innergemeinschaftlichen Erwerb in Deutschland.

An Hand der im vorgenannten Beispiel unter dem Buchstaben a) dargestellten Lieferung, wird ausgehend von der Tatsache, dass der Kleinunternehmer U dem Unternehmer F eine Rechnung über 1.000 € ausgestellt hat, nachfolgend die umsatzsteuerliche Wirkungsweise der innergemeinschaftlichen Lieferung auf U und des innergemeinschaftlichen Erwerbs auf F dargestellt:

Kleinunternehmer U in Deutschland

Innergemeinschaftliche Lieferungen sind grundsätzlich steuerfrei gem. § 6a UStG i.V.m. § 4 Nr. 1b UStG. Gem. § 19 Abs. 1 Satz 4 UStG findet die Vorschrift über die Steuerbefreiung von innergemeinschaftlichen Lieferungen auf Kleinunternehmer keine Anwendung. Die durch den Kleinunternehmer erbrachte innergemeinschaftliche Lieferung ist demnach nicht steuerbefreit. Die Steuer für diese Lieferung wird jedoch gem. § 19 Abs. 1 Satz 1 UStG nicht erhoben. Auf die diesbezüglichen Ausführungen unter dem nachfolgenden **Kapitel 6.2.** wird verwiesen.

Unternehmer F in Italien

Der Unternehmer F muss in Italien einen innergemeinschaftlichen Erwerb gem. § 1a UStG analog[287] versteuern. Bemessungsgrundlage für die Versteuerung des innergemeinschaftlichen Erwerbs, ist das Entgelt, dies sind vorliegend 1.000 €. Die darauf entfallende Umsatzsteuer beträgt 200 €[288].
Des weiteren kann der Unternehmer F aus dem innergemeinschaftlichen Erwerb gem. § 15 Abs. 1 Nr. 3 UStG analog einen Vorsteuerabzug i.H.v. 160 € geltend machen.

---

[287] analoge Zitierung, da das deutsche Umsatzsteuerrecht in Italien keine unmittelbare Anwendung findet
[288] 1.000 € * 20 % (Steuersatz in Italien, siehe **Anlage 4**)

In den nachfolgenden Kapiteln wird erläutert, was ein Kleinunternehmer zu beachten hat, wenn er Umsätze im vorbezeichneten Sinne tätigt.

6.2. Innergemeinschaftliche Lieferungen

6.2.1. Allgemeines

Bei Kleinunternehmern findet gem. § 19 Abs. 1 Satz 3 UStG die Vorschrift über die Steuerbefreiung innergemeinschaftlicher Lieferungen nach § 4 Nr. 1a UStG keine Anwendung. Innergemeinschaftliche Lieferungen sind somit grundsätzlich steuerpflichtig. Allerdings wird die auf diese Lieferungen des Kleinunternehmers entfallende Umsatzsteuer gem. § 19 Abs. 1 Satz 1 UStG nicht erhoben.

6.2.2. Innergemeinschaftliche Lieferung neuer Fahrzeuge

Von den „normalen" innergemeinschaftlichen Lieferungen, ist der Sonderfall der innergemeinschaftlichen Lieferung neuer Fahrzeuge abzugrenzen. Denn gem. § 19 Abs. 4 Satz 1 UStG findet der § 19 Abs. 1 UStG für innergemeinschaftliche Lieferungen neuer Fahrzeuge keine Anwendung. Nachfolgend wird zunächst definiert was unter den Begriffen „neu" und „Fahrzeug" zu verstehen ist:

Fahrzeug	Definition des Begriffs „Fahrzeug"[289]	Definition des Begriffs „neu"[290]
Landfahrzeug	motorbetriebene Landfahrzeuge[291] mit einem Hubraum von mehr als 48 Kubikzentimeter **oder** einer Leistung von mehr als 7,2 Kilowatt	ein Landfahrzeug das nicht mehr als 6.000 Kilometer zurückgelegt hat **oder** wenn seine erste Inbetriebnahme im Zeitpunkt des Erwerbs nicht mehr als sechs Monate zurückliegt
Wasserfahrzeug	Wasserfahrzeuge[292] mit einer Länge von mehr als 7,5 Metern	ein Wasserfahrzeug das nicht mehr als 100 Betriebsstunden auf dem Wasser zurückgelegt hat **oder** wenn seine erste Inbetriebnahme im Zeitpunkt des Erwerbs nicht mehr als drei Monate zurückliegt
Luftfahrzeug	Luftfahrzeuge[293], deren Starthöchstmasse mehr als 1.550 Kilogramm beträgt	ein Luftfahrzeug das nicht länger als 40 Betriebsstunden genutzt worden ist **oder** wenn seine erste Inbetriebnahme im Zeitpunkt des Erwerbs nicht mehr als drei Monate zurückliegt

---

[289] § 1b Abs. 2 Satz 1 UStG
[290] § 1b Abs. 3 UStG
[291] A 15c Satz 2 bis 5 UStR 2005
[292] A 15c Satz 2 UStR 2005
[293] A 15c Satz 2 UStR 2005

Liefert ein Kleinunternehmer eines der in der vorgenannten Übersicht dargestellten Fahrzeuge, im Rahmen einer innergemeinschaftlichen Lieferung, dann ist diese Lieferung, soweit die Voraussetzungen des § 6a UStG erfüllt sind, gem. § 4 Nr. 1b UStG steuerfrei.[294] Der entsprechende Umsatz ist in der Anlage UR, vgl. **Anlage 6, Zeile 33**[295] bzw. **34**[296], einzutragen.

6.2.2.1. Vorsteuerabzug

Gem. § 19 Abs. 4 Satz 2 UStG ist der § 15 Abs. 4a UStG für die innergemeinschaftliche Lieferung neuer Fahrzeuge entsprechend anzuwenden. D.h., der Kleinunternehmer kann unter bestimmten Voraussetzungen, aus dem früheren Kauf des nunmehr innergemeinschaftlich gelieferten neuen Fahrzeugs Vorsteuer geltend machen. Nach § 15 Abs. 4a UStG gilt für diesen Vorsteuerabzug folgendes:

1. Abziehbar ist nur die auf die Lieferung, die Einfuhr oder den innergemeinschaftlichen Erwerb des neues Fahrzeugs entfallende Steuer.[297]
2. Die Steuer kann nur bis zu dem Betrag abgezogen werden, der für die Lieferung des neuen Fahrzeugs geschuldet würde, wenn die Lieferung nicht steuerfrei wäre.[298]
3. Die Steuer kann erst in dem Zeitpunkt abgezogen werden, in dem der Fahrzeuglieferer die innergemeinschaftliche Lieferung des neuen Fahrzeugs ausführt.[299]

Der entsprechende Vorsteuer ist in der Umsatzsteuererklärung, vgl. **Anlage 5, Zeile 69**[300], einzutragen.

Zur Verdeutlichung der vorgenannten, für einen Laien doch recht komplizierte Regelung, wird auf das nachfolgende Beispiel verwiesen:

Beispiel:
Der Kleinunternehmer B hat im Januar 2005 vom Autohändler A ein neues Fahrzeug[301] für 40.000 € zzgl. 6.400 € Umsatzsteuer erworben. Im Dezember 2005 verkauft er das Fahrzeug, mit welchem er bis dahin 4.000 Kilometer gefahren war, an einen Autohändler in Italien für

a) 35.000 €
b) 50.000 €

---

[294] Die Steuerfreiheit ist möglich, da gem. § 19 Abs. 4 Satz 1 UStG, der § 19 Abs. 1 UStG keine Anwendung findet.
[295] Anlage UR 2005, innergemeinschaftliche Lieferung an Abnehmer mit einer USt-IDNr.
[296] Anlage UR 2005, innergemeinschaftliche Lieferung an Abnehmer ohne eine USt-IDNr.
[297] § 15 Abs. 4a Nr. 1 UStG
[298] § 15 Abs. 4a Nr. 2 UStG
[299] § 15 Abs. 4a Nr. 3 UStG
[300] Umsatzsteuererklärung 2005
[301] motorbetriebenes Landfahrzeuge mit einem Hubraum von mehr als 48 Kubikzentimeter

Lösung:

Aus dem Erwerb des Fahrzeugs kann der Kleinunternehmer B gem. § 19 Abs. 1 Satz 4 UStG keine Vorsteuer abziehen.

Bei dem Verkauf des Fahrzeugs im Dezember 2005 nach Italien, handelt es sich um eine steuerfreie innergemeinschaftliche Lieferung[302] eines neuen Fahrzeugs, da dieses zum Zeitpunkt der Lieferung weniger als 6.000 Kilometer zurückgelegt hatte.[303] Für den Vorsteuerabzug findet daher über den § 19 Abs. 4 Satz 2 UStG die Regelung des § 15 Abs. 4a UStG Anwendung.

Als Vorsteuer abziehbar ist nach § 15 Abs. 4a Nr. 1 UStG nur die auf den früheren Kauf des neuen Fahrzeugs entfallende Umsatzsteuer. Im vorliegenden Beispielsfall entfielen auf den Kauf des neuen Fahrzeugs 6.400 € Umsatzsteuer. Demnach sind grundsätzlich 6.400 € als Vorsteuer abziehbar.

Gem. § 15 Abs. 4a Nr. 2 UStG kann nur der Betrag als Vorsteuer abgezogen werden, der für die innergemeinschaftliche Lieferung des neuen Fahrzeugs geschuldet würde, wenn die Lieferung nicht steuerfrei wäre. Hinsichtlich der beiden o.g. Verkaufspreise ergibt sich demnach folgende Lösung:

a) Der Kleinunternehmer B verkauft das Fahrzeug für 35.000 €, die darauf fiktiv entfallende Umsatzsteuer beträgt 5.600 € (35.000 € * 16 %). Der Kleinunternehmer B kann somit eine Vorsteuer i.H.v. 5.600 € geltend machen.

b) Der Kleinunternehmer B verkauft das Fahrzeug für 50.000 €, die darauf fiktiv entfallende Umsatzsteuer beträgt 8.000 € (50.000 € * 16 %). Der Kleinunternehmer B kann jedoch maximal die o.g. nach § 15 Abs. 4a Nr. 1 UStG abziehbare Vorsteuer i.H.v. 6.400 € geltend machen.

6.2.2.2. Rechnungslegung im Zusammenhang mit der innergemeinschaftlichen Lieferung

Der Kleinunternehmer ist verpflichtet für steuerfreie Lieferungen eine Rechnung zu erstellen[304], in welcher er auf die Steuerfreiheit hinzuweisen hat[305]. Neben den erforderlichen Rechnungsangaben nach § 14 Abs. 4 UStG (vgl. **Kapitel 4.2.**) müssen zusätzlich die gem. § 14a UStG erforderlichen Rechnungsangaben in dieser Rechnung enthalten sein. So müssen aus der Rechnung u.a. die in der Übersicht des **Kapitels 6.2.2.** dargestellten Merkmale hervorgehen.[306]

6.2.2.3. Zusammenfassende Meldung

Jeder Unternehmer im Sinne des § 2 UStG muss, soweit er eine innergemeinschaftliche Lieferung ausgeführt hat, grundsätzlich bis zum 10. Tag nach Ablauf jedes Kalendervierteljahres (Meldezeitraum), beim Bundeszentralamt für Steuern eine Meldung nach amtlich vorgeschriebenen Vordruck, die sogenannte Zusammenfassende Meldung[307], abgeben.[308] Kleinunternehmer sind, trotz der Ausführung von innergemeinschaftlichen Lieferungen, von der Abgabepflicht der Zusammenfassenden Meldung ausgenommen.[309]

---

[302] § 6a UStG i.V.m. § 4 Nr. 1b UStG
[303] § 1b Abs. 2 Nr. 1 i.V.m. Abs. 3 Nr. 1 UStG
[304] § 14a Abs. 3 Satz 1 UStG
[305] § 14 Abs. 4 Satz 1 Nr. 8 UStG
[306] § 14a Abs. 4 Satz 1 UStG
[307] **www.formulare-bmf.de** [01.09.2006]
[308] § 18a Abs. 1 Satz 1 UStG
[309] § 18a Abs. 1 Satz 3 UStG, A 245a Abs. 3 UStR 2005

6.3. Innergemeinschaftliche Erwerbe

Kleinunternehmer müssen innergemeinschaftliche Erwerbe grundsätzlich nicht versteuern.[310] Das Wort „grundsätzlich" lässt sogleich vermuten, dass es von der vorgenannten Regelung, wie so oft, eine Ausnahme gibt. Im vorliegenden Fall sind dies nicht nur eine sondern gleich drei Ausnahmen:

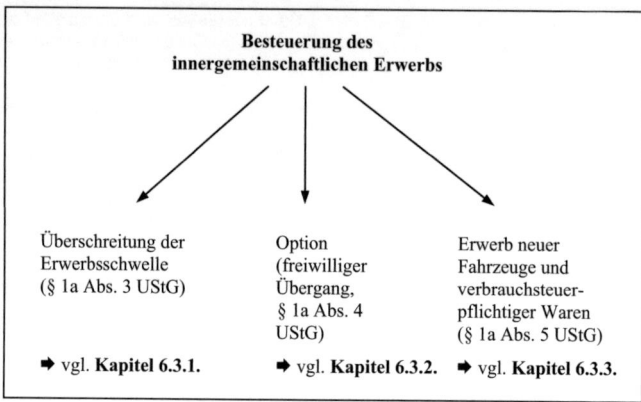

Kleinunternehmer müssen den innergemeinschaftlichen Erwerb demnach dann versteuern, wenn sie die sogenannte Erwerbsschwelle überschritten[311] oder zur Erwerbsbesteuerung optiert[312] haben. Die Option kommt jedoch nur dann in Betracht, wenn die Erwerbsschwelle nicht überschritten wurde. Den innergemeinschaftliche Erwerb neuer Fahrzeuge oder verbrauchsteuerpflichtiger Waren muss der Kleinunternehmer generell versteuern.[313]

In den nachfolgenden Kapiteln wird näher auf die vorgenannten Tatbestände eingegangen, bei deren Verwirklichung der Kleinunternehmer die Besteuerung des innergemeinschaftlichen Erwerbs vorzunehmen hat.

6.3.1. Überschreitung der Erwerbsschwelle

Für bestimmte Erwerber, worunter auch die Kleinunternehmer zählen, greift die Verpflichtung zur Erwerbsbesteuerung nur dann, wenn sie eine bestimmte Erwerbsschwelle überschreiten.[314] Die Erwerbsschwelle wird dann nicht überschritten, wenn der Gesamtbetrag der Entgelte für innerge-

---

[310] § 1a Abs. 3 Nr. 1a UStG
[311] § 1a Abs. 3 Nr. 1b und Nr. 2 UStG
[312] § 1a Abs. 4 UStG
[313] § 1a Abs. 5 UStG
[314] § 1a Abs. 3 UStG

meinschaftliche Erwerbe im Sinne des § 1a Abs. 1 Nr. 1 UStG und des § 1a Abs. 2 UStG[315] aus allen EU-Mitgliedsstaaten den Betrag von 12.500 € im vorangegangenen Kalenderjahr nicht überstiegen hat und im laufenden Kalenderjahr voraussichtlich nicht übersteigen wird. Die Erwerbsbesteuerung ist demnach dann durchzuführen, wenn die Erwerbsschwelle im vorangegangenen Kalenderjahr überschritten wurde und/oder im laufenden Kalenderjahr voraussichtlich überschritten wird.

Bei der Berechnung der Erwerbsschwelle bleiben jedoch solche innergemeinschaftliche Erwerbe außen vor, welche auf Erwerbe neuer Fahrzeuge und verbrauchsteuerpflichtiger Waren entfallen (vgl. **Kapitel 6.3.3.**).[316]

Wurde die Erwerbsschwelle im vorangegangenen Kalenderjahr nicht überschritten und ist zu erwarten, dass sie auch im laufenden Kalenderjahr nicht überschritten wird, kann die Erwerbsbesteuerung auch dann unterbleiben, wenn die tatsächlichen innergemeinschaftlichen Erwerbe im Laufe des Kalenderjahres die Grenze von 12.500 € überschreiten.[317] Für die Frage, ob die Erwerbsschwelle im laufenden Kalenderjahr voraussichtlich nicht überschritten wird, ist auf die Prognose zu Beginn des Kalenderjahres bzw. zu Beginn der unternehmerischen Tätigkeit abzustellen. Es gelten insoweit dieselben Erläuterungen, wie zu der Problematik der Berechnung der Umsatzgrenze gem. § 19 Abs. 1 UStG (vgl. **Kapitel 2.3.**). Ist folglich zu Beginn eines Kalenderjahres voraussichtlich damit zu rechnen, dass die Erwerbsschwelle von 12.500 € überschritten wird, ist die Erwerbsbesteuerung durchzuführen.

Der Begriff „Entgelt" ist im § 10 Abs. 1 Satz 2 UStG definiert. D.h., die auf den innergemeinschaftlichen Erwerb entfallende Umsatzsteuer, ist bei der Prüfung der Erwerbsschwelle außer acht zu lassen.

Bei der Aufnahme der unternehmerischen Tätigkeit im Laufe eines Kalenderjahres erfolgt keine Umrechnung der Entgelte, welche auf innergemeinschaftliche Erwerbe entfallen, auf einen Jahreswert.[318]

Hinsichtlich der Erklärungspflichten und der Angabe der USt-IDNr. im Zusammenhang mit innergemeinschaftlichen Erwerben wird auf die Ausführungen im **Kapitel 6.3.4.** verwiesen.

---

[315] Als innergemeinschaftlicher Erwerb gegen Entgelt gilt auch das Verbringen eines Gegenstands des Unternehmens aus dem übrigen Gemeinschaftsgebiet in das Inland durch einen Unternehmer zu seiner Verfügungsmacht, ausgenommen zu einer nur vorübergehenden Verwendung, auch wenn der Unternehmer den Gegenstand in das Gemeinschaftsgebiet eingeführt hat. Der Unternehmer gilt als Erwerber.
[316] A 15a Abs. 2 Satz 2 UStR 2005
[317] A 15a Abs. 2 Satz 5 UStR 2005
[318] § 19 Abs. 3 Satz 3 UStG findet insoweit keine analoge Anwendung

6.3.2. Option

Der Kleinunternehmer kann bei dem innergemeinschaftlichen Erwerb eines Gegenstandes auf die grundsätzlich vorgesehene Nichtversteuerung des innergemeinschaftlichen Erwerbs gem. § 1a Abs. 4 UStG verzichten.[319] Der Verzicht ist gegenüber dem Finanzamt zu erklären und bindet den Kleinunternehmer mindestens für zwei Kalenderjahre.[320] Die Erklärung ist an keine bestimmte Form gebunden.[321] In der Verwendung einer USt-IDNr. gegenüber dem Lieferer ist jedoch keine Option im vorgenannte Sinne zu sehen, da laut dem Gesetzestext die Option gegenüber dem Finanzamt zu erklären ist.[322]

Die Optionsmöglichkeit nach § 1a Abs. 4 UStG ist im Übrigen unabhängig von der Option gem. § 19 Abs. 2 UStG (vgl. **Kapitel 3.3.**) zu sehen. Die beiden Optionen bedingen einander nicht. Die Option gem. § 1a Abs. 4 UStG kann nur einheitlich für alle innergemeinschaftliche Erwerbe erklärt und nicht etwa auf Erwerbe aus bestimmten EU-Staaten beschränkt werden.

Eine Option eines Kleinunternehmers gem. § 1a Abs. 4 UStG kann beispielsweise dann sinnvoll sein, wenn der Kleinunternehmer einen Gegenstand in einem Mitgliedsstaat der EU erwirbt, in dem der Umsatzsteuersatz stark von dem derzeit noch in Deutschland geltenden Steuersatz abweicht.

Beispiel:
Der in Deutschland ansässige Kleinunternehmer D kauft in Schweden von dem Unternehmer S eine Maschine für 1.000 € zzgl. 250 € Umsatzsteuer. In Schweden beträgt der Umsatzsteuersatz 25 %.[323] D hat die Erwerbsschwelle im vorangegangen Kalenderjahr nicht überschritten und wird sie im laufenden Kalenderjahr voraussichtlich nicht überschreiten.
Der Unternehmer D kann den vorgenannten innergemeinschaftlichen Erwerb umsatzsteuerlich wie folgt behandeln:

a) er macht von der Kleinunternehmerregelung Gebrauch und muss demnach den innergemeinschaftlichen Erwerb nicht versteuern oder

b) er verzichtet auf die Nichtversteuerung des innergemeinschaftlichen Erwerbs gem. § 1a Abs. 4 UStG (Option).

Lösung:

a) Der Erwerb der Maschine wird auf Grund der Tatsache, dass D ein Kleinunternehmer ist als normale Lieferung des schwedischen Unternehmers S an den D behandelt. Der Kleinunternehmer D muss an den Unternehmer S den Kaufpreis i.H.v. 1.250 € zahlen.

b) Der Kleinunternehmer D hat gem. § 1a Abs. 4 UStG zur Besteuerung des innergemeinschaftlichen Erwerbs optiert. Der schwedische Unternehmer S kann daher eine steuerfreie innergemeinschaftliche Lieferung an den Unternehmer D tätigen.[324] Da die Lieferung steuerfrei ist, berechnet S dem D 1.000 €.

---

[319] § 1a Abs. 4 Satz 1 UStG
[320] § 1a Abs. 4 Satz 2 UStG
[321] A 15a Abs. 2 Satz 8 UStR 2005
[322] Verfügung der OFD Nürnberg vom 29.08.2002 – S 7103a – 12/St 43, UR 2003, 256
[323] vgl. **Anlage 4**
[324] § 6a UStG i.V.m. § 4 Nr. 1b UStG

Der Unternehmer D muss in Deutschland auf Grund des Verzichts auf die Nichterhebung der Umsatzsteuer gem. § 1a Abs. 4 UStG den innergemeinschaftlichen Erwerb der Maschine versteuern. Die Bemessungsgrundlage für die Umsatzsteuer beträgt 1.000 €. Die Umsatzsteuer beläuft sich demnach auf 160 €.[325]

Der Kleinunternehmer D muss also insgesamt 1.160 € für die Maschine zahlen; 1.000 € an den schwedischen Unternehmer S und 160 € an das Finanzamt in Deutschland.

Fazit: Der Kleinunternehmer D spart zwar im Fall der Alternative b) 90 €[326] gegenüber der Alternative a), allerdings muss er, auf Grund der Option gem. § 1a Abs. 4 UStG, 2 Kalenderjahre sämtliche innergemeinschaftliche Erwerbe versteuern. Dies gilt es vor der Option zu bedenken.

Hinsichtlich der Erklärungspflichten und der Angabe der USt-IDNr. im Zusammenhang mit innergemeinschaftlichen Erwerben wird auf die Ausführungen im **Kapitel 6.3.4.** verwiesen.

6.3.3. Innergemeinschaftlicher Erwerb neuer Fahrzeuge und verbrauchsteuerpflichtiger Waren

Kauft ein Kleinunternehmer im Rahmen eines innergemeinschaftlichen Erwerbs ein neues Fahrzeug oder verbrauchsteuerpflichtige Waren, so muss er stets die Versteuerung des innergemeinschaftlichen Erwerbs durchführen.[327] Der Begriff „neues Fahrzeug" wurde bereits im **Kapitel 6.2.2.** näher erläutert. Unter dem Begriff „verbrauchsteuerpflichtige Waren" im Sinne des UStG zählen:

- Mineralöle,
- Alkohol,
- alkoholische Getränke und
- Tabakwaren.[328]

6.3.4. Erklärungspflichten und Angabe der Umsatzsteuer-Identifikations-Nummer

6.3.4.1. Erklärungspflichten

Die Erklärungspflichten für innergemeinschaftliche Erwerbe ergeben sich aus § 18 Abs. 4a UStG. Dies betrifft zum einen die Abgabe der Umsatzsteuererklärung und zum anderen die Abgabe der Umsatzsteuer-Voranmeldung.

a) Umsatzsteuererklärung

Der Kleinunternehmer ist zur Abgabe einer Umsatzsteuererklärung bei dem Finanzamt verpflichtet. Im Rahmen dieser Umsatzsteuererklärung muss der Kleinunternehmer Angaben zu den von

---

[325] 1.000 € * 16 %
[326] D muss bei der Alternative a) 1.250 €, bei der Alternative b) jedoch nur 1.160 € an das Finanzamt entrichten.
[327] § 1a Abs. 5 Satz 1 UStG i.V.m. § 1a Abs. 3 UStG; A 15a Abs. 2 Satz 3 UStR 2005
[328] § 1a Abs. 5 Satz 2 UStG

ihm getätigten innergemeinschaftlichen Erwerben machen, für welche Umsatzsteuer erhoben wird. Für das Kalenderjahr 2005 sind die diesbezüglichen Angaben in der Anlage UR 2005, siehe **Anlage 6, Zeilen 8** bis **12**, zu machen. Die sich in der **Zeile 13** ergebende Summe ist in die Umsatzsteuererklärung 2005, siehe **Anlage 5, Zeile 93**, zu übertragen.

b) Umsatzsteuer-Voranmeldung

Umsatzsteuer-Voranmeldungen sind nur für die Voranmeldungszeiträume abzugeben, in denen Umsatzsteuer für innergemeinschaftliche Erwerbe erhoben wird.[329] Voranmeldungszeitraum ist grundsätzlich das Kalendervierteljahr und nicht etwa der Kalendermonat.[330] Dies gilt auch für die Fälle, in denen der Kleinunternehmer seine berufliche oder gewerbliche Tätigkeit neu aufgenommen hat.[331]

6.3.4.2. Umsatzsteuer-Identifikations-Nummer

Der Kleinunternehmer bewirkt in den o.g. dargestellten Fällen einen innergemeinschaftlichen Erwerb. Im Rahmen des innergemeinschaftlichen Erwerbs verwendet der Kleinunternehmer gegenüber dem Lieferer seine USt-IDNr.

Das Bundeszentralamt für Steuern (BZSt) erteilt Unternehmern im Sinne des § 2 UStG auf Antrag eine USt-IDNr.[332] Kleinunternehmer erhalten auf Antrag ebenfalls eine USt-IDNr., wenn sie diese für innergemeinschaftliche Erwerbe oder für innergemeinschaftliche Lieferungen benötigen.[333]

Der Antrag auf Erteilung der USt-IDNr. ist entweder schriftlich oder über das Internet[334] an das BZSt, Außenstelle Saarlouis, 66738 Saarlouis, zu richten.[335] Bei der steuerlichen Neuaufnahme kann der Unternehmer die Erteilung der USt-IDNr. auch bei dem für ihn zuständigen Finanzamt beantragen (vgl. Fragebogen zur steuerlichen Erfassung, ASt 022.1, Zeile 63 bis 65).[336] Dieser Antrag wird zusammen mit den erforderlichen Angaben über die Erfassung für Zwecke der Umsatzsteuer, an das BZSt weitergeleitet.[337] Jeder Unternehmer erhält in einem EU-Mitgliedsstaat jeweils nur eine USt-IDNr.[338]

---

[329] § 18 Abs. 4a Satz 2 UStG
[330] § 18 Abs. 4a Satz 3 UStG
[331] Die Regelung des § 18 Abs. 2 Satz 4 UStG, monatliche Abgabe der Umsatzsteuer-Voranmeldung in Neugründungsfällen, findet insoweit keine Anwendung, vgl. A 230a Abs. 1 Satz 2 UStR 2005.
[332] § 27a Abs. 1 Satz 1 UStG
[333] § 27a Abs. 1 Satz 2 UStG
[334] **www.formulare-bmf.de** [01.09.2006]
[335] A 282a Abs. 1 Satz 1 UStR 2005
[336] A 282a Abs. 1 Satz 2 UStR 2005
[337] A 282a Abs. 1 Satz 3 UStR 2005
[338] A 282a Abs. 1 Satz 4 UStR 2005

7. Leistungsempfänger als Steuerschuldner gem. § 13b UStG

Die nachstehenden Ausführungen zur Steuerschuldnerschaft des Leistungsempfängers gem. § 13b UStG sollen lediglich der Sensibilisierung hinsichtlich dieses Themas dienen. Der Kleinunternehmer sollte diese Vorschrift immer Hinterkopf haben, wenn an ihn eine Leistung im u.g. Sinne ausgeführt wird.

Wie bereits im **Kapitel 2.4.6.** dargelegt wurde, findet die für Kleinunternehmer grundsätzlich geltende Nichterhebung der Umsatzsteuer, in den Fällen des § 13b UStG, in denen der Leistungsempfänger der Steuerschuldner ist, keine Anwendung. Kleinunternehmer schulden als Leistungsempfänger für bestimmte an sie im Inland ausgeführte steuerpflichtige Umsätze[339], die darauf entfallende Umsatzsteuer.[340] Ist der Kleinunternehmer hingegen derjenige, der eine Leistung ausführt, muss er die Regelung des § 13b UStG nicht beachten.[341]

Die Steuerschuldnerschaft erstreckt sich sowohl auf die Umsätze für den unternehmerischen als auch auf die Umsätze für den nichtunternehmerischen Bereich des Leistungsempfängers.[342] Zuständig für die Besteuerung dieser Umsätze ist das Finanzamt, bei dem der Leistungsempfänger als Unternehmer umsatzsteuerlich erfasst ist.[343]

Für folgende steuerpflichtige Umsätze schuldet nach § 13b Abs. 1 UStG der Leistungsempfänger die Steuer:

Nr. 1   Werklieferungen und sonstige Leistungen eines im Ausland ansässigen Unternehmers.

Beispiel: ➡ Werklieferung
Der in Kiel ansässige Bauunternehmer U hat den Auftrag erhalten, in Flensburg ein Geschäftshaus zu errichten. Lieferung und Einbau der Fenster lässt U von seinem dänischen Subunternehmer D aus Kopenhagen ausführen.

Lösung:
Der im Ausland ansässige Unternehmer D erbringt im Inland eine steuerpflichtige Werklieferung an U. Die Umsatzsteuer für diese Werklieferung schuldet U gem. § 13b Abs. 2 Satz 1 UStG i.V.m. § 13b Abs. 1 Satz 1 Nr. 1 UStG.[344]

Beispiel: ➡ sonstige Leistungen
Der in Frankreich ansässige Architekt F plant für den in Stuttgart ansässigen Unternehmer U die Errichtung eines Gebäudes in München.

---

[339] § 13b Abs. 1 UStG
[340] § 13b Abs. 2 UStG
[341] § 13b Abs. 2 Satz 4 UStG
[342] A 182a Abs. 1 Satz 4 UStR 2005
[343] A 182a Abs. 1 Satz 5 UStR 2005
[344] A 182a Abs. 2 Beispiel 1 UStR 2005

Lösung:

Der im Ausland ansässige Unternehmer F erbringt im Inland (Deutschland) eine steuerpflichtige Leistung an U. Die Umsatzsteuer für diese Leistung schuldet U gem. § 13b Abs. 2 Satz 1 UStG i.V.m. § 13b Abs. 1 Satz 1 Nr. 1 UStG.[345]

Nr. 2 Lieferungen sicherungsübereigneter Gegenstände durch den Sicherungsgeber an den Sicherungsnehmer außerhalb des Insolvenzverfahrens.

Beispiel:

Für den Unternehmer U in Leipzig finanziert eine Bank B in Dresden die Anschaffung eines PKW's. Bis zur Rückzahlung des Darlehens lässt sich die Bank den PKW zur Sicherheit übereignen. Da U seinen Zahlungsverpflichtungen nicht nachkommt, verwertet B den PKW durch Veräußerung an einen privaten Abnehmer A.

Lösung:

Mit der Veräußerung des PKW durch B liegen eine Lieferung des U (Sicherungsgeber) an B (Sicherungsnehmer) sowie eine Lieferung von B an A vor. Für die Lieferung des U schuldet B als Leistungsempfänger die Umsatzsteuer gem. § 13b Abs. 2 Satz 1 UStG i.V.m. § 13b Abs. 1 Satz 1 Nr. 2 UStG.[346]

Nr. 3 Umsätze, die unter das Grunderwerbsteuergesetz fallen.

Beispiel:

Der Unternehmer U in Berlin ist Eigentümer eines Werkstattgebäudes, dessen Errichtung mit Darlehen einer Bank B finanziert wurde. Da U seine Zahlungsverpflichtungen nicht erfüllt, betreibt B die Zwangsvollstreckung des Grundstückes. Den Zuschlag erhält der Unternehmer E. Auf die Steuerbefreiung der Grundstückslieferung gem. § 4 Nr. 9a UStG verzichtet U rechtzeitig gem. § 9 Abs. 3 Satz 1 UStG.

Lösung:

Mit dem Zuschlag in der Zwangsversteigerung erbringt U an E eine steuerpflichtige Lieferung. E schuldet als Leistungsempfänger die Umsatzsteuer gem. § 13b Abs. 2 Satz 1 UStG i.V.m. § 13b Abs. 1 Satz 1 Nr. 3 UStG.[347]

Zu den Umsätzen, die unter das Grunderwerbsteuergesetz fallen, gehören insbesondere die Umsätze von unbebauten und bebauten Grundstücken.[348] Da die Umsätze die unter das Grunderwerbsteuergesetz fallen, nach § 4 Nr. 9a UStG steuerfrei sind, ist für die Anwendung der Steuerschuldnerschaft des Leistungsempfängers (Abnehmers) erforderlich, dass ein wirksamer Verzicht auf die Steuerbefreiung (Option) durch den Lieferer vorliegt. Der Verzicht auf die Steuerbefreiung bei Lieferungen von Grundstücken im Zwangsversteigerungsverfahren durch den Vollstreckungsschuldner an den Ersteher ist nur bis zur Aufforderung zur Abgabe von Geboten im Zwangsversteigerungstermin zulässig.[349] Bei anderen

---

[345] A 182a Abs. 2 Beispiel 2 UStR 2005
[346] A 182a Abs. 2 Beispiel 3 UStR 2005
[347] A 182a Abs. 2 Beispiel 4 UStR 2005
[348] vgl. A 71 UStR 2005
[349] § 9 Abs. 3 Satz 1 UStG

Umsätzen, die unter das Grunderwerbsteuergesetz fallen, ist die Option zwingend im notariell zu beurkundenden Vertrag[350] oder einer notariell zu beurkundenden Vertragsergänzung oder -änderung zu erklären.[351]

Nr. 4 Werklieferungen und sonstige Leistungen, die der Herstellung, Instandsetzung, Instandhaltung, Änderung oder Beseitigung von Bauwerken dienen, mit Ausnahme von Planungs- und Überwachungsleistungen.

Beispiel:
Der Bauunternehmer A beauftragt den Bauunternehmer B mit dem Einbau einer Heizungsanlage in sein Bürogebäude. A bewirkt nachhaltige Umsätze nach § 13b Abs. 1 Satz 1 Nr. 4 Satz 1 UStG.

Lösung:
Der Einbau der Heizungsanlage durch B ist eine unter § 13b Abs. 1 Satz 1 Nr. 4 Satz 1 UStG fallende Werklieferung. Für diesen Umsatz ist A Steuerschuldner, da er selbst nachhaltig Umsätze nach § 13b Abs. 1 Satz 1 Nr. 4 Satz 1 UStG erbringt. Unbeachtlich ist, dass der von B erbrachte Umsatz nicht mit den Ausgangsumsätzen des A in unmittelbaren Zusammenhang steht.[352]

Der Begriff des „Bauwerks" ist weit auszulegen und umfasst nicht nur Gebäude, sondern darüber hinaus sämtliche irgendwie mit dem Erdboden verbundene oder infolge ihrer eigenen Schwere auf ihm ruhende, aus Baustoffen oder Bauteilen hergestellte Anlagen, z.B.

- Anlagen zur Ver- und Entsorgung von Grundstücken,
- Brücken,
- Brunnen,
- Folien- oder Betonteiche (ohne Bepflanzung),
- Garagen,
- Gebäude,
- Maschinen und sonstige Betriebsvorrichtungen, sofern sie mit dem Grund und Boden fest verbunden sind (z.B. Windkraftanlagen, Strommasten, Klärwerksanlagen, Werbetafeln),
- Platz- und Wegebefestigungen,
- Straßen,
- Tunnel und
- Umzäunungen.[353]

Zu den Leistungen, die unter § 13b Abs. 1 Satz 1 Nr. 4 Satz 1 UStG fallen, gehören u.a. auch der Einbau von Fenstern und Türen sowie Bodenbelägen, Aufzügen, Rolltreppen,

---

[350] § 311b Abs. 1 BGB
[351] § 9 Abs. 3 Satz 2 UStG
[352] A 182a Abs. 11 UStR 2005
[353] A 182a Abs. 3 Satz 1 UStR 2005

Heizungsanlagen (siehe o.g. Beispiel), aber auch von Einrichtungsgegenständen, wenn sie mit einem Gebäude fest verbunden sind, wie z.B. Ladeneinbauten, Schaufensteranlagen, Gaststätteneinrichtungen.[354] Darüber hinaus fallen unter bestimmten Umständen künstlerische Leistungen und Reinigungsvorgänge unter die Regelung des § 13b Abs. 1 Satz 1 Nr. 4 Satz 1 UStG.[355]

Nr. 5   Lieferungen von Gas und Elektrizität eines im Ausland ansässigen Unternehmers unter den Bedingungen des § 3g UStG.

In den unter den Nr. 1 bis 3 genannten Fällen schuldet der Leistungsempfänger die Steuer, wenn er ein Unternehmer oder eine juristische Person des öffentlichen Rechts ist; in den in der Nr. 5 genannten Fällen schuldet der Leistungsempfänger die Steuer, wenn er ein Unternehmer ist.[356] In den unter der Nr. 4 genannten Fällen schuldet der Leistungsempfänger die Steuer, wenn er ein Unternehmer ist, der ebenfalls Leistungen im Sinne der Nr. 4 erbringt.[357] Die vorgenannten Ausführungen gelten auch, wenn die Leistungen für den nichtunternehmerischen Bereich bezogen werden.[358]

Bei den im § 13b Abs. 1 UStG aufgeführten Umsätzen entsteht die Steuer mit Ausstellung der Rechnung, spätestens jedoch mit Ablauf des der Ausführung der Leistung folgenden Kalendermonats.[359]

Die Regelungen des § 13b Abs. 1 und 2 UStG finden jedoch keine Anwendung, wenn die Leistung des im Ausland ansässigen Unternehmers besteht

1. in einer Personenbeförderung, die der Beförderungseinzelbesteuerung[360] unterlegen hat,
2. in einer Personenbeförderung, die mit einer Kraftdroschke durchgeführt worden ist, oder
3. in einer grenzüberschreitenden Personenbeförderung im Luftverkehr.

Ein im Ausland ansässiger Unternehmer ist ein Unternehmer, der weder im Inland noch auf der Insel Helgoland oder in einem der in § 1 Abs. 3 UStG bezeichneten Gebiete einen Wohnsitz, seinen Sitz, seine Geschäftsleitung oder eine Zweigniederlassung hat. Maßgebend ist der Zeitpunkt, in dem die Leistung ausgeführt wird. Ist es zweifelhaft, ob der Unternehmer diese Voraussetzungen erfüllt, schuldet der Leistungsempfänger die Steuer nur dann nicht, wenn ihm der Unterneh-

---

[354] A 182a Abs. 3 Satz 2 UStR 2005
[355] A 182a Abs. 5 und 6 UStR 2005
[356] § 13b Abs. 2 Satz 1 UStG
[357] § 13b Abs. 2 Satz 2 UStG
[358] § 13b Abs. 2 Satz 3 UStG
[359] § 13b Abs. 1 Satz 1 UStG
[360] § 16 Abs. 5 UStG

mer durch eine Bescheinigung des nach den abgabenrechtlichen Vorschriften für die Besteuerung seiner Umsätze zuständigen Finanzamts nachweist, dass er kein im Ausland ansässiger Unternehmer ist.[361]

Die Darstellung der gesamten mit dem § 13b UStG im Zusammenhang stehenden Probleme, würde den Rahmen dieses Buches sprengen. Bezüglich weiterer Informationen zur Steuerschuldnerschaft wird daher auf den Abschnitt 182a UStR 2005, welcher 41 Absätze umfasst, sowie auf folgende BMF-Schreiben verwiesen:

- BMF-Schreiben vom 05.12.2001 – IV D 1 – S 7279 – 5/01, BStBl 2001 I S. 1013 (Steuerschuldnerschaft des Leistungsempfängers: Einführungsschreiben)
- BMF-Schreiben vom 02.12.2004 – IV A 1 – S 7279 – 100/04, BStBl 2004 I S. 1129
- BMF-Schreiben vom 31.03.2004 – IV D 1 – S 7279 – 107/04, BStBl 2004 I S. 453

Die vorgenannten BMF-Schreiben können unter „**www.bundesfinanzministerium.de**" abgerufen werden. Bei der Suche nach den o.g. BMF-Schreiben auf der Internetseite des BMF, empfiehlt es sich die „erweiterte Suche" zu nutzen. Unter dieser sollten Sie des weiteren unter „Dokumententyp" → „BMF-Schreiben" und unter „sortieren nach" → „Veröffentlichungsdatum" anklicken.

Soweit ein Kleinunternehmer für einen der o.g. Umsätze als Leistungsempfänger Steuerschuldner ist, muss er die Bemessungsgrundlage der Umsätze und die darauf entfallenden Umsatzsteuerbeträge in der Anlage UR, siehe **Anlage 6, Zeilen 22 bis 26**[362], eintragen und die sich laut **Zeile 27**[363] ergebende Summe in die Umsatzsteuererklärung, siehe **Anlage 5, Zeile 95**[364], übertragen.

---

[361] § 13b Abs. 4 UStG, A 182a Abs. 23 UStR 2005
[362] Anlage UR 2005
[363] Anlage UR 2005
[364] Umsatzsteuererklärung 2005

8. Erbfolge und die Kleinunternehmerregelung

Bei der Vererbung eines Unternehmens, hinsichtlich dessen die Kleinunternehmerregelung Anwendung gefunden hatte, ist, soweit der Erwerber im Falle der Gesamtrechtsnachfolge[365] das Unternehmen des Rechtsvorgängers fortführt, für die weitere Anwendung der Kleinunternehmerregelung zunächst zu unterscheiden, ob der Erwerber mit der Fortführung des geerbten Unternehmens erstmals unternehmerisch tätig wird oder ob er bereits unternehmerisch tätig ist.

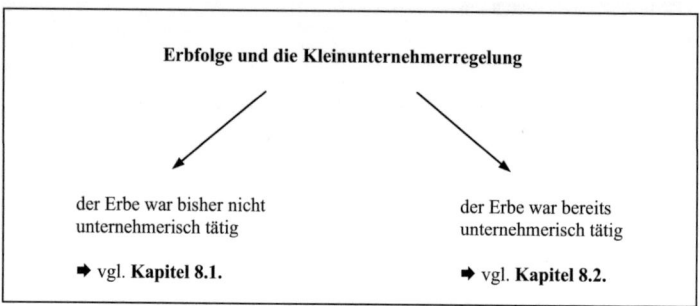

8.1. Der Erbe war bisher nicht unternehmerisch tätig

Wird der Erbe (Rechtsnachfolger) mit der Fortführung des geerbten Unternehmens erstmals unternehmerisch tätig, so sind die Umsätze des Rechtsvorgängers für die Frage, ob die Kleinunternehmerregelung ggf. weiterhin Anwendung finden kann, von untergeordneter Bedeutung. Grund hierfür ist die Tatsache, dass die Unternehmereigenschaft nicht im Wege des Erbgangs übergehen kann.[366] Der Erbe wird nur dann zum Unternehmer, wenn er die Voraussetzungen verwirklicht, an die das Umsatzsteuerrecht die Unternehmereigenschaft knüpft (vgl. **Kapitel 2.2.1.**).[367] Erfüllt der Erbe die Unternehmereigenschaft, ist für diesen gesondert zu prüfen, ob er, wie ggf. schon der Rechtsvorgänger, die Voraussetzungen für die Anwendung der Kleinunternehmerregelung erfüllt.[368] Bei der vorgenannten Prüfung, insbesondere hinsichtlich der maßgeblichen Umsatzgrenze, ist der Erbe so zu behandeln, als hätte er das Unternehmen im Zeitpunkt der Gesamtrechtsnachfolge neu gegründet. Bei der Prüfung der Umsatzgrenze sind mithin nicht die Umsätze des Rechtsvorgängers einzubeziehen. Der Erbe muss lediglich im Zeitpunkt der Gesamtrechtsnachfolge abschätzen, ob der durch ihn voraussichtlich bis zum 31.12. des jeweiligen Kalenderjahres zu erzielende, in einen Jahresbetrag umzurechnende, Umsatz, die für Neugründungsfälle maßgebliche

---

[365] § 1922 BGB; Bei Vorliegen eines Erbfalles geht grundsätzlich das gesamte Vermögen des Erblassers mit allen Rechten und Pflichten unmittelbar auf den Erben über (Universalsukzession oder Gesamtrechnachfolge gem. § 1922 Abs. 1 BGB).
[366] BFH-Urteil vom 19.11.1970 – V R 14/67, BStBl 1971 II S. 121
[367] A 19 Abs. 5 Satz 2 UStR 2005
[368] BFH-Urteil vom 10.04.1997 - V R 35/96, BFH/NV 1997, 908

Grenze von 17.500 € überschreiten wird. Im Rahmen der vorgenannten Schätzung kommt dem durch den Rechtsvorgänger erzielten Umsatz bei der Bestimmung des voraussichtlichen Umsatzes des Erben eine beträchtliche Indizfunktion zu. Soweit keine augenscheinlichen Gründe dafür sprechen, dass der Erbe nicht in etwa die gleichen Umsätze erzielen wird wie der Rechtsvorgänger, z.B., weil der Rechtsvorgänger spezielle handwerkliche Fertigen besaß, wird sich der Erbe bei der überschlägigen Ermittlung des voraussichtlich Umsatzes an den Umsätzen seines Rechtsvorgängers orientieren müssen.

8.2. Der Erbe war bereits unternehmerisch tätig

Ist der Erbe bereits unternehmerisch tätig, so wird das geerbte Unternehmen Teil seines bisherigen Unternehmens.[369]

Geht ein Unternehmen im Wege der Erbfolge auf einen Unternehmer über, ist zu berücksichtigen, dass dieser Unternehmer keinen Einfluss auf den Zeitpunkt der Änderung seiner Unternehmerverhältnisse hatte. Zur Vermeidung einer unbilligen Härte kann der Erbe daher in diesen Fällen die Besteuerung für das laufende Kalenderjahr so fortführen, wie sie für den jeweiligen Teil des Unternehmens ohne Berücksichtigung der nunmehr bestehenden Gesamtumsatzverhältnisse anzuwenden wäre. Hat z.B. der Erbe für sein bisheriges Unternehmen die Besteuerung nach den allgemeinen Vorschriften des UStG (Regelbesteuerung) angewendet, der Rechtsvorgänger aber für den anderen Unternehmensteil auf Grund der dafür bestehenden Verhältnisse von der Kleinunternehmerregelung Gebrauch gemacht, kann der Erbe diese beiden Besteuerungsformen bis zum Ablauf des Kalenderjahres fortführen, in dem die Erbfolge eingetreten ist. Dem Unternehmer bleibt es allerdings überlassen, für das ganze Unternehmen einheitlich die Besteuerung nach den allgemeinen Vorschriften des UStG anzuwenden.[370]

---

[369] § 2 Abs. 1 Satz 2 UStG, A 20 Abs. 1 Satz 1 UStR 2005
[370] A 246 Abs. 5 UStR 2005

9. Aufzeichnungspflichten der Kleinunternehmer

Kleinunternehmer haben an Stelle der für „normale" Unternehmer gem. § 22 UStG geltenden Aufzeichnungspflichten lediglich folgendes aufzuzeichnen:

1. die Werte der erhaltenen Gegenleistungen für die von ihnen ausgeführten Lieferungen und sonstigen Leistungen[371];
2. die sonstigen Leistungen im Sinne des § 3 Abs. 9a Nr. 2 UStG. Für ihre Bemessung gilt die vorgenannte Nr. 1 entsprechend[372]. Sonstige Leistungen im Sinne des § 3 Abs. 9a Nr. 2 UStG liegen dann vor, wenn durch einen Unternehmer unentgeltliche Leistungen[373] für Zwecke erbracht werden, die außerhalb des Unternehmens liegen, oder für den privaten Bedarf seines Personals[374] bestimmt sind.

Aus den Aufzeichnungen müssen des weiteren zu ersehen sein:

3. die wegen unrichtigen Steuerausweises nach § 14c Abs. 1 UStG und wegen unberechtigten Steuerausweises nach § 14c Abs. 2 UStG geschuldeten Steuerbeträge[375] (vgl. **Kapitel 5.**);
4. die Bemessungsgrundlage für den innergemeinschaftlichen Erwerb von Gegenständen sowie die hierauf entfallenden Steuerbeträge[376] (vgl. **Kapitel 6.**);
5. in den Fällen des § 13b Abs. 1 und 2 UStG (vgl. **Kapitel 7.**) beim Leistungsempfänger die Angaben entsprechend den Nummern 1 und 2 des § 22 Abs. 2 UStG. Der Leistende hat die Angaben nach den Nummern 1 und 2 des § 22 Abs. 2 UStG gesondert aufzuzeichnen[377];
6. die Bemessungsgrundlage für Umsätze im Sinne des § 4 Nr. 4a Satz 1 Buchstabe a Satz 2 UStG[378] sowie die hierauf entfallenden Steuerbeträge[379] (von untergeordneter Bedeutung).

---

[371] § 65 Satz 1 Nr. 1 UStDV, A 258 Abs. 3 UStR 2005
[372] § 65 Satz 1 Nr. 2 und Satz 2 UStDV
[373] Hinsichtlich der „unentgeltlichen Wertabgaben", wird auf die Ausführungen im **Kapitel 2.3.1.1.**, Zeile 1, verwiesen.
[374] Keine sonstige Leistung im Sinne des § 3 Abs. 9a Nr. 2 UStG liegt dann vor, wenn es sich bei der an das Personal erbrachten Leistung lediglich um eine Aufmerksamkeit gehandelt hat. Zu den Aufmerksamkeiten rechnen gelegentliche Sachzuwendungen bis zu einem Wert von 40 €, z.B. Blumen oder Genussmittel, vgl. A 12 Abs. 3 UStR 2005.
[375] § 65 Satz 3 UStDV i.V.m. § 22 Abs. 2 Nr. 4 UStG
[376] § 65 Satz 3 UStDV i.V.m. § 22 Abs. 2 Nr. 7 UStG
[377] § 65 Satz 3 UStDV i.V.m. § 22 Abs. 2 Nr. 8 UStG
[378] „Mit der Auslagerung eines Gegenstandes aus einem Umsatzsteuerlager entfällt die Steuerbefreiung für die der Auslagerung vorangegangene Lieferung, den der Auslagerung vorangegangenen innergemeinschaftlichen Erwerb oder die der Auslagerung vorangegangene Einfuhr; dies gilt nicht, wenn der Gegenstand im Zusammenhang mit der Auslagerung in ein anderes Umsatzsteuerlager im Inland eingelagert wird."
[379] § 65 Satz 3 UStDV i.V.m. § 22 Abs. 2 Nr. 9 UStG

10. Umsatzsteuererklärung und Umsatzsteuer-Voranmeldung

Nachfolgend werden zunächst allgemeine Ausführungen zum Thema Umsatzsteuererklärung bzw. Umsatzsteuer-Voranmeldung gemacht, anschließend werden die für Kleinunternehmer geltenden Besonderheiten erläutert.

10.1. Umsatzsteuererklärung

10.1.1. Zeitpunkt der Abgabe der Umsatzsteuererklärung

Für das abgelaufene Kalenderjahr muss der Unternehmer eine Umsatzsteuererklärung (siehe **Anlage 5**) nach amtlich vorgeschriebenen Vordruck[380], welche eigenhändig in der **Zeile 29**[381] zu unterschreiben ist[382], bei dem für ihn zuständigem Finanzamt abgeben.[383] Die Umsatzsteuererklärung muss zwar grundsätzlich bis zum 31.05. des Folgejahres abgeben werden, die Umsatzsteuererklärung 2005 somit bis zum 31.05.2006[384], der Unternehmer kann jedoch, bei entsprechender Begründung, bei dem Finanzamt eine Fristverlängerung[385] beantragen. Die Fristverlängerung sollte zur Vermeidung der Festsetzung von Verspätungszuschlägen[386] rechtzeitig und demnach bis spätestens dem 31.05. beantragt werden.

Hat der Unternehmer seine gewerbliche oder berufliche Tätigkeit nur in einem Teil des Kalenderjahres ausgeübt, muss er die Umsatzsteuererklärung binnen eines Monats nach Beendigung seiner unternehmerischen Tätigkeit bei dem Finanzamt einreichen.[387]

10.1.2. Berechnung der Steuer und Fälligkeit

In der Umsatzsteuererklärung muss der Unternehmer die zu entrichtende Umsatzsteuer[388] oder den Überschuss, der sich zu seinen Gunsten ergibt[389], selbst berechnen.[390] Die Umsatzsteuererklärung hat dabei die Wirkung einer Steueranmeldung.

Ergibt sich bei der durch den Unternehmer in der Umsatzsteuererklärung vorgenommenen Berechnung, ein Unterschiedsbetrag zugunsten des Finanzamtes[391], so ist dieser einen Monat nach

---

[380] Vordruck USt 2 A
[381] Umsatzsteuererklärung 2005
[382] § 18 Abs. 3 Satz 3 UStG; A 225 Abs. 1 UStR 2005. Liegt einer der im § 150 Abs. 3 AO bezeichneten Hinderungsgründe vor, darf auch ein Bevollmächtigter die Steuererklärung unterschreiben.
[383] § 18 Abs. 3 Satz 1 UStG
[384] § 149 Abs. 2 AO; A 225 Abs. 2 UStR 2005
[385] § 109 AO
[386] § 152 AO
[387] § 18 Abs. 3 Satz 2 UStG i.V.m. § 16 Abs. 3 und 4 UStG
[388] Umsatzsteuer 1.000 € - 500 € Vorsteuer = 500 € an das Finanzamt zu entrichtende Umsatzsteuer
[389] Umsatzsteuer 500 € - 1.000 € Vorsteuer = - 500 € die sich zugunsten des Unternehmers ergeben
[390] § 18 Abs. 3 Satz 1 UStG
[391] Umsatzsteuer 1.500 € - 500 € Vorsteuer = 1.000 € die sich zugunsten des Finanzamtes ergeben

Eingang der Umsatzsteuererklärung im Finanzamt fällig.[392] Setzt das Finanzamt die zu entrichtende Umsatzsteuer oder den Überschuss zugunsten des Unternehmers abweichend von der Umsatzsteuererklärung fest, so ist der sich ggf. ergebende Unterschiedsbetrag zugunsten des Finanzamts einen Monat nach der Bekanntgabe des Umsatzsteuerbescheides fällig.[393]

10.1.3. Anlage UR

Jeder inländische Unternehmer muss neben der Umsatzsteuererklärung grundsätzlich auch die Anlage UR (siehe **Anlage 6**) bei dem Finanzamt einreichen, nämlich dann, wenn er u.a. einen oder mehrere der nachfolgend genannten Tatbestände verwirklicht hat:

- innergemeinschaftlicher Erwerb (§ 1a UStG),   ➙ vgl. **Kapitel 6**.
- Leistungsempfänger als Steuerschuldner (§ 13b UStG),   ➙ vgl. **Kapitel 7**.
- Auslagerer als Steuerschuldner (§ 13a Abs. 1 Nr. 6 UStG) oder
- steuerfreie Lieferungen[394], sonstige Leistungen[395] und unentgeltliche Wertabgaben[396].

Liegen keine der in der Anlage UR genannten Tatbestände vor, muss die Anlage UR nicht ausgefüllt werden. In diesem Fall ist in der Umsatzsteuererklärung in dem dafür vorgesehenen Feld, in der **Zeile 28**[397], ein Kreuz zu machen.

10.1.4. Angaben bei Anwendung der Kleinunternehmerregelung

Der Kleinunternehmer muss in der Umsatzsteuererklärung in der **Zeile 24** bzw. **25**[398] Angaben über den Umsatz des der Umsatzsteuererklärung vorangegangnen Kalenderjahres und des die Umsatzsteuererklärung betreffenden Kalenderjahres machen. Darüber hinaus sind die **Zeilen 107** *„verbleibende Umsatzsteuer"* und **109** *„noch an die Finanzkasse zu entrichten"* auszufüllen. Bei einem Kleinunternehmer wird hier regelmäßig, soweit keine der Tatbestände des § 19 Abs. 1 Satz 3 UStG vorliegen (vgl. **Kapitel 2.4.6**.), eine Null einzutragen sein.

Reicht der Unternehmer eine berichtigte Umsatzsteuererklärung ein, muss er in der **Zeile 6**[399] in das dafür vorgesehene Feld die Ziffer „1" eintragen.

---

[392] § 18 Abs. 4 Satz 1 UStG
[393] § 18 Abs. 4 Satz 2 UStG
[394] vgl. **Kapitel 3.1.1.**, Buchstabe a)
[395] vgl. **Kapitel 3.1.1.**, Buchstabe b)
[396] Hinsichtlich der „unentgeltlichen Wertabgaben", wird auf die Ausführungen im **Kapitel 2.3.1.1.**, Zeile 1, verwiesen.
[397] Umsatzsteuererklärung 2005
[398] Umsatzsteuererklärung 2005
[399] Umsatzsteuererklärung 2005

Die Umsatzsteuererklärung kann über das Programm ELSTER elektronisch an das Finanzamt übermittelt werden (vgl. **Kapitel 14.**).

10.2. Umsatzsteuer-Voranmeldung

10.2.1. Allgemeines

Der Unternehmer hat bis zum 10. Tag nach Ablauf des für ihn geltenden Voranmeldungszeitraums eine Umsatzsteuer-Voranmeldung (siehe **Anlage 7**) nach amtlich vorgeschriebenen Vordruck[400] abzugeben, in der er die Steuer (Vorauszahlung) für den Voranmeldungszeitraum selbst zu berechnen hat.[401] Gleichzeitig ist die berechnete Vorauszahlung zu entrichten.[402] Die Zahlungsschonfrist beträgt 3 Tage.[403] Nach deren Ablauf fallen Verspätungszuschläge[404] bzw. Säumniszuschläge[405] an. Der Unternehmer kann von der Möglichkeit der Dauerfristverlängerung (vgl. **Kapitel 10.2.3.**) Gebrauch machen. Fällt der Fälligkeitstag auf einen Samstag, Sonntag oder gesetzlichen Feiertag, tritt an diese Stelle der nächste Werktag.

Seit dem 01.01.2005 besteht grundsätzlich die Verpflichtung, Umsatzsteuer-Voranmeldungen elektronisch an das Finanzamt zu übermitteln.[406] Allerdings sind hiervon Ausnahmen zulässig (vgl. **Kapitel 14.**).

10.2.2. Voranmeldungszeitraum

10.2.2.1. Allgemeines

Voranmeldungszeitraum ist grundsätzlich das Kalendervierteljahr.[407] D.h., die Umsatzsteuer-Voranmeldung ist vom Grundsatz her, quartalsweise bei dem Finanzamt einzureichen. Beträgt die an das Finanzamt zu entrichtende Umsatzsteuer für das vorangegangene Kalenderjahr mehr als 6.136 €, ist jedoch der Kalendermonat Voranmeldungszeitraum.[408] Beträgt die Umsatzsteuer für das vorangegangene Kalenderjahr nicht mehr als 512 €, kann das Finanzamt den Unternehmer von der Verpflichtung zur Abgabe der Umsatzsteuer-Voranmeldungen und Entrichtung der Vorauszahlungen befreien.[409] Der Unternehmer kann anstelle des Kalendervierteljahres den Kalendermonat als Voranmeldungszeitraum wählen, wenn sich für das vorangegangene Kalenderjahr ein Überschuss zu seinen Gunsten von mehr als 6.136 € ergeben hat. In diesem Fall hat der Unternehmer

---

[400] USt 1 A
[401] § 18 Abs. 1 Satz 1 UStG
[402] § 18 Abs. 1 Satz 2 UStG
[403] § 240 Abs. 3 Satz 1 AO
[404] § 152 AO
[405] § 240 AO
[406] § 18 Abs. 1 Satz 1 UStG
[407] § 18 Abs. 2 Satz 1 UStG
[408] § 18 Abs. 2 Satz 2 UStG
[409] § 18 Abs. 2 Satz 3 UStG

bis zum 10. Februar das laufenden Kalenderjahrs eine Voranmeldung für den ersten Kalendermonat abzugeben. Die Ausübung des vorgenannten Wahlrechts bindet den Unternehmer für dieses Kalenderjahr.[410]
Nimmt der Unternehmer seine berufliche oder gewerbliche Tätigkeit neu auf, ist gem. § 18 Abs. 2 Satz 4 UStG im laufenden und folgenden Kalenderjahr der Kalendermonat Voranmeldungszeitraum.[411]

Im Gegensatz zur Umsatzsteuererklärung, ist bei der Umsatzsteuer-Voranmeldung die eigenhändige Unterschrift des Unternehmers nicht vorgeschrieben.[412]

Ab dem Kalenderjahr 2006 wurde in der **Zeile 16** der Umsatzsteuer-Voranmeldung 2006 (siehe **Anlage 7**) die Kennzahl 22 aufgenommen. In diese Kennzahl ist eine „1" einzutragen, wenn der Umsatzsteuer-Voranmeldung Belege, wie z.B. Verträge, Rechnungen. Erläuterungen etc. beigefügt bzw. bei der elektronischen Übermittlung, gesondert eingereicht werden. Dadurch kann das Finanzamt erkennen, dass bei der Bearbeitung der betreffenden Umsatzsteuer-Voranmeldung, insbesondere bei sich zugunsten des Unternehmers ergebenden Beträge, noch Belege zu beachten sind.

10.2.2.2. Besonderheiten bei Kleinunternehmern

Wie bereits ausgeführt wurde, besteht für das Jahr der Neugründung eines Unternehmens die Pflicht zur monatlichen Abgabe der Umsatzsteuer-Voranmeldung. Neugründungsfälle, in denen auf Grund der beruflichen oder gewerblichen Tätigkeit keine Umsatzsteuer festzusetzen ist, z.B. bei Kleinunternehmern gem. § 19 Abs. 1 Satz 1 UStG, fallen nicht unter die Regelung des § 18 Abs. 2 Satz 4 UStG und sind somit von der Abgabe der Umsatzsteuer-Voranmeldung befreit.[413] Sie müssen lediglich eine Umsatzsteuererklärung einreichen (vgl. **Kapitel 10.1.**).
In diesem Zusammenhang ist die Frage zu klären, welcher Voranmeldungszeitraum für den Unternehmer maßgebend ist, wenn er von der Kleinunternehmerregelung zur Regelbesteuerung übergeht. Hierbei ist zwischen zwei Fallkonstellationen zu unterscheiden:

a) Der Unternehmer hat nur im Kalenderjahr der Gründung des Unternehmens die Kleinunternehmerregelung in Anspruch genommen und geht danach zur Regelbesteuerung über.

Folge: Bei Neugründungsfällen ist im Kalenderjahr der Neugründung und im folgenden Kalenderjahr die Umsatzsteuer-Voranmeldung monatlich abzugeben. Da der Unternehmer in dem den Neugründungsjahr folgenden Kalenderjahr zur Regelbsteuerung übergeht, greift so-

---

[410] § 18 Abs. 2a UStG
[411] § 18 Abs. 2 Satz 4 UStG
[412] A 225 Abs. 1 Satz 3 UStR 2005
[413] A 230a Abs. 1 Satz 2 UStR 2005

mit noch der § 18 Abs. 2 Satz 4 UStG und der Unternehmer muss seine Umsatzsteuer-Voranmeldung monatlich abgeben.

b) Der Unternehmer hat im Kalenderjahr der Gründung des Unternehmens und im folgenden Kalenderjahr die Kleinunternehmerregelung in Anspruch genommen und geht danach zur Regelbsteuerung über.

<u>Folge:</u> Der Unternehmer ist grundsätzlich nicht verpflichtet seine Umsatzsteuer-Voranmeldung monatlich abzugeben, da er sich im dritten Kalenderjahr nach der Unternehmensgründung befindet. Der § 18 Abs. 2 Satz 4 UStG greift demnach nicht mehr. Voranmeldungszeitraum ist in diesem Fall das Kalendervierteljahr.[414]

10.2.3. Antrag auf Dauerfristverlängerung

Das Finanzamt kann dem Unternehmer auf Antrag die Fristen für die Abgabe der Umsatzsteuer-Voranmeldung und für die Entrichtung der Umsatzsteuer-Vorauszahlung[415] um einen Monat verlängern.[416] Für die Antragstellung muss der Unternehmer den bei dem Finanzamt erhältlichen amtlichen Vordruck „USt 1 H" (siehe **Anlage 8**)[417] verwenden.[418]

Die Fristverlängerung wird bei einem Unternehmer, der die Voranmeldungen monatlich abzugeben hat, unter der Auflage gewährt, dass dieser während der Geltungsdauer der Fristverlängerung jährlich bis zum 10. Februar eine Sondervorauszahlung auf die Steuer eines jeden Kalenderjahres anzumelden und zu entrichten hat.[419] Die Sondervorauszahlung beträgt ein Elftel der Summe der Vorauszahlungen, ohne Anrechnung der geleisteten Sondervorauszahlung, für das vorangegangene Kalenderjahr.[420] Unternehmer, welche ihre Voranmeldungen vierteljährlich abgeben, müssen im Rahmen der Dauerfristverlängerung keine Sondervorauszahlung leisten.[421]

<u>Beispiel:</u>
Der Unternehmer A hat für das Kalenderjahr 2005 Umsatzsteuer-Vorauszahlungen i.H.v. 44.000 € (ohne Anrechnung der für das Kalenderjahr 2005 geleisteten Sondervorauszahlung) angemeldet. Im Kalenderjahr 2006 möchte A die Dauerfristverlängerung in Anspruch nehmen. Wie hoch ist die durch ihn zu leistende Sondervorauszahlung?

<u>Lösung:</u>
Aus der Bemessungsgrundlage, der im Kalenderjahr 2005 geleistete Umsatzsteuer-Vorauszahlungen, i.H.v. 44.000 €, errechnet sich für den Unternehmer A eine Sondervorauszahlung für das Kalenderjahr 2006 i.H.v. 4.000 € (44.000 € / 11).

---

[414] § 18 Abs. 2 Satz 1 UStG
[415] § 18 Abs. 1, 2 und 2a UStG
[416] § 46 Satz 1 UStDV
[417] Antrag auf Dauerfristverlängerung/Anmeldung der Sondervorauszahlung 2006
[418] § 48 Abs. 1 Satz 2, 3 und 4 UStDV
[419] § 47 Abs. 1 Satz 1 UStDV, § 48 Abs. 1 Satz 1 UStDV, § 48 Abs. 2 UStDV
[420] § 47 Abs. 1 Satz 2 UStDV
[421] Umkehrschluss aus § 47 Abs. 1 Satz 1 UStDV

Hat der Unternehmer seine gewerbliche oder berufliche Tätigkeit nur in einem Teil des vorangegangenen Kalenderjahres ausgeübt, so ist bei der Berechnung der Sondervorauszahlung die Summe der Vorauszahlungen dieses Zeitraums in eine Jahressumme umzurechnen.[422] Angefangene Kalendermonate sind als volle Kalendermonate zu behandeln.[423]

Bei Beginn der gewerblichen oder beruflichen Tätigkeit im laufenden Kalenderjahr ist die Sondervorauszahlung auf der Grundlage der zu erwartenden Vorauszahlungen dieses Kalenderjahres zu berechnen.[424]

Die Anmeldung der Sondervorauszahlung erfolgt mit dem gleichen Vordruck (USt 1 H), wie die Antragstellung auf Dauerfristverlängerung. Der Vordruck „USt 1 H" ist in den ELSTER-Formularen[425] (vgl. **Kapitel 14.**) enthalten und kann über das Internet an das Finanzamt übermittelt werden.

Wurde die Dauerfristverlängerung durch das Finanzamt gewährt[426], d.h. nicht abgelehnt, gilt sie bis zu deren Widerruf. Das Finanzamt kann den Antrag jedoch ablehnen oder eine bereits gewährte Fristverlängerung widerrufen, wenn der Steueranspruch gefährdet erscheint.[427] Die angemeldete und bezahlte Sondervorauszahlung wird bei der letzten Umsatzsteuer-Voranmeldung des Kalenderjahres, für das die Sondervorauszahlung geleistet wurde, dies wird in der Regel der Dezember sein, auf die Vorauszahlung angerechnet.[428]

Die einmal gewährte Dauerfristverlängerung besteht auch nach beim Wechsel des Voranmeldungszeitraums fort. Musste ein Unternehmer beispielsweise in der Vergangenheit die Umsatzsteuer-Voranmeldung nur vierteljährlich beim Finanzamt einreichen und bestand bereits eine Dauerfristverlängerung, so gilt diese auch dann fort, wenn der Unternehmer ab dem folgenden Kalenderjahr die Umsatzsteuer-Voranmeldung monatlich abgibt. Hierbei ist allerdings zu beachten, wie bereits ausgeführt wurde, dass bei der monatlichen Abgabe der Umsatzsteuer-Voranmeldung, eine Sondervorauszahlung zu leisten ist.

Das Finanzamt kann die Sondervorauszahlung festsetzen, wenn sie vom Unternehmer nicht oder nicht richtig berechnet wurde oder wenn die angemeldete Sondervorauszahlung zu einem offensichtlich unzutreffenden Ergebnis führt.[429]

---

[422] § 47 Abs. 2 Satz 1 UStDV
[423] § 47 Abs. 2 Satz 2 UStDV
[424] § 47 Abs. 3 UStDV
[425] **www.elster.de**
[426] Ein Bewilligungsbescheid wird durch das Finanzamt nicht erteilt. Der Antrag auf Dauerfristverlängerung gilt als erteilt, wenn das Finanzamt den Antrag nicht ablehnt.
[427] § 46 Satz 2 UStDV
[428] § 48 Abs. 4 UStDV
[429] § 48 Abs. 3 UStDV

10.2.4. Elektronische Datenübermittlung oder Steueranmeldung auf Papier

Seit dem 01.01.2005 sind Umsatzsteuer-Voranmeldungen sowie Lohnsteuer-Voranmeldungen grundsätzlich auf elektronischen Weg nach Maßgabe der Steuerdaten-Übermittlungsverordnung[430] an das Finanzamt zu übermitteln.[431] Hierzu ist ebenfalls, wie schon bisher, der amtlich vorgeschriebene Vordruck zu benutzen. Hinsichtlich der weiterhin möglichen Abgabe der Umsatzsteuer-Voranmeldung auf Papier, wird auf das **Kapitel 10.2.4.2.** verwiesen.

10.2.4.1. Elektronische Datenübermittlung

Die elektronische Datenübermittlung ist an zwei Voraussetzungen geknüpft:

- einen PC mit Internetanschluss und
- eine spezielle Software, mit der die Daten verschlüsselt und mit höchstem Sicherheitsstandard an die Finanzbehörden übermittelt werden.

Ausführliche Informationen zu dem hierfür erforderlichen Programm „ELSTER-Formular" erhalten Sie im Internet unter „www.elster.de" oder bei dem für Sie zuständigen Finanzamt. Die ELSTER-Software kann kostenlos unter „www.elster.de" heruntergeladen werden, wobei die einzelnen Schritte zur Installation und Übermittlung auf der vorgenannten Internetseite ausführlich beschrieben werden, oder bei dem für Sie zuständigen Finanzamt in Form einer CD kostenlos angefordert werden.

Vor der erstmaligen Beteiligung an der elektronischen Datenübermittlung muss der Unternehmer bei dem für ihn zuständigen Finanzamt eine von ihm persönlich unterschriebene Erklärung nach § 6 der Steuerdatenübermittlungs-Verordnung einreichen. Mit der vorgenannten Erklärung, welche durch den Unternehmer eigenhändig zu unterschreiben ist, versichert dieser, dass er die Unterlagen und Angaben, die für die Steueranmeldung erforderlich sind, nach bestem Wissen und Gewissen vollständig und richtig übermitteln bzw. einen mit der Übermittlung beauftragten Dritten, z.B. Steuerberater, nach bestem Wissen und Gewissen vollständig und richtig zur Verfügung stellen wird. Des weiteren versichert der Unternehmer, dass er die übermittelten Daten überprüfen und eine berichtigte Steueranmeldung abgeben wird, wenn er eine Unrichtigkeit feststellen wird sowie, dass er die übermittelten Daten nach Maßgabe des § 147 AO aufbewahren wird.

---

[430] Steuerdaten-Übermittlungsverordnung (StDÜV) vom 28.01.2003, BStBl 2003 I S. 139
[431] § 18 Abs. 1 Satz 1 UStG; Steueränderungsgesetz 2003 vom 15.12.2003, BStBl 2003 I S. 710 und BMF-Schreiben vom 29.11.2004, BStBl 2004 I S. 1135

10.2.4.2. Steueranmeldung auf Papier

Das zuständige Finanzamt kann zur Vermeidung von unbilligen Härten auf Antrag des Unternehmers zulassen, dass die Steueranmeldungen, abweichend von der ab dem 01.01.2005 geltenden Neuregelung, weiterhin in Papierform, u.a. per Telefax, eingereicht werden können. Eine unbillige Härte kann beispielsweise dann vorliegen, wenn dem Unternehmer nicht zuzumuten ist, die technischen Voraussetzungen, etwa PC-Ausstattung und Internetanschluss, für die elektronische Übermittlung der Voranmeldungen zu schaffen. Das Finanzamt wird bei der Antragstellung nicht prüfen, wie dies jedoch zunächst vorgesehen war, ob der Unternehmer finanziell in der Lage ist, die technischen Voraussetzungen für die elektronische Datenübermittlung zu schaffen. Ein entsprechender Antrag auf Befreiung von der elektronischen Datenübermittlung sollte sicherheitshalber schriftlich bei dem Finanzamt eingereicht und hinreichend begründet werden.

Hinweis:

Hatte der Unternehmer bereits für ein Kalenderjahr einen Antrag im o.g. Sinne gestellt, sollte er prüfen, ob das Finanzamt die Genehmigung zur Befreiung von der elektronischen Datenübermittlung bis zum 31.12. des betreffenden Kalenderjahres befristet hatte. Sollte dies der Fall sein, ist zu Beginn des Folgejahres rechtzeitig ein neuer Antrag zu stellen.

11. Rechtsbehelfsverfahren (Einspruchsverfahren)

Auf Grund der Tatsache, dass auch Kleinunternehmer von den Finanzbehörden sogenannte „Verwaltungsakte" erhalten, z.b. einen Einkommensteuerbescheid, widmet sich dieses Kapitel der Thematik, wie der Kleinunternehmer gegen diese Verwaltungsakte, soweit dies erforderlich sein sollte, im Rahmen eines Einspruches vorgehen kann.

Nachfolgend wird zunächst der Begriff „Verwaltungsakt" erläutert.

a) Begriff „Verwaltungsakt"

Im Besteuerungsverfahren werden die Finanzbehörden gegenüber den Steuerpflichtigen hoheitlich tätig. Dies geschieht in der Regel durch Verwaltungsakte.

Ein Verwaltungsakt ist jede Verfügung, Entscheidung oder andere hoheitliche Maßnahme, die eine Behörde zur Regelung eines Einzelfalls auf dem Gebiet des öffentlichen Rechts trifft und die auf unmittelbare Rechtswirkung nach außen gerichtet ist.[432] Im Kern bedeutet ein Verwaltungsakt, dass er etwas im Verhältnis der Finanzbehörde zum Steuerpflichtigen und umgekehrt regelt. Einerseits kann mit einem Verwaltungsakt etwas vom Steuerpflichtigen verlangt werden, etwa ein Tun, Dulden[433] oder Unterlassen, andererseits aber auch etwas gewährt werden, etwa eine Stundung oder ein Erlass.

Gegen Verwaltungsakte im vorgenannten Sinne ist gem. § 347 Abs. 1 Satz 1 AO als Rechtsbehelf der Einspruch statthaft. Liegt jedoch kein Verwaltungsakt vor, ist ein Einspruch nicht zulässig.

Beispiel:
Das Finanzamt gibt an den Kleinunternehmer K folgende Schreiben bekannt:
a) Umsatzsteuerbescheid 2004
b) Einkommensteuerbescheid 2004
c) Mahnung über rückständige Einkommensteuer 2003
d) Mitteilung über die Umbuchung eines Einkommensteuerguthabens auf rückständige Kraftfahrzeugsteuer (Umbuchungsmitteilung)

Lösung:

zu a) und b):
Sowohl bei dem Umsatzsteuerbescheid 2004 als auch bei dem Einkommensteuerbescheid 2004, handelt es sich um einen mit Einspruch anfechtbaren Verwaltungsakt.

zu c) und d):
Weder bei der Mahnung noch bei der Umbuchungsmitteilung handelt es sich um einen mit Einspruch anfechtbaren Verwaltungsakt. Die Umbuchungsmitteilung ist kein Verwaltungsakt, da sie keine Regelung eines Einzelfalles auf dem Gebiet des öffentlichen Rechts trifft. Die Mahnung stellt keinen Verwaltungsakt dar, da es ihr an der unmittelbaren Rechtswirkung nach außen fehlt. Bei der Mahnung handelt es sich lediglich um eine Zahlungserinnerung, im vorliegenden Beispiel, über die rückständige Einkommensteuer 2003.

---

[432] § 118 Satz 1 AO
[433] z.B. Duldungsbescheid gemäß § 191 AO i.V.m. § 77 AO

Hinweis:

Für einen Außenstehenden ist meist schwer zu beurteilen, was ein Verwaltungsakt ist und was nicht. Grundsätzlich handelt es sich immer dann um einen Verwaltungsakt, wenn ein Schreiben einer Behörde etc. eine Rechtsbehelfsbelehrung enthält. Allerdings kann auch dann ein Verwaltungsakt vorliegen, wenn keine Rechtsbehelfsbelehrung beigefügt ist. Im Zweifel sollte daher nachgefragt werden, ob ein anfechtbarer Verwaltungsakt vorliegt oder hilfsweise Einspruch eingelegt werden. Im letzteren Fall, wird dann entsprechend mitgeteilt werden, ob es sich bei dem Schreiben, gegen welches Einspruch eingelegt wurde, um einen Verwaltungsakt gehandelt hat.

b) Beschwer

Eine weitere Voraussetzung für einen zulässigen Einspruch ist die Beschwer. D.h., zur Einspruchseinlegung ist nur befugt, wer geltend macht, durch einen Verwaltungsakt beschwert zu sein.[434] Dies setzt voraus, dass der Einspruchsführer vom Regelungsinhalt des Verwaltungsaktes persönlich und sachlich betroffen ist. Persönlich beschwert ist grundsätzlich nur der materielle Adressat eines Steuerverwaltungsaktes, da er selbst unmittelbar betroffen ist. Eine sachliche Beschwer erfordert, dass der angefochtene Verwaltungsakt eine Benachteiligung für den Einspruchsführer enthält. Bei Steuerbescheiden ergibt sich die Beschwer grundsätzlich aus der Steuerfestsetzung und nicht aus den einzelnen Besteuerungsgrundlagen[435]. Aus diesem Grund belastet eine auf 0 € lautende Steuerfestsetzung in der Regel nicht.[436] Etwas anderes gilt z.B., wenn eine Steuervergütung[437] begehrt wird oder wenn die der Steuerfestsetzung zu Grunde liegenden Besteuerungsgrundlagen außersteuerliche Bindungswirkungen[438] haben.

Beispiel:

Der Unternehmer K erhält vom Finanzamt den Einkommensteuerbescheid für das Kalenderjahr 2004. Auf Grund der geringen Einkünfte im Kalenderjahr 2004 wird die Einkommensteuer mit 0 € festgesetzt. K legt bei dem zuständigen Finanzamt Einspruch gegen den Einkommensteuerbescheid 2004 ein:

a) ohne diesen näher zu begründen.
b) und führt aus, dass auf Grund der Tatsache, dass im Einkommensteuerbescheid 2004 Einkünfte aus Gewerbebetrieb zu hoch angesetzt worden seien, der Antrag seines Sohnes auf BAföG abgelehnt worden sei.

Lösung:

Der Einkommensteuerbescheid 2004 wurde an den Unternehmer K adressiert. K ist von dem Regelungsinhalt des Einkommensteuerbescheides persönlich betroffen.

---

[434] § 350 AO
[435] § 157 Abs. 2 AO; einzelne Besteuerungsgrundlagen sind beispielsweise die Höhe der Einkünfte aus Vermietung und Verpachtung oder die Höhe der Einkünfte aus Gewerbebetrieb
[436] BFH-Urteil vom 24.01.1975 – VI R 148/72, BStBl 1975 II S. 382
[437] z.B. wenn in einer Umsatzsteuer-Voranmeldung oder einer Umsatzsteuerjahreserklärung, die erklärte Vorsteuer die erklärte Umsatzsteuer übersteigt (1.000 € Umsatzsteuer - 1.500 € Vorsteuer = 500 € Steuervergütung)
[438] z.B. für die Berechnung des „Hartz IV-Antrages" durch die Bundesagentur für Arbeit oder des BAföG´s

zu a)

Die Einkommensteuer wurde im Einkommensteuerbescheid 2004 auf 0 € festgesetzt. K ist daher grundsätzlich nicht beschwert im Sinne des § 350 AO, da er zu keiner Zahlung von Einkommensteuer verpflichtet wurde.[439] Begründet K seinen Einspruch nicht, wird das Finanzamt den Einspruch im Rahmen einer Einspruchsentscheidung[440] als unzulässig verwerfen.

zu b)

Trotz der auf 0 € festgesetzten Einkommensteuer ist K beschwert, da die der Einkommensteuerfestsetzung zu Grunde liegende Besteuerungsgrundlage (➜ Höhe der Einkünfte aus Gewerbebetrieb), eine außersteuerliche Bindungswirkung (➜ BAföG-Antrag) hat. Das Finanzamt muss nunmehr prüfen, ob die Einkünfte aus Gewerbebetrieb zutreffend festgesetzt wurden.

c) Zeitpunkt der Bekanntgabe

Ein schriftlicher Verwaltungsakt, der durch die Post übermittelt wird, gilt bei der Übermittlung im Inland am dritten Tag nach der Aufgabe zur Post als bekannt gegeben, außer wenn er nicht oder zu einem späteren Zeitpunkt zugegangen ist. Im Zweifel hat die Finanzbehörde den Zugang des Verwaltungsakts und den Zeitpunkt des Zugangs nachzuweisen.[441]

Beispiel 1:

Das Finanzamt gibt am 21.03.2006 (Dienstag) an den Unternehmer K, welcher in Dresden wohnt, den Einkommensteuerbescheid für das Kalenderjahr 2004 zur Post.

Lösung:

Entsprechend der o.g. Ausführungen, gilt der Einkommensteuerbescheid 2004 mit Ablauf des 24.03.2006 (Freitag) als bekannt gegeben.[442]

Fällt der letzte Tag der o.g. 3-Tagesfrist auf einen Sonnabend, einen Sonntag oder einen gesetzlichen Feiertag, so endet die Frist mit Ablauf des nächstfolgenden Werktags.[443]

Beispiel 2:

Das Finanzamt gibt am 23.03.2006 (Donnerstag) an den Unternehmer K, den Einkommensteuerbescheid für das Kalenderjahr 2004 zur Post.

Lösung:

Der Einkommensteuerbescheid 2004 gilt als mit Ablauf des 26.03.2006 (Sonntag) als bekannt gegeben. Da der letzte Tag der 3-Tagesfrist auf einen Sonntag fällt, verschiebt sich das Datum der Bekanntgabe auf den nächstfolgender Werktag, dem 27.03.2006 (Montag). Der 27.03.2006 ist maßgeblich für die Berechnung der Einspruchsfrist. Bei zur Grundlegung einer Einspruchsfrist von einem Monat endet die Einspruchsfrist somit mit Ablauf des 27.04.2006.

---

[439] BFH-Urteil vom 24.01.1975 – VI R 148/72, BStBl 1975 II S. 382
[440] §§ 366, 367 AO
[441] § 122 Abs. 2 Nr. 1 AO
[442] 21.03.2006 + 3 Tage = 24.03.2006
[443] § 108 Abs. 3 AO; vgl. BFH-Urteil vom 14.10.2003 – IX R 68/98, BFH/NV 2003, 1626

d) Einspruchsfrist

Der Einspruch ist grundsätzlich innerhalb eines Monats nach Bekanntgabe des Verwaltungsaktes einzulegen, soweit der entsprechende Verwaltungsakt eine Rechtsbehelfsbelehrung enthalten hat.[444]

Beispiel:

Das Finanzamt gibt am 21.03.2006 (Dienstag) an den Unternehmer K den Einkommensteuerbescheid, welcher eine Rechtsbehelfsbelehrung enthält, für das Kalenderjahr 2004 zur Post.

Lösung:

Der Einkommensteuerbescheid 2004 gilt am 24.03.2006 (Freitag) als bekannt gegeben. Die Rechtsbehelfsfrist endet nach einem Monat mit Ablauf des 24.04.2006 (Montag).

Hat der Verwaltungsakt keine Rechtsbehelfsbelehrung enthalten oder wurde diese unrichtig erteilt, so ist die Einlegung des Eichspruchs binnen eines Jahres seit der Bekanntgabe des Verwaltungsakts zulässig.[445]

Beispiel:

Das Finanzamt gibt am 21.03.2006 (Dienstag) an Herrn S die Ablehnung des durch diesen gestellten Erlassantrages (Verwaltungsakt), welcher keine Rechtsbehelfsbelehrung enthält, zur Post.

Lösung:

Die Ablehnung des Erlassantrages gilt am 24.03.2006 (Freitag) als bekannt gegeben. Die Rechtsbehelfsfrist endet, mangels Rechtsbehelfsbelehrung, nach einem Jahr, mit Ablauf des 24.04.2007 (Dienstag).

Fällt das Ende der Einspruchsfrist auf einen Sonnabend, einen Sonntag oder einen gesetzlichen Feiertag, so endet die Einspruchsfrist mit Ablauf des nächstfolgenden Werktags. Auf das o.g. Beispiel 2 hierzu, unter dem Buchstaben c), wird in diesem Zusammenhang verwiesen.

War der Steuerpflichtige ohne Verschulden verhindert, eine gesetzliche Frist, wie etwa die Einspruchsfrist, einzuhalten, so ist ihm auf Antrag Wiedereinsetzung in den vorigen Stand zu gewähren.[446] Der Antrag auf Wiedereinsetzung bzw. die versäumte Handlung, ist innerhalb eines Monats nach Wegfall des Hindernisses zu stellen.[447] Der Antrag auf Wiedereinsetzung ist entsprechend zu begründen.[448]

Beispiel:

Das Finanzamt gibt am 21.03.2006 (Dienstag) an Herrn W den Einkommensteuerbescheid 2005 zur Post. Im Erläuterungsteil des vorgenannten Einkommensteuerbescheides hat das Finanzamt darauf hingewiesen, dass die beantragten Werbungskosten i.H.v. 2.500 € nicht anerkannt werden konnten, da diese nicht, wie erforderlich, durch Belege nachgewiesen wurden.

---

[444] § 355 Abs. 1 Satz 1 AO
[445] § 356 Abs. 2 Satz 1 AO
[446] § 110 Abs. 1 Satz 1 AO
[447] § 110 Abs. 2 Satz 1 und 3 AO
[448] § 110 Abs. 2 Satz 2 AO

Am 22.03.2006 erleidet Herr W einen Unfall und wird ins Krankenhaus eingeliefert. Am 10.06.2006 wird er aus der Klinik entlassen. Am selben Tag findet Herr W den o.g. Einkommensteuerbescheid in seinem Briefkasten. Herr W hat keine nahestehenden Personen, die in seiner Abwesenheit den Briefkasten hätten leeren können.

Lösung:

Der Einkommensteuerbescheid 2005 gilt Herrn W am 24.03.2006 (Freitag) als bekannt gegeben. Die Einspruchsfrist endet nach einem Monat mit Ablauf des 24.04.2006 (Montag).

Herr W hat die Möglichkeit, innerhalb eines Monats nach der Entlassung aus dem Krankenhaus (Wegfall des Hindernisses) Einspruch gegen den Einkommensteuerbescheid 2005 einzulegen und gleichzeitig einen Antrag auf Wiedereinsetzung in den vorigen Stand zu stellen. Den vorgenannten Antrag muss Herr W entsprechend begründen.

e) Besonderheiten bei der Steueranmeldung (Umsatzsteuer-Voranmeldung)

Bei Steueranmeldungen, z.B. Umsatzsteuer-Voranmeldung, ist zwischen nicht zustimmungsbedürftigen und zustimmungsbedürftigen Steueranmeldungen zu unterscheiden.

Nicht zustimmungsbedürftig ist eine Steueranmeldung, die weder zu einer Steuervergütung oder nicht zu einer Herabsetzung der bisher zu entrichtenden Steuer[449] führt. Die vorgenannte Steueranmeldung hat mit ihrem Eingang bei der Finanzbehörde die Wirkung einer Steuerfestsetzung unter dem Vorbehalt der Nachprüfung.[450] Ein Einspruch gegen eine Steueranmeldung im vorbezeichneten Sinne ist innerhalb eines Monats nach Eingang der Steueranmeldung bei der Finanzbehörde einzulegen.[451]

Beispiel:

Der Unternehmer S reicht am 10.03.2006 die Umsatzsteuer-Voranmeldung für den Monat Februar 2006 bei dem Finanzamt ein. Mit der vorgenannten Umsatzsteuer-Voranmeldung meldet S Umsatzsteuer i.H.v. 3.200 €[452] und Vorsteuern i.H.v. 700 € an. Die sich ergebende Zahllast i.H.v. 2.500 €[453] überweist S noch am 10.03.2006 an das Finanzamt.

Lösung:

Bei der Umsatzsteuer-Voranmeldung für den Monat Februar 2006 handelt es sich um eine nicht zustimmungsbedürftige Steueranmeldung, da sie weder zu einer Steuervergütung noch zu einer Herabsetzung der bisher zu entrichtenden Steuer führt. Sie hat damit mit Eingang bei dem Finanzamt die Wirkung einer Steuerfestsetzung unter dem Vorbehalt der Nachprüfung. S kann innerhalb eines Monats nach Eingang der Umsatzsteuer-Voranmeldung Februar 2006, also bis zum 10.04.2006 (Montag), gegen diese Einspruch einlegen.

Zustimmungsbedürftig ist hingegen eine Steueranmeldung, die zu einer Steuervergütung oder zu einer Herabsetzung der bisher zu entrichtenden Steuer führt. Die vorgenannte Steueranmeldung

---

[449] Zu einer Herabsetzung der bisher zu entrichtenden Steuer kommt es beispielsweise dann, wenn der Unternehmer bei dem Finanzamt zunächst eine Umsatzsteuer-Voranmeldung für den Monat Februar 2006, mit einer Zahllast von 3.000 €, abgibt und später dann eine berichtigte Umsatzsteuer-Voranmeldung Februar 2006, mit einer Zahllast von lediglich 1.000 €, einreicht. Hatte der Unternehmer die Zahllast von 3.000 € bereits an das Finanzamt entrichtet, führt die Einreichung der berichtigten Umsatzsteuer-Voranmeldung dazu, dass der Unternehmer nunmehr einen Erstattungsanspruch i.H.v. 2.000 € hat. Dieser Erstattungsanspruch bedarf der Zustimmung des Finanzamtes.
[450] § 168 Satz 1 AO
[451] § 355 Abs. 1 Satz 2 AO
[452] Umsatz 20.000 € * 16 % Umsatzsteuer
[453] Umsatzsteuer 3.200 € - Vorsteuer 700 €

hat erst dann die Wirkung einer Steuerfestsetzung unter dem Vorbehalt der Nachprüfung, wenn die Finanzbehörde dieser zugestimmt hat.[454] Die Zustimmung der Finanzbehörde bedarf keiner Form.[455]

Ein Einspruch gegen eine Steueranmeldung im vorgenannten Sinne ist innerhalb eines Monats nach Bekanntgabe der Zustimmung durch die Finanzbehörde einzulegen.[456] Wurde der Steuerpflichtige durch die Finanzbehörde schriftlich bzw. elektronisch über die Zustimmung unterrichtet, z.B. zusammen mit einer Abrechnungsmitteilung, ist grundsätzlich davon auszugehen, dass ihm die Zustimmung am dritten Tag nach Aufgabe zur Post bzw. nach der Absendung bekannt geworden ist. Zu diesem Zeitpunkt beginnt demnach auch erst die Einspruchsfrist zu laufen. Ist hingegen keine Mitteilung ergangen, ist regelmäßig davon auszugehen, dass dem Steuerpflichtigen die Zustimmung frühestens mit der Zahlung[457] der Steuervergütung oder des Mindersolls, z.B. Gutschrift auf dem Bankkonto, bekannt geworden ist.

Beispiel:

Der Unternehmer S reicht am 10.03.2006 die Umsatzsteuer-Voranmeldung für den Monat Februar 2006 bei dem Finanzamt ein. Mit der vorgenannten Umsatzsteuer-Voranmeldung meldet S Umsatzsteuer i.H.v. 3.200 €[458] und Vorsteuern i.H.v. 5.200 € an. Demnach ergibt sich ein Vorsteuerüberschuss i.H.v. 2.000 €[459]. Das Guthaben i.H.v. 2.000 € wird dem Unternehmer S am 20.03.2006 auf seinem Bankkonto gutgeschrieben.

Lösung:

Bei der Umsatzsteuer-Voranmeldung für den Monat Februar 2006 handelt es sich um eine zustimmungsbedürftige Steueranmeldung, da sie zu einer Steuervergütung, Auszahlung i.H.v. 2.000 €, führt. Die vorgenannte Steueranmeldung hat daher erst die Wirkung einer Steuerfestsetzung unter dem Vorbehalt der Nachprüfung, wenn die Finanzbehörde dieser zugestimmt hat. Als Zustimmung ist im vorliegenden Sachverhalt die Auszahlung des Guthaben durch das Finanzamt am 20.03.2006 anzusehen. S kann innerhalb eines Monats gegen die Umsatzsteuer-Voranmeldung Februar 2006, also bis zum 20.04.2006 (Donnerstag), Einspruch einlegen.

f) Einlegung des Einspruchs

Der Einspruch ist schriftlich[460] einzureichen oder bei dem Finanzamt zur Niederschrift zu erklären.[461] Es genügt, wenn aus dem Schriftstück hervorgeht, wer (➜ Einspruchsführer) den Einspruch eingelegt hat.[462] Die unrichtige Bezeichnung des Einspruchs schadet nicht.[463] Da lediglich die Bezeichnung des Einspruchführers zwingend ist, nicht aber dessen Unterschrift, ist ein Einspruch auch per E-Mail zulässig. Finanzämter, die eine E-Mail-Adresse im Schriftwechsel angeben, erklä-

---

[454] § 168 Satz 1 und 2 AO
[455] § 168 Satz 3 AO
[456] § 355 Abs. 1 Satz 2 AO
[457] § 224 Abs. 3 AO
[458] Umsatz 20.000 € * 16 % Umsatzsteuer
[459] Umsatzsteuer 3.200 € - Vorsteuer 5.200 €
[460] Die Schriftform für einen Einspruch ist auch bei der Einlegung durch Telefax gewahrt (vgl. BFH-Beschluss vom 26.03.1991 – VIII B 83/90, BStBl 1991 II S. 463).
[461] § 357 Abs. 1 Satz 1 AO
[462] § 357 Abs. 1 Satz 2 AO
[463] § 357 Abs. 1 Satz 4 AO

ren damit ihre Bereitschaft zur Entgegennahme elektronischer Dokumente[464]; hierzu zählt auch die Einspruchseinlegung per E-Mail.

g) Aussetzung der Vollziehung

Durch die Einlegung eines Einspruchs wird die Vollziehung des angefochtenen Verwaltungsaktes nicht gehemmt bzw. die Erhebung einer Abgabe nicht aufgehalten.[465] Die Finanzbehörde, die den angefochtenen Verwaltungsakt erlassen hat, kann die Vollziehung jedoch ganz oder teilweise aussetzen.[466] Auf Antrag soll die Aussetzung erfolgen, wenn ernstliche Zweifel an der Rechtmäßigkeit des angefochtenen Verwaltungsaktes bestehen oder wenn die Vollziehung für den Betroffenen eine unbillige, nicht durch überwiegende öffentliche Interessen gebotene Härte zur Folge hätte.[467] Ist der Verwaltungsakt schon vollzogen, tritt an die Stelle der Aussetzung der Vollziehung die Aufhebung der Vollziehung.[468]

Wie bereits ausgeführt wurde, setzt die Aussetzung der Vollziehung ernstliche Zweifel an der Rechtmäßigkeit des angefochtenen Verwaltungsaktes voraus. Um die „ernstlichen Zweifel" zu dokumentieren ist es daher geboten, den angefochtenen Einspruch entsprechend zu begründen.

Beispiel:
Das Finanzamt gibt am 03.04.2006 (Montag) an Herrn S den Einkommensteuerbescheid für das Kalenderjahr 2005 zur Post. Laut dem Einkommensteuerbescheid 2005, muss Herr S bis zum 08.05.2006 1.000 € an das Finanzamt entrichten. Im Rahmen der Veranlagung der Einkommensteuererklärung 2005 hatte das Finanzamt verschiedene, durch Herrn S geltend gemachte, Werbungskosten (steuerliche Auswirkung 1.000 €) nicht anerkannt. Dies wurde entsprechend im Einkommensteuerbescheid 2005 erläutert.

Mit Schreiben vom 07.04.2006 legt Herr S Einspruch gegen den Einkommensteuerbescheid 2005 ein, ohne diesen näher zu begründen. Gleichzeitig beantragt er die Aussetzung der Vollziehung bezüglich der als Nachzahlung festgesetzten 1.000 €.
Mit Schreiben vom 25.04.2006 reicht Herr S die zutreffende Begründung seines Einspruches nach und beantragt nochmals die Aussetzung der Vollziehung.

Lösung:

Herr S hat mit seinem Schreiben vom 07.04.2006 gegen den Einkommensteuerbescheid 2005 form- und fristgerecht Einspruch bei dem Finanzamt eingelegt. Da er seinen Einspruch jedoch nicht begründet hat und mangels dessen von Seiten des Finanzamtes keine ernstlichen Zweifel an der Rechtmäßigkeit des Einkommensteuerbescheides bestehen, wird es den Antrag auf Aussetzung der Vollziehung zunächst ablehnen und ggf. Vollstreckungsmaßnahmen ergreifen.[469]
Auf Grund der durch Herrn S mit Schreiben vom 25.04.2006 nachgereichten zutreffenden Begründung des Einspruches, wird das Finanzamt wegen der nunmehr bestehenden ernstlichen Zweifel an der Rechtmäßigkeit des Einkommensteuerbescheides 2005, die beantragte Aussetzung der Vollziehung gewähren.

---

[464] vgl. AEAO zu § 87a Nr. 1 Abs. 2
[465] § 361 Abs. 1 Satz 1 AO
[466] § 361 Abs. 2 Satz 1 AO
[467] § 361 Abs. 2 Satz 2 AO
[468] § 361 Abs. 2 Satz 3 AO
[469] Bei der Ablehnung des Antrages auf Aussetzung der Vollziehung handelt es sich um einen mit Einspruch anfechtbaren Verwaltungsakt. Gegen die Ablehnung der Aussetzung der Vollziehung kann der Steuerpflichtige aber auch gem. § 69 FGO Klage bei dem für ihn zuständigen Finanzgericht erheben.

12. Umsatzsteuer-Nachschau

12.1. Inhalt der Regelung

Zur Sicherstellung der gleichmäßigen Festsetzung und Erhebung der Steuer wurde zum 01.01.2002 die Umsatzsteuer-Nachschau gem. § 27b UStG eingeführt. Nach dieser Vorschrift können Amtsträger der Finanzbehörde ohne vorherige Ankündigung und außerhalb einer Außenprüfung[470] Grundstücke und Räume, mit Ausnahme der Wohnräume[471], von Personen, die eine gewerbliche oder berufliche Tätigkeit selbständig ausüben, während der Geschäfts- und Arbeitszeiten betreten, um Sachverhalte festzustellen, die für die Besteuerung erheblich sein können.[472] Von der Umsatzsteuer-Nachschau können demnach auch Kleinunternehmer im Sinne des § 19 UStG betroffen sein.

Anlass zu einer Umsatzsteuer-Nachschau kann insbesondere dann bestehen, wenn eine oder mehrere der in **Anlage 9** dargestellten Aufgriffskriterien vorliegen.

Die von der Umsatzsteuer-Nachschau betroffenen Personen haben gem. § 27b Abs. 2 UStG, soweit zweckdienlich, den damit betrauten Amtsträgern auf Verlangen Aufzeichnungen, Bücher, Geschäftspapiere und andere Urkunden über die der Umsatzsteuer-Nachschau unterliegenden Sachverhalte vorzulegen und Auskünfte zu erteilen. Einige Steuerberater empfehlen deshalb ihren Mandanten, sämtliche umsatzsteuerlich relevanten Unterlagen des Unternehmens grundsätzlich nicht im Unternehmen aufzubewahren.[473] Dieser Rat ist allerdings zweifelhaft, provoziert er doch geradezu beim Verdacht auf strafbare Handlungen eine Hausdurchsuchung.

Sobald der mit der Durchführung der Umsatzsteuer-Nachschau beauftragte Amtsträger

- der Öffentlichkeit nicht zugängliche Geschäftsräume betreten will,
- den Steuerpflichtigen auffordert, Aufzeichnungen, Bücher, Geschäftspapiere und andere umsatzsteuerrelevante Urkunden vorzulegen oder
- den Steuerpflichtigen auffordert, Auskunft zu erteilen,

muss er sich ausweisen.[474]

---

[470] z.B. Betriebsprüfung
[471] § 27b Abs. 1 Satz 2 UStG
[472] § 27b Abs. 1 Satz 1 UStG
[473] http://www.dr-ekkenga.de/seiten/steuernachschau.htm [22.07.2003]
[474] A 282b Abs. 4 UStR 2005

§ 27b Abs. 3 UStG ordnet an, dass die Finanzbehörde während der Umsatzsteuer-Nachschau zu einer Außenprüfung[475] übergehen darf, ohne dass es hierzu einer vorherigen Prüfungsanordnung[476] bedarf. Es muss lediglich schriftlich auf den Übergang zur Außenprüfung hingewiesen werden.[477]

Die Umsatzsteuer-Nachschau ist entsprechend der amtlichen Begründung[478] keine „Prüfung"[479], so dass die, bei vorliegen einer Steuerhinterziehung[480], strafbefreiende Selbstanzeige gem. § 371 Abs. 1 AO auch während der Umsatzsteuer-Nachschau möglich ist. Die im § 371 Abs. 2 Nr. 1a AO vorgesehene Sperrwirkung greift nicht ein. Die vorgenannte Sperrwirkung besagt u.a., dass eine Straffreiheit dann nicht mehr erlangt werden kann, wenn ein Amtsträger der Finanzbehörde zur steuerlichen „Prüfung" bei einem Steuerpflichtigen erschienen ist.

Da jedoch während der Nachschau zu einer Außenprüfung übergegangen werden kann, ist mit Aushändigung der schriftlichen Anzeige vom Übergang der Nachschau zur Außenprüfung eine Selbstanzeige wegen der o.g. Regelung des § 371 Abs. 2 Nr. 1a AO ausgeschlossen.

Gem. § 27b Abs. 4 UStG bleibt die Nachschau grundsätzlich auf die Umsatzsteuer beschränkt, jedoch können Auswertungen und Feststellungen, die zu anderen Steuerarten getroffen werden, ohne Verbot verwertet werden.

Der Gesetzgeber erhofft sich von der Umsatzsteuer-Nachschau eine Präventivwirkung. Sie soll als überraschendes und unbürokratisches Instrument zu effektiven Kontrollen und damit frühzeitigeren Aufdeckungen von Steuerverkürzungen führen. Dies wird insbesondere aus der amtlichen Begründung zum § 27b UStG deutlich:

„Die Erfahrungen zeigen, dem Umsatzsteuerbetrug kann mit den bestehenden Regelungen der Außenprüfung (Umsatzsteuersonderprüfung, Betriebsprüfung) nicht ausreichend begegnet werden. Die Außenprüfung muss angekündigt werden. Die Ankündigung gibt steuerunehrlichen Unternehmern Zeit, Vorkehrungen zu treffen, um gegenüber den Steuerbehörden einen normalen Geschäftsbetrieb vorzutäuschen oder den Geschäftsbetrieb einzustellen. Die Steuerbehörden sind daher nach geltendem Recht nicht in dem notwendigen Maße in der Lage, sich ein zuverlässiges Bild über ein Unternehmen zu machen. Eine wirksame Bekämpfung des Umsatzsteuerbetrugs macht die Kenntnis der tatsächlichen Verhältnisse eines Unternehmers erforderlich. Das Finanzamt muss in die Lage versetzt werden, sich insbesondere einen Eindruck über die räumlichen

---

[475] § 193 AO
[476] § 196 AO
[477] § 27b Abs. 3 Satz 2 UStG, A 282b Abs. 9 UStR 2005
[478] RegE StVBG, BT-Drucks. 14/6883, zu Art. 2, zu Nr. 2
[479] A 282b Abs. 1 Satz 1 und 3 UStR 2005, A 282b Abs. 6 UStR 2005
[480] § 370 AO

Verhältnisse, das tatsächlich eingesetzte Personal und den üblichen Geschäftsbetrieb zu verschaffen. Nur auf dem Wege ist es möglich, ordentliche Unternehmen von solchen zu unterscheiden, die in erster Linie dazu eingesetzt werden, den Fiskus zu schädigen." [481]

12.2. Rechtsschutzmöglichkeiten des Steuerpflichtigen

Da in der Umsatzsteuer-Nachschau eine selbständige und neue Kontrollmöglichkeit der Finanzverwaltung zu sehen ist, stellt sich diesbezüglich berechtigterweise die Frage, welche Rechtsschutzmöglichkeiten der Steuerpflichtige hat.

Die Zulässigkeit eines Einspruchs gegen die Durchführung einer Umsatzsteuer-Nachschau setzt zwingend voraussetzen, dass er sich gegen einen Verwaltungsakt im Sinne von § 118 AO richtet (vgl. **Kapitel 11.**, Buchstabe a)).

Im Hinblick auf die Umsatzsteuer-Nachschau hat der Gesetzgeber selbst definiert, was er nach seiner Auffassung in diesem Zusammenhang als Verwaltungsakt ansieht. Demnach liegt ein Verwaltungsakt insbesondere dann vor, wenn der Amtsträger den Steuerpflichtigen auffordert,

- das Betreten der nicht öffentlich zugänglichen Geschäftsräume zu dulden,
- Aufzeichnungen, Bücher, Geschäftspapiere und andere umsatzsteuerrelevante Urkunden vorzulegen oder
- Auskunft zu erteilen.[482]

Die vorgenannten Verwaltungsakte sind mit Zwangsmitteln gem. §§ 328 ff. AO durchsetzbar.

Der Steuerpflichtige kann die o.g. Verwaltungsakte mit Einspruch nach § 347 AO und gegebenenfalls mit einer Anfechtungsklage nach § 40 Abs. 1 FGO angreifen. Da die Durchführung einer Umsatzsteuer-Nachschau in der Regel nur wenige Stunden dauert, wird es in der Praxis häufig so sein, dass der Steuerpflichtige erst Einspruch einlegt, wenn die Umsatzsteuer-Nachschau bereits erfolgt ist. Die Einlegung eines Einspruchs ist möglich und zulässig, solange die Rechtsbehelfsfrist von einem Monat nicht abgelaufen ist. Eine Klage auf Aufhebung der Durchführung einer Umsatzsteuer-Nachschau ist nach Abschluss der Umsatzsteuer-Nachschau unzulässig. Der Steuerpflichtige wird deshalb die Rechtmäßigkeit der Durchführung einer Umsatzsteuer-Nachschau nur nachträglich im Wege der Erhebung einer Fortsetzungsfeststellungsklage gem. § 104 Abs. 1 Satz 4 FGO überprüfen lassen können, wenn er ein berechtigtes Interesse an der Feststellung der Rechtswidrigkeit der durchgeführten Umsatzsteuer-Nachschau geltend machen kann.[483] Dies kann der Fall sein, wenn eine Auswertung der durch die Umsatzsteuer-Nachschau erlangten Kenntnisse

---

[481] RegE StVBG, BT-Drucks. 14/6883, zu Art. 2, zu Nr. 2
[482] A 282b Abs. 8 Satz 2 UStR 2005
[483] A 282b Abs. 10 Satz 4 UStR 2005

verhindert werden soll.

Der Steuerpflichtige, der von der Umsatzsteuer-Nachschau betroffen ist, kann sich der Nachschau jedoch u.U. dadurch entziehen, dass er gegen die im Rahmen der Umsatzsteuer-Nachschau ergangenen Verwaltungsakte Einspruch einlegt und gleichzeitig einen Antrag auf Aussetzung der Vollziehung[484] stellt.[485] Der Umsatzsteuersonderprüfer wird den Antrag auf Aussetzung der Vollziehung ablehnen, wogegen der Steuerpflichtige wiederum Einspruch einlegen kann.[486] Der Umsatzsteuersonderprüfer darf nicht über den Einspruch gegen die Ablehnung der Aussetzung der Vollziehung entscheiden und somit die geplante Nachschau nicht durchführen. Nach den bisherigen Erfahrungen in der Praxis wurde von dieser letztgenannten Rechtsschutzmöglichkeit jedoch noch kein Gebrauch gemacht.

---

[484] § 361 AO, § 69 FGO
[485] A 282b Abs. 10 Satz 1 bis 3 UStR 2005
[486] A 282b Abs. 10 Satz 3 UStR 2005

13. Einnahme-Überschuss-Rechnung

13.1. Einleitung

Die Pflicht zur Buchhaltung gehört zu den ungeliebtesten Aufgaben von Selbstständigen, dies gilt insbesondere für die im handwerklichen Bereich tätigen Unternehmer. An dieser Stelle kann nur an Sie appelliert werden, die Buchhaltung genau so ernst zu nehmen, wie den eigentlichen Unternehmensgegenstand. Defizite, sowohl bei der eigentlichen unternehmerischen Tätigkeit, als auch bei der Buchhaltung, können das Unternehmen in seinem Bestand gefährden. So werden im Rahmen von Außenprüfungen[487] durch das Finanzamt i.d.R. mehrere, meist drei Kalenderjahre, geprüft. Sind in der Buchhaltung Unzulänglichkeiten enthalten, können sich nach der Erfahrung des Autors, die Steuernachforderungen schnell in Bereichen bewegen, die das geprüfte Unternehmen in seiner Existenz bedrohen. Dazu sollten Sie es nicht kommen lassen. Bereits bei der Aufnahme der unternehmerischen Tätigkeit sollten Sie daher entschein, ob Sie die Buchhaltung selber führen oder dies lieber einer Person Ihres Vertrauens überlassen.

13.2. Allgemeines

Für Freiberufler, Kleingewerbebetreibende, Existenzgründer und damit auch für Kleinunternehmer ist die Einnahme-Überschuss-Rechnung die einfachste und oft geeignetste Form der Gewinnermittlung.

Bei der Einnahme-Überschuss-Rechnung, welche im § 4 Abs. 3 EStG gesetzlich geregelt ist, handelt es sich um ein vereinfachtes Gewinnermittlungsverfahren, bei dem die Betriebseinnahmen den Betriebsausgaben gegenübergestellt werden.

Im Rahmen der Einnahme-Überschuss-Rechnung wird auf eine Inventur verzichtet. Im Prinzip handelt es sich um eine einfache Geldrechnung, nach dem Zufluss- und Abflussprinzip. Von den im Wirtschaftsjahr tatsächlich geflossenen Betriebseinnahmen, einschließlich Umsatzsteuer, werden die im Wirtschaftsjahr tatsächliche geflossene Betriebsausgaben, einschließlich Vorsteuer, abgezogen. Nicht die Rechnungsstellung sondern der Geldzufluss ist für die Zuordnung der Betriebseinnahmen entscheidend. Die Differenz zwischen den Betriebseinnahmen und -ausgaben ergibt den Gewinn bzw. Verlust. Die Berechnung stellt sich grundsätzlich wie folgt dar:

Betriebseinnahmen (brutto)	maßgeblich ist der Zuflusszeitpunkt (Kalenderjahr 2006)
abzgl. Betriebsausgaben (brutto)	maßgeblich ist der Abflusszeitpunkt (Kalenderjahr 2006)
= Gewinn bzw. Verlust	= Gewinn bzw. Verlust (Kalenderjahr 2006)

---

[487] §§ 193 ff. AO

Das vorgenannte Zufluss- und Abflussprinzip wird allerdings in einigen Fällen, u.a. den folgenden, durchbrochen:

a) Anlagevermögen

Das Anlagevermögen ist vom Umlaufvermögen eines Unternehmens abzugrenzen. Zum Umlaufvermögen gehören die Wirtschaftsgüter, die zur Veräußerung, Verarbeitung oder zum Verbrauch angeschafft oder hergestellt worden sind, insbesondere Roh-, Hilfs- und Betriebsstoffe, Erzeugnisse und Waren.

Wirtschaftsgüter des Anlagevermögens sind indessen Gegenstände, die bestimmt sind, dem Geschäftsbetrieb eines Unternehmens auf Dauer zu dienen.[488] Dies sind z.B. Möbel im Büro oder Maschinen in der Werkstatt.

Anlagevermögen kann abnutzbar und nicht abnutzbar sein. Zum nicht abnutzbaren Anlagevermögen gehören Grund und Boden, Beteiligungen an anderen Firmen und andere Finanzanlagen, wenn sie dazu bestimmt sind, dauernd dem Betrieb zu dienen. Zum abnutzbaren Anlagevermögen gehören insbesondere die auf Dauer dem Betrieb gewidmeten Gebäude, technische Anlagen, Maschinen sowie die Betriebs- und Geschäftsausstattung.

Die Anschaffungs- oder Herstellungskosten von selbständig abnutzbaren Wirtschaftsgütern des Anlagevermögens sind grundsätzlich im Wege der Abschreibung für Abnutzung (AfA) über die betriebsgewöhnliche Nutzungsdauer zu verteilen.[489] Wirtschaftsgüter sind dann abnutzbar, wenn sich deren Nutzbarkeit infolge wirtschaftlichen oder technischen Wertverzehrs erfahrungsgemäß auf einen beschränkten Zeitraum erstreckt.

Wird also eine Maschine oder ein anderes Wirtschaftsgut des abnutzbaren Anlagevermögens angeschafft, kann nicht der volle Kaufpreis als Betriebsausgabe geltend gemacht werden, sondern nur die gesetzlich zulässige Abschreibungsrate. Eine Ausnahme gilt allerdings hinsichtlich Geringwertiger Wirtschaftsgüter. Diesbezüglich wird auf die, sich dem nachfolgenden Beispiel anschließenden, Ausführungen verwiesen.

Beispiel:

Der Kleinunternehmer S kauft sich am 01.01.2005 einen Schreibtisch für 2.000 € zzgl. 320 € Umsatzsteuer. Diesen stellt er in seinem Büro auf. Die Nutzungsdauer des Schreibtischs beträgt 13 Jahre.

Lösung:

Bei dem Schreibtisch handelt es sich um ein abnutzbares, bewegliches, selbständig nutzungsfähiges Wirtschaftsgut des Anlagevermögens. Der Unternehmer S kann die Aufwendungen für die Anschaffung des Schreibtisches verteilt über die Nutzungsdauer als Abschreibung geltend machen. Ab dem Jahr 2005 kann er demnach über die AfA jährlich 179 € als Betriebsausgaben geltend machen. Der vorgenannte Abschreibungsbetrag berechnet sich wie folgt:

---

[488] § 247 Abs. 2 HGB
[489] § 7 Abs. 1 Satz 1und 2 EStG

Bemessungsgrundlage für die Berechnung der AfA sind die Anschaffungskosten (einschließlich Umsatzsteuer, da S als Kleinunternehmer keine Vorsteuer geltend machen kann)	2.320 €
Nutzungsdauer	13 Jahre
AfA = Anschaffungskosten : Nutzungsdauer (2.320 € : 13 Jahre)	179 €
Abschreibungszeitraum (ab dem Anschaffungszeitpunkt 13 Jahre)	2005 bis 2017

Die Wirtschaftsgüter des abnutzbaren Anlagevermögens sind in einem Verzeichnis aufzunehmen, welches laufend fortzuführen ist. Dies gilt ebenso für Wirtschaftsgüter des nicht abnutzbaren Anlagevermögens. Auf das in der „Anleitung zur Anlage EÜR" abgedruckte Muster wird in diesem Zusammenhang verwiesen.

Hinweis:

Bezüglich der Wirtschaftgüter eines Unternehmens, wird einkommensteuerlich des weiteren zwischen notwendigen und gewillkürten Betriebsvermögen unterschieden. Ein Wirtschaftsgut ist dann dem notwendigen Betriebsvermögen zuzuordnen, wenn es ausschließlich oder zu mehr als 50 % eigenbetrieblich genutzt wird. Wird ein Wirtschaftsgut mindestens zu 10 % bis zu 50 % betrieblich genutzt, stellt es gewillkürtes Betriebsvermögen dar. Die Zuordnung eines Wirtschaftsgutes zum gewillkürten Betriebsvermögen scheidet jedoch dann aus, wenn das Wirtschaftsgut nur in geringfügigem Umfang betrieblich genutzt wird und daher zum notwendigen Privatvermögen gehört. Als geringfügig ist ein betrieblicher Anteil von weniger als 10 % der gesamten Nutzung anzusehen.

Ist ein Wirtschaftsgut aus den vorgenannten Gründen dem Privatvermögen zuzuordnen, scheidet damit der volle Betriebsausgabenabzug für die mit dem Wirtschaftsgut im Zusammenhang stehenden Aufwendungen aus.

Der Steuerpflichtige trägt für die Zuordnung eines Wirtschaftsguts zum gewillkürten Betriebsvermögen die Beweislast. Zweifel gehen zu seinen Lasten.

Laut BMF-Schreiben vom 17.11.2004[490] ist der Nachweis der Zuordnung zum gewillkürten Betriebsvermögen in unmissverständlicher Weise durch entsprechende zeitnah erstellte Aufzeichnungen zu erbringen. Ein sachverständiger Dritter, z.B. ein Betriebsprüfer, muss ohne eine weitere Erklärung des Steuerpflichtigen die Zugehörigkeit des erworbenen oder eingelegten Wirtschaftsgutes zum Betriebsvermögen erkennen können. Für ein Fahrzeug kann der entsprechende Nachweis z.B. durch ein Fahrtenbuch geführt werden.

---

[490] BStBl 2004 I S. 1064; BFH-Urteil vom 02.10.2003 – IV R 13/03, BStBl 2004 II S. 985

b) Geringwertige Wirtschaftsgüter

Geringwertige Wirtschaftsgüter (GWG) sind selbständig nutzungsfähige, abnutzbare bewegliche Wirtschaftsgüter des Anlagevermögens, deren Anschaffungs- oder Herstellungskosten, vermindert um die darin enthaltene Umsatzsteuer bzw. deren Einlagewert, 410 € nicht übersteigen.[491] GWG´s können im Jahr der Anschaffung, Herstellung oder Einlage in voller Höhe als Betriebsausgabe abgesetzt werden. Sie können jedoch auch über die Nutzungsdauer verteilt abgeschrieben werden. In diesem Zusammenhang wird auf die vorangegangen Ausführungen, unter dem Buchstaben a), verwiesen. Der Unternehmer hat somit bezüglich eines GWG´s ein Abschreibungswahlrecht. Das Wahlrecht muss im Jahr der Anschaffung, Herstellung bzw. Einlage ausgeübt werden.

Ein Wirtschaftsgut ist dann nicht selbständig nutzungsfähig, wenn es nach seiner betrieblichen Zweckbestimmung nur zusammen mit anderen Wirtschaftsgütern des Anlagevermögens genutzt werden kann und die in den Nutzungszusammenhang eingefügten Wirtschaftsgüter technisch aufeinander abgestimmt sind.[492] In der nachfolgenden Übersicht sind einige selbständig und nicht selbständig nutzungsfähige Wirtschaftsgüter aufgeführt:

selbständig nutzungsfähige Wirtschaftsgüter	nicht selbständig nutzungsfähige Wirtschaftsgüter
Bestecke in Gaststätten, Hotels, Kantinen[493]	Maschinenwerkzeuge und -verschleißteile[494]
Paletten zum Transport und zur Lagerung von Waren[495]	Peripheriegeräte einer PC-Anlage (z.B. Drucker)[496]
Steh- und Tischlampen[497]	EDV-Kabel nebst Zubehör zur Vernetzung einer EDV-Anlage[498]
Kaffeemaschine	Leuchtstoffröhren

Der volle Betriebsausgabenabzug für GWG´s setzt voraus, dass der Tag der Anschaffung, Herstellung oder Einlage des Wirtschaftsgutes und die Anschaffungs- oder Herstellungskosten bzw. der Einlagewert[499] in einem besonderen, laufend zu führenden Verzeichnis, aufgezeichnet werden.[500] Das Verzeichnis braucht dann nicht geführt zu werden, wenn diese Angaben aus der Buchführung ersichtlich sind.[501]

---

[491] § 6 Abs. 2 Satz 1 EStG
[492] § 6 Abs. 2 Satz 2 EStG
[493] BFH vom 19.11.1953 – IV 360/53 U, BStBl 1954 III S. 18
[494] BFH vom 06.10.1995 – III R 101/93, BStBl 1996 II S. 166
[495] BFH vom 25.08.1989 – III R 125/84, BStBl 1990 II S. 82
[496] BFH vom 19.02.2004 – V R 135/01, BStBl 2004 II S. 958
[497] BFH vom 17.05.1968 – VI R 227/67, BStBl 1968 II S. 567
[498] BFH vom 25.11.1999 – III R 77/99, BStBl 2002 II S. 233
[499] § 6 Abs. 1 Nr. 5 oder 6 EStG
[500] § 6 Abs. 2 Satz 4 EStG
[501] § 6 Abs. 2 Satz 5 EStG

Beispiel:

Der Unternehmer S kauft sich am 01.01.2005 eine Stehlampe für 400 € zzgl. 64 € Umsatzsteuer. Diese stellt er in seinem Büro auf.

Lösung:

Bei der Stehlampe handelt es sich um ein Wirtschaftsgut des Anlagevermögens. Die Stehlampe stellt des weiteren ein Geringwertiges Wirtschaftsgut dar, da sie abnutzbar, beweglich, selbständig nutzungsfähig ist und die Anschaffungskosten ohne Umsatzsteuer 410 € nicht übersteigen.

Der Unternehmer S kann die Aufwendungen für die Anschaffung der Stehlampe entweder im Jahr 2005 voll als Betriebsausgaben oder verteilt über die Nutzungsdauer der Stehlampe über die Abschreibung geltend machen.

c) Regelmäßig wiederkehrende Zahlungen

Eingangs wurde ausgeführt, dass Betriebseinnahmen grundsätzlich im Zeitpunkt des Zuflusses[502] und Betriebsausgaben grundsätzlich im Zeitpunkt des Abflusses[503] zu erfassen sind. Von den vorgenannten beiden Grundsätzen gibt es, wie so oft im Steuerrecht, eine Ausnahme.

Werden regelmäßig wiederkehrende Einnahmen bzw. Ausgaben innerhalb kurzer Zeit, 10 Tage, vor oder nach dem Jahreswechsel geleistet, gelten die Einnahmen und Ausgaben in dem Kalenderjahr als zugeflossen bzw. abgeflossen, zu dem sie wirtschaftlich gehören.[504] Innerhalb des 10-Tages-Zeitraums vor oder nach dem Jahreswechsel müssen die Zahlungen fällig gewesen und geleistet worden sein.[505]

Regelmäßig wiederkehrend sind Einnahmen bzw. Ausgaben, wenn die Wiederholung in gewissen Zeitabständen (zeitliche Wiederholung, nicht der Höhe nach) von Anfang an feststeht. Beispiele für regelmäßig wiederkehrende Einnahmen bzw. Ausgaben sind z.B.: Miete, Versicherungsbeiträge, Zinsen, Renten, Leasingraten, Grundsteuer, Strom, Wasser etc. Keine wiederkehrenden Einnahmen bzw. Ausgaben liegen hingegen dann vor, wenn Leistungen erst entstehen oder beschlossen werden müssen; z.B. Erlöse aus dem Warenverkauf, Honorare des Rechtsanwalts oder Steuerberaters, Dividenden etc.

Beispiel:

Herr O ist Alleineigentümer eines Miethauses. Er hat zwei Wohnungen vermietet.

a) Der Mieter A überweist die am 01.12.2005 fällige Miete für Dezember 2005 am 05.01.2006; bei Herrn O wird die Miete am 08.01.2006 gutgeschrieben.

b) Der Mieter B überweist die am 01.01.2006 fällige Miete für Januar 2006 am 23.12.2005; bei Herrn O wird die Miete am 28.12.2005 gutgeschrieben.

---

[502] vgl. § 11 Abs. 1 Satz 1 EStG
[503] vgl. § 11 Abs. 2 Satz 2 EStG
[504] § 11 Abs. 1 Satz 2 und Abs. 2 Satz 2 EStG
[505] BFH vom 24.07.1986 – IV R 309/84, BStBl 1987 II S. 16

Lösung:

a) Bei Mieten handelt es sich grundsätzlich um regelmäßig wiederkehrende Einnahmen. Der Zufluss am 08.01.2006 liegt zwar innerhalb der kurzen Zeit, 10 Tage, um den Jahreswechsel, da die Fälligkeit der Zahlung jedoch am 01.12.2005, außerhalb des kurzen Zeitraums liegt, erfolgt bei Herrn O keine Zuordnung der Mieteinnahme für Dezember 2005 zum Jahr der wirtschaftlichen Zugehörigkeit (Kalenderjahr 2005) gem. § 11 Abs. 1 Satz 2 EStG. Die Mieteinnahme für Dezember 2005 ist nach § 11 Abs. 1 Satz 1 EStG im Zeitpunkt des Zuflusses, dem Kalenderjahr 2006, als Einnahme zu erfassen.

b) Gem. § 11 Abs. 1 Satz 1 EStG ist die Miete für den Monat Januar 2006 grundsätzlich im Kalenderjahr des Zuflusses, Kalenderjahr 2005, zu erfassen, da die Gutschrift am 28.12.2005 erfolgt ist,. Bei der Miete für den Monat Januar 2006 handelt es sich jedoch um eine regelmäßig wiederkehrende Einnahme nach § 11 Abs. 1 Satz 2 EStG. Die Fälligkeit (01.01.2006) und die Zahlung (28.12.2005) liegen jeweils innerhalb des 10-Tages-Zeitraums vor bzw. nach dem Jahreswechsel. Die Miete für Januar 2006 ist somit im Jahr der wirtschaftlichen Zugehörigkeit, also im Kalenderjahr 2006, zu erfassen.

13.3. Standardisierte Einnahme-Überschuss-Rechnung

Bisher war die Form der Einnahme-Überschuss-Rechnung nicht geregelt. Das hat sich nunmehr geändert. Gem. § 60 Abs. 4 EStDV ist der Steuererklärung eine Gewinnermittlung nach amtlich vorgeschriebenem Vordruck, der Anlage EÜR (siehe **Anlage 10**), beizufügen wenn der Gewinn durch eine Einnahmen-Überschuss-Rechnung nach § 4 Abs. 3 EStG ermittelt wird. Für jeden Betrieb ist eine separate Einnahmen-Überschuss-Rechnung abzugeben. Diese Vorschrift ist erstmals für das Wirtschaftsjahr 2005 anzuwenden.

Mit Schreiben vom 10.02.2005 hat das BMF festgelegt, dass umsatzsteuerliche Kleinunternehmer, deren Betriebseinnahmen unter der Grenze von 17.500 € im Jahr liegen, an Stelle des Vordrucks „Anlage EÜR" auch eine formlose Gewinnermittlung verwenden können. Hierbei ist jedoch zu beachten, dass bei der Prüfung der vorgenannten 17.500 €-Grenze, die gesamten, auch die steuerfreien, Betriebseinnahmen einzubeziehen sind. Die im o.g. BMF-Schreiben genannte Grenze entspricht demnach nicht der im § 19 Abs. 1 UStG geregelten Umsatzgrenze, da bei der Ermittlung des Umsatzes gem. § 19 Abs. 1 UStG bestimmte steuerfreie Umsätze abzuziehen sind.

13.4. Führung von Aufzeichnungen - Aufzeichnungspflichten

Das Einkommensteuergesetz enthält keine ausdrückliche allgemeine Aufzeichnungspflicht für Betriebseinnahmen und Betriebsausgaben.[506] Das bedeutet jedoch nicht, dass der Steuerpflichtige ohne Belege und Aufzeichnungen auskommt. Ihm obliegt es, dem Finanzamt auf Anforderung die erklärten Betriebseinnahmen zu erläutern und vor allem den Anfall, die Höhe und die betriebliche Veranlassung der einzelnen, als Betriebsausgaben geltend gemachten Aufwendung darzulegen und ggf. glaubhaft zu machen. Dafür genügt eine geordnete Ablage von Belegen oder die Speicherung auf Datenträgern.[507]

Am besten Sie legen sich für das jeweilige Kalenderjahr zwei Ordner an. Einen Ordner für Be-

---

[506] streitig, vgl. Urteil des FG Schleswig-Holstein vom 19.06.1979 – III 4/79, EFG 1979 S. 499
[507] § 146 Abs. 5 AO

triebseinnahmen; dort heften Sie u.a. die Ihren Kunden ausgestellten Rechnungen ab. Und einen weiteren Ordner für die Betriebsausgaben. Mit Einlegeblättern können Sie sich ein Register für die verschiedenen Betriebsausgabenarten anlegen.

Unabdingbare Basis für die Steuererklärung ist eine Belegsammlung für alle Ausgaben mit genauer Bezeichnung der Art der Aufwendungen und des Betrags. Anhand dieser Belegsammlung sollten Sie eine gruppenweise Zusammenstellung der Betriebseinnahmen und Betriebsausgaben fertigen und Ihrer Steuererklärung beilegen. Diese Gruppenweise Zusammenstellung kann beispielsweise wie folgt gegliedert sein:

	Bezeichnung der Betriebseinnahmen bzw. -ausgaben	Anlage EÜR, siehe Anlage 10	Anleitung zur Anlage EÜR -Erläuterungen
Betriebs- einnahmen	sämtliche Betriebseinnahmen	Zeile 1 bis 12	Seite 1 und 2
Betriebs- ausgaben	Waren, Rohstoffe und Hilfsstoffe	Zeile 16	Seite 2
	Ausgaben für eigenes Personal	Zeile 18	Seite 2
	Absetzung für Abnutzung (AfA)	Zeile 19 bis 21	Seite 2
	Kraftfahrzeugkosten und andere Fahrtkosten	Zeile 25 bis 28	Seite 2 und 3
	Miete/Pacht für Geschäftsräume und betrieblich genutzte Grundstücke	Zeile 32	Seite 2 und 3
	Geschenke, Bewirtung	Zeile 40 und 41	Seite 2 bis 4
	Porto, Büromaterial	Zeile 46	Seite 2 bis 4
	Telefon	Zeile 46	Seite 2 bis 4
	Rechts- und Steuerberatung, Buchführung	Zeile 48	Seite 2 bis 4
	Übrige Betriebsausgaben	Zeile 49	Seite 2 bis 4

Die vorgenannte Übersicht stellt lediglich eine Anregung dar. Die verschiedenen Betriebsausgabenarten sind natürlich stark davon abhängig, in welcher Branche der Unternehmer tätig ist. Weitere Betriebsausgabenarten, neben den bereits genannten, sind in der **Anlage 10, Zeile 13 bis 53** dargestellt.

Hilfreich bei der Erstellung der Einnahme-Überschuss-Rechnung ist, unabhängig von der Tatsache, ob die Verpflichtung zur Abgabe des Vordrucks EÜR besteht, die Anleitung zum Vordruck „Einnahme-Überschuss-Rechnung – Anlage EÜR". Diese Anleitung kann beim Finanzamt angefordert werden. In der Anleitung ist kurz dargestellt, was bei der Erstellung der Einnahme-Überschuss-Rechnung zu beachten ist. Sie enthält darüber hinaus ein Muster eines Anlagenverzeichnisses.

13.5. Folgen bei fehlenden oder unvollständigen Aufzeichnungen

Durch die Vorlage einer ungeordneten Belegsammlung beim Finanzamt kommt der Steuerpflichtige seinen Mitwirkungspflichten[508] nicht nach, so dass er sich bei einer durch das Finanzamt erfolgten Schätzung[509], nicht auf die Ermittlungspflicht des Finanzamts[510] berufen kann.

Lässt sich nicht aufklären, ob Betriebseinnahmen oder Betriebsausgaben angefallen sind, trägt die objektive Beweislast (Feststellungslast) derjenige, der sich zu seinen Gunsten darauf beruft, also das Finanzamt für Betriebseinnahmen und der Steuerpflichtige für Betriebsausgaben.[511]

Das Fehlen oder unvollständige Aufzeichnungen können u.U. zu einer (Hinzu-)Schätzung der Betriebseinnahmen führen.[512] Betriebsausgaben können allenfalls der Höhe nach geschätzt werden, soweit die Zahlung und die betriebliche Veranlassung glaubhaft sind.[513]

---

[508] § 90 AO
[509] § 162 AO
[510] § 88 AO
[511] BFH-Urteil vom 21.06.1976 – IV R 101/75, BStBl 1976 II S. 562
[512] § 162 AO; BFH-Urteil vom 02.03.1982 – VIII R 225/80, BStBl 1984 II S. 504
[513] BFH-Urteil vom 17.07.1980 – IV R 140/77, BStBl 1981 II S. 14; BFH-Urteil vom 07.04.1992 – VI R 113/88, BStBl 1992 II S. 854

14. ELSTER (Elektronische Steuererklärung)

14.1. Allgemeines

ELSTER bietet allen Arbeitnehmern, Unternehmern und Arbeitgebern die Möglichkeit, verschiedene Steuererklärungen elektronisch per Internet an das Finanzamt zu übermitteln. Dazu kann die Software „ElsterFormular", das kostenlose Steuerprogramm der deutschen Finanzverwaltung, oder aber jedes andere Software-Produkt verwendet werden, in das die ELSTER-Software integriert ist. Rechtliche Grundlage für die elektronische Datenübermittlung per ELSTER ist die Steuerdaten-Übermittlungsverordnung (StDÜV) vom 28.01.2003.[514]

Die Software „ElsterFormular" der Finanzverwaltung unterstützt neben der Einkommensteuererklärung auch die Umsatz- und Gewerbesteuererklärung sowie die Umsatzsteuer-Voranmeldung und die Lohnsteuer-Anmeldung.

Die Software „ElsterFormular" kann von einer bei den Finanzämtern erhältlichen CD installieren werden. Die neueste Version des „ElsterFormulars" kann jedoch auch über die Internetadresse „www.elsterformular.de" heruntergeladen werden.

14.2. Nutzen und Vorteile der elektronischen Abgabe

Neben der bevorzugten Bearbeitung bei der Einkommensteuererklärung bietet die elektronische Steuererklärung weitere Vorteile gegenüber der "Papiererklärung":

- Bei der elektronischen Abgabe der Umsatzsteuer-Voranmeldung ist eine Übermittlung der Erklärung auf Papier nicht mehr notwendig ("vollelektronisch").
- Für die Umsatzsteuererklärung, die Gewerbesteuererklärung und die Einkommensteuererklärung entfällt der Formulardruck. Derzeit ist bei diesen Steuererklärungen aber noch der Ausdruck der sogenannten komprimierten Steuererklärung notwendig.
- Bereits zum Übermittlungszeitpunkt werden die Daten auf formale Richtigkeit geprüft, so dass es zu deutlich weniger Rückfragen durch die Finanzämter kommt.
- Da der Zwischenschritt der personellen Datenerfassung entfällt, kann der Steuerzahler sicher sein, dass seine zutreffenden Daten auch richtig übernommen werden.
- Auf Grund der bereits erfassten Daten verringert sich i.d.R. die Bearbeitungszeit, d.h. der Steuerbescheid ergeht schneller.
- Bei Abgabe der Einkommensteuererklärung über ELSTER wird ab (dem Veranlagungszeitraum) 2003 auf die Einreichung von Belegen, soweit sie nicht auf Grund gesetzlicher Vorschriften verpflichtend einzureichen sind, verzichtet.

---

[514] Die Steuerdaten-Übermittlungsverordnung wurde am 04.02.2003 im BGBl. auf den Seiten 139 bis 141 veröffentlicht und trat am 05.02.2003 in Kraft.

14.3. Ablauf der elektronischen Abgabe

Zur elektronischen Übertragung der Steuererklärung muss zunächst mit Hilfe eines Programms, z.B. „ElsterFormular", die Steuererklärung ausgefüllt werden. Anschließend wird diese elektronisch über den entsprechenden Button oder Menüeintrag in der Software an die Finanzbehörde übertragen. Bei der Umsatzsteuer-Voranmeldung wird nach erfolgreicher Übertragung das sogenannte Übertragungsprotokoll gedruckt, das als Nachweis der elektronischen Abgabe für die Unterlagen des Steuerpflichtigen bestimmt ist. Bei der Umsatzsteuererklärung, Gewerbesteuererklärung, Einkommensteuererklärung wird nach der elektronischen Übermittlung die sogenannte komprimierte Steuererklärung gedruckt. Diese muss vom Steuerpflichtigen unterschrieben und zusammen mit den erforderlichen Belegen an das zuständige Finanzamt geschickt werden.

14.4. Sicherheit der Daten

Die elektronische Übertragung erfolgt bei der ELSTER-Clientsoftware via Internet. Zum Schutz des Steuergeheimnisses werden die Steuerdaten verschlüsselt vom Anwender in die Rechenzentren der Bundesländer übermittelt. Dazu wurde eine hybride Verschlüsselung gewählt, die dem aktuellen Stand der Sicherheitstechnik entspricht. Die ELSTER-Infrastruktur wurde durch den TÜV-IT überprüft und mit dem Sicherheitszertifikat der TÜV Informationstechnik GmbH bestätigt.[515]

Das ELSTER-System ist durch eine Firewall vom allgemein zugänglichen Internet getrennt. Die Firewall wirkt wie ein Filter, sie lässt ausschließlich diejenigen Daten vom Internet zum ELSTER-System gelangen, die für die ELSTER-Anwendung bestimmt sind. Alle anderen Daten werden abgefangen. Ein direkter Zugriff auf das ELSTER-System aus dem Internet, etwa durch „Hacking", wird hierdurch wirkungsvoll verhindert.

Weitere Hinweise zum Thema ELSTER sind in der **Anlage 11** dargestellt.

---

[515] http://www.tuvit.de/XS/c.070200/sprache.DE/EID.60/SX/ [06.05.2006]

Schlusswort

Vielleicht ist ja die Kleinunternehmerregelung auch für den im Vorwort genannten Kantinenbetreiber eine zweckmäßige Alternative, wenn er sich irgendwann in der Zukunft am Tresen seiner Currywurstbude wieder findet, von der er dann mal, wie auch andere, „aus der Lade heraus" verkaufen kann...

15. Anlagen

15.1. Anlage 1: § 19 UStG – Besteuerung der Kleinunternehmer

(1) [1]Die für Umsätze im Sinne des § 1 Abs. 1 Nr. 1 geschuldete Umsatzsteuer wird von Unternehmern, die im Inland oder in den in § 1 Abs. 3 bezeichneten Gebieten ansässig sind, nicht erhoben, wenn der in Satz 2 bezeichnete Umsatz zuzüglich der darauf entfallenden Steuer im vorangegangenen Kalenderjahr 17.500 Euro nicht überstiegen hat und im laufenden Kalenderjahr 50.000 Euro voraussichtlich nicht übersteigen wird. [2]Umsatz im Sinne des Satzes 1 ist der nach vereinnahmten Entgelten bemessene Gesamtumsatz, gekürzt um die darin enthaltenen Umsätze von Wirtschaftsgütern des Anlagevermögens. [3]Satz 1 gilt nicht für die nach § 13a Abs. 1 Nr. 6, § 13b Abs. 2, § 14c Abs. 2 und § 25b Abs. 2 geschuldete Steuer. [4]In den Fällen des Satzes 1 finden die Vorschriften über die Steuerbefreiung innergemeinschaftlicher Lieferungen (§ 4 Nr. 1 Buchstabe b, § 6a), über den Verzicht auf Steuerbefreiungen (§ 9), über den gesonderten Ausweis der Steuer in einer Rechnung (§ 14 Abs. 4), über die Angabe der USt-IDNr. in einer Rechnung (§ 14a Abs. 1,3 und 7) und über den Vorsteuerabzug (§ 15) keine Anwendung.

(2) [1]Der Unternehmer kann dem Finanzamt bis zur Unanfechtbarkeit der Steuerfestsetzung (§ 18 Abs. 3 und 4) erklären, dass er auf die Anwendung des Absatzes 1 verzichtet. [2]Nach Eintritt der Unanfechtbarkeit der Steuerfestsetzung bindet die Erklärung den Unternehmer mindestens für fünf Kalenderjahre. [3]Sie kann nur mit Wirkung vom Beginn eines Kalenderjahres an widerrufen werden. [4]Der Widerruf ist spätestens bis zur Unanfechtbarkeit der Steuerfestsetzung des Kalenderjahres, für das er gelten soll, zu erklären.

(3) [1]Der Gesamtumsatz ist die Summe der vom Unternehmer ausgeführten Umsätze im Sinne des § 1 Abs. 1 Nr. 1 abzüglich folgender Umsätze:
1. der Umsätze, die nach § 4 Nr. 8 Buchstabe i, Nr. 9 Buchstabe b und Nr. 11 bis 28 steuerfrei sind;
2. der Umsätze, die nach § 4 Nr. 8 Buchstabe a bis h, Nr. 9 Buchstabe a und Nr. 10 steuerfrei sind, wenn sie Hilfsumsätze sind.

[2]Soweit der Unternehmer die Steuer nach vereinnahmten Entgelten berechnet (§ 13 Abs. 1 Nr. 1 Buchstabe a Satz 4 oder § 20), ist auch der Gesamtumsatz nach diesen Entgelten zu berechnen. [3]Hat der Unternehmer seine gewerbliche oder berufliche Tätigkeit nur in einem Teil des Kalenderjahres ausgeübt, so ist der tatsächliche Gesamtumsatz in einen Jahresgesamtumsatz umzurechnen. [4]Angefangene Kalendermonate sind bei der Umrechnung als volle Kalendermonate zu behandeln, es sei denn, dass die Umrechnung nach Tagen zu einem niedrigeren Jahresgesamtumsatz führt.

(4) [1]Absatz 1 gilt nicht für die innergemeinschaftlichen Lieferungen neuer Fahrzeuge. [2]§ 15 Abs. 4a ist entsprechend anzuwenden.

15.2. Anlage 2: Beginn der Unternehmereigenschaft

Die Unternehmereigenschaft beginnt mit dem ersten nach außen erkennbaren, auf eine Unternehmertätigkeit gerichteten Tätigwerden, wenn die spätere Ausführung entgeltlicher Leistungen beabsichtigt ist und die Ernsthaftigkeit dieser Absicht durch objektive Merkmale nachgewiesen oder glaubhaft gemacht wird.[516] In diesem Fall entfällt die Unternehmereigenschaft, außer in den Fällen von Betrug und Missbrauch, nicht rückwirkend, wenn es später nicht oder nicht nachhaltig zur Ausführung entgeltlicher Leistungen kommt.[517] Vorsteuerbeträge, die den beabsichtigten Umsätzen, bei denen der Vorsteuerabzug, auch auf Grund von Option, nicht ausgeschlossen wäre, zuzurechnen sind, können dann auch auf Grund von Gesetzesänderungen nicht zurückgefordert werden.[518]

Als Nachweis für die Ernsthaftigkeit sind Vorbereitungshandlungen anzusehen, wenn bezogene Gegenstände oder in Anspruch genommene Leistungen (Eingangsleistungen) ihrer Art nach nur zur unternehmerischen Verwendung oder Nutzung bestimmt sind oder in einem objektiven und zweifelsfrei erkennbaren Zusammenhang mit der beabsichtigten unternehmerischen Tätigkeit stehen (unternehmensbezogene Vorbereitungshandlungen). Solche Vorbereitungshandlungen können insbesondere sein:

- der Erwerb umfangreichen Inventars, z.B. Maschinen oder Fuhrpark,
- der Wareneinkauf vor Betriebseröffnung
- die Anmietung oder die Errichtung von Büro- oder Lagerräumen,
- der Erwerb eines Grundstücks,
- die Anforderung einer Rentabilitätsstudie,
- die Beauftragung eines Architekten,
- die Durchführung einer größeren Anzeigenaktion,
- die Abgabe eines Angebots für eine Lieferung oder eine sonstige Leistung gegen Entgelt.

Maßgebend ist stets das Gesamtbild der Verhältnisse im Einzelfall.[519]

Insbesondere bei Vorbereitungshandlungen, die ihrer Art nach sowohl zur unternehmerischen als auch zur nichtunternehmerischen Verwendung bestimmt sein können (z.B. Erwerb eines Computers oder Kraftfahrzeugs), ist vor der ersten Steuerfestsetzung zu prüfen, ob die Verwendungsabsicht durch objektive Anhaltspunkte nachgewiesen ist.[520]

---

[516] A 19 Abs. 1 Satz 1 UStR 2005
[517] A 19 Abs. 1 Satz 2 UStR 2005
[518] A 19 Abs. 1 Satz 3 UStR 2005; EuGH-Urteile vom 29.02.1996, BStBl II S. 655, und vom 08.06.2000, BStBl 2003 II S. 452; BFH-Urteile vom 22.02.2001, BStBl 2003 II S. 426, und vom 08.03.2001, BStBl 2003 II S. 430
[519] A 19 Abs. 2 UStR 2005
[520] A 19 Abs. 3 Satz 1 UStR 2005

15.3. Anlage 3: Umsätze, welche gem. § 19 Abs. 3 Satz 1 UStG bei der Ermittlung des Gesamtumsatzes abgezogen werden können[521]

A.) Steuerfrei gem. § 19 Abs. 3 Satz 1 Nr. 1 UStG sind u.a.:[522]

§ 4 Nr. 8i	die Umsätze der im Inland gültigen amtlichen Wertzeichen zum aufgedruckten Wert[523],
§ 4 Nr. 9b	die Umsätze, die unter das Rennwett- und Lotteriegesetz fallen.[524],
§ 4 Nr. 11	die Umsätze aus der Tätigkeit als Bausparkassenvertreter, Versicherungsvertreter und Versicherungsmakler[525],
§ 4 Nr. 12	a) die Vermietung und Verpachtung von Grundstücken, von Berechtigungen, für die die Vorschriften des bürgerlichen Rechts über Grundstücke gelten, und von staatlichen Hoheitsrechten, die Nutzungen von Grund und Boden betreffen,
	b) die Überlassung von Grundstücken und Grundstücksteilen zur Nutzung auf Grund eines auf Übertragung des Eigentums gerichteten Vertrages oder Vorvertrages,
	c) die Bestellung, die Übertragung und die Überlassung der Ausübung von dinglichen Nutzungsrechten an Grundstücken.
	<u>Nicht befreit sind</u> die Vermietung von Wohn- und Schlafräumen, die ein Unternehmer zur kurzfristigen Beherbergung von Fremden bereithält, die Vermietung von Plätzen für das Abstellen von Fahrzeugen, die kurzfristige Vermietung auf Campingplätzen und die Vermietung und die Verpachtung von Maschinen und sonstigen Vorrichtungen aller Art, die zu einer Betriebsanlage gehören (Betriebsvorrichtungen), auch wenn sie wesentliche Bestandteile eines Grundstückes sind.[526]
§ 4 Nr. 13	bestimmte Leistungen der Gemeinschaften der Wohnungseigentümer[527],
§ 4 Nr. 14	¹die Umsätze aus der Tätigkeit als Arzt[528], Zahnarzt[529], Heilpraktiker, Physiotherapeut (Krankengymnast), Hebamme oder aus einer ähnlichen heilberuflichen Tätigkeit[530] und aus der Tätigkeit als klinischer Chemiker[531]. ²Steuerfrei sind auch die sonstigen Leistungen von Gemeinschaften, deren Mitglieder Angehörige der in Satz 1 bezeichneten Berufe sind, gegenüber ihren Mitgliedern, soweit diese Leistungen unmittelbar zur Ausführung der nach Satz 1 steuerfreien Umsätze verwendet werden.
	<u>Von der Steuerbefreiung sind ausgenommen:</u>
	a) die Umsätze aus der Tätigkeit als Tierarzt und für die Umsätze von Gemeinschaften, deren Mitglieder Tierärzte sind,
	b) die Lieferung oder Wiederherstellung von Zahnprothesen und kieferorthopädischen Apparaten, soweit sie der Unternehmer in seinem Unternehmen hergestellt oder wiederhergestellt hat.[532]
§ 4 Nr. 19	bestimmte Umsätze der Blinden und von anerkannten Blindenwerkstätten[533],
§ 4 Nr. 21a	die unmittelbar dem Schul- und Bildungszweck dienenden Leistungen privater Schulen und anderer

---

[521] keine abschließende Aufzählung
[522] vereinfachte Übersicht
[523] A 70 UStR 2005
[524] A 72 UStR 2005
[525] A 75 UStR 2005
[526] A 76 bis 86 UStR 2005
[527] A 87 UStR 2005
[528] A 88 UStR 2005
[529] A 89 UStR 2005
[530] A 90 UStR 2005
[531] A 91 UStR 2005
[532] A 91a bis 94 UStR 2005
[533] A 104, 105 UStR 2005

	allgemein bildender oder berufsbildender Einrichtungen[534],
	aa) wenn sie als Ersatzschulen[535] gem. Art. 7 Abs. 4 des GG staatlich genehmigt oder nach Landesrecht erlaubt sind oder
	bb) wenn die zuständige Landesbehörde bescheinigt, dass sie auf einen Beruf oder eine vor einer juristischen Person des öffentlichen Rechts abzulegende Prüfung ordnungsgemäß vorbereiten.[536]
§ 4 Nr. 21b	die unmittelbar dem Schul- und Bildungszweck dienenden Unterrichtsleistungen selbständiger Lehrer
	aa) an Hochschulen im Sinne der §§ 1 und 70 des Hochschulrahmengesetzes und öffentlichen allgemein bildenden oder berufsbildenden Schulen oder
	bb) an privaten Schulen und anderen allgemein bildenden oder berufsbildenden Einrichtungen, soweit diese die Voraussetzungen des § 4 Nr. 21a UStG erfüllen.
§ 4 Nr. 22	bestimmte kulturelle und sportliche Veranstaltungen[537],
§ 4 Nr. 23	bestimmte Leistungen gegenüber Jugendlichen[538],
§ 4 Nr. 24	bestimmte Leistungen des Deutschen Jugendherbergswerkes[539],
§ 4 Nr. 25	bestimmte Leistungen der Träger der öffentlichen Jugendhilfe[540],
§ 4 Nr. 26	bestimmte ehrenamtliche Tätigkeiten[541],
§ 4 Nr. 27	bestimmte Personalgestellungen[542],
§ 4 Nr. 28	die Lieferung von Gegenständen, für die der Vorsteuerabzug nach § 15 Abs. 1a Nr. 1 UStG ausgeschlossen ist oder wenn der Unternehmer die gelieferten Gegenstände ausschließlich für eine nach den Nummern 8 bis 27 steuerfreie Tätigkeit verwendet hat.[543]

B.) Steuerfrei gem. § 19 Abs. 3 Satz 1 Nr. 2 UStG sind Hilfsumsätze u.a.:[544]

§ 4 Nr. 8a	die Gewährung und die Vermittlung von Krediten[545],
§ 4 Nr. 8b	die Umsätze und die Vermittlung der Umsätze von gesetzlichen Zahlungsmitteln.[546] Das gilt nicht, wenn die Zahlungsmittel wegen ihres Metallgehalts oder ihres Sammlerwerts umgesetzt werden,
§ 4 Nr. 8c	die Umsätze im Geschäft mit Forderungen, Schecks und anderen Handelspapieren sowie die Vermittlung dieser Umsätze, ausgenommen die Einziehung von Forderungen[547],
§ 4 Nr. 8d	die Umsätze und die Vermittlung der Umsätze im Einlagengeschäft, im Kontokorrentverkehr, im Zahlungs- und Überweisungsverkehr und das Inkasso von Handelspapieren[548],
§ 4 Nr. 8e	die Umsätze im Geschäft mit Wertpapieren und die Vermittlung dieser Umsätze, ausgenommen die Verwahrung und die Verwaltung von Wertpapieren[549],
§ 4 Nr. 8f	die Umsätze und die Vermittlung der Umsätze von Anteilen an Gesellschaften und anderen Vereini-

---

[534] A 112, 113 UStR 2005
[535] A 111 UStR 2005
[536] A 114 UStR 2005
[537] A 115, 116 UStR 2005
[538] A 117 UStR 2005
[539] A 118 UStR 2005
[540] A 119 UStR 2005
[541] A 120 UStR 2005
[542] A 121, 121a UStR 2005
[543] A 122 UStR 2005
[544] vereinfachte Übersicht
[545] A 57 UStR 2005
[546] A 59 UStR 2005
[547] A 60 UStR 2005
[548] A 61 bis 63 UStR 2005
[549] A 64, 65 UStR 2005

	gungen[550],
§ 4 Nr. 8g	die Übernahme von Verbindlichkeiten, von Bürgschaften und anderen Sicherheiten sowie die Vermittlung dieser Umsätze[551],
§ 4 Nr. 8h	die Verwaltung von Sondervermögen nach dem Investmentgesetz und die Verwaltung von Versorgungseinrichtungen im Sinne des Versicherungsaufsichtsgesetzes[552],
§ 4 Nr. 9a	die Umsätze, die unter das Grunderwerbsteuergesetz fallen[553],
§ 4 Nr. 10	die Leistungen auf Grund eines Versicherungsverhältnisses[554].

---

[550] A 66 UStR 2005
[551] A 67, 68 UStR 2005
[552] A 69 UStR 2005
[553] A 71 UStR 2005
[554] A 73, 74 UStR 2005

15.4. Anlage 4: Umsatzsteuersätze in wichtigen Staaten (Stand 01.01.2006)

Staaten	Steuersätze* in v.H.	
	Normalsatz	ermäßigte Sätze
EU-Staaten		
Belgien	21	1; 6; 12
Dänemark	25	-
Deutschland	**16**	**7**
Estland (ab 01.05.2004)	18	5
Finnland	22	8; 17
Frankreich	19,6	2,1; 5,5
Griechenland	18	4; 8
Irland	21	4,3; 12,5
Italien	20	4; 10
Lettland (ab 01.05.2004)	18	-
Litauen (ab 01.05.2004)	18	-
Luxemburg	15	3; 6; 12
Malta (ab 01.05.2004)	15	5
Niederlande	19	6
Österreich	20	10; 12
Polen (ab 01.05.2004)	22	3; 7; 12
Portugal	19	5; 12
Schweden	25	6; 12
Slowakei (ab 01.05.2004)	23	10
Slowenien (ab 01.05.2004)	20	8,5
Spanien	16	4; 7
Tschechien (ab 01.05.2004)	22	5
Ungarn (ab 01.05.2004)	25	12
Vereinigtes Königreich	17,5	5
Zypern (teilweise ab 01.05.2004)	10	-
Durchschnitt	**19,4**	**7,5**
Beitrittskanidaten		
Bulgarien	20	-
Rumänien	19	11
Türkei	18	1; 8
Durchschnitt	**19,0**	**6,7**
Andere Staaten		
Norwegen	24	12
Schweiz	7,6	2,4; 3,6

* ohne regionale Sondersätze

15.5. Anlage 5: Umsatzsteuererklärung 2005

– 2 –

Steuernummer:

Zeile	C. Steuerpflichtige Lieferungen, sonstige Leistungen und unentgeltliche Wertabgaben	Bemessungsgrundlage ohne Umsatzsteuer volle EUR	Steuer EUR	Ct
31				
32	**Umsätze zum allgemeinen Steuersatz**			
33	Lieferungen und sonstige Leistungen .... zu 16 %	290		
	Unentgeltliche Wertabgaben			
34	a) Lieferungen nach § 3 Abs. 1b UStG .... zu 16 %	175		
35	b) Sonstige Leistungen nach § 3 Abs. 9a UStG .. zu 16 %	176		
	Umsätze zum ermäßigten Steuersatz			
36	Lieferungen und sonstige Leistungen .... zu 7 %	275		
	Unentgeltliche Wertabgaben			
37	a) Lieferungen nach § 3 Abs. 1b UStG .... zu 7 %	195		
38	b) Sonstige Leistungen nach § 3 Abs. 9a UStG .. zu 7 %	196		
39				
40				
41				
42	**Umsätze aus früheren Kalenderjahren** zu anderen Steuersätzen	155	156	
43				
44				
45				
46	**Umsätze land- und forstwirtschaftlicher Betriebe nach § 24 UStG**			
47	a) Lieferungen in das übrige Gemeinschaftsgebiet an Abnehmer mit USt-IdNr.	777		
48	b) Steuerpflichtige Lieferungen (einschließlich unentgeltlicher Wertabgaben) von **Sägewerkserzeugnissen**, die in der Anlage 2 zum UStG nicht aufgeführt sind	255	256	
49 50	c) Steuerpflichtige Umsätze (einschließlich unentgeltlicher Wertabgaben) von **Getränken**, die in der Anlage 2 zum UStG nicht aufgeführt sind, sowie von **alkoholischen Flüssigkeiten** (z.B. Wein) .... zu 7 %	343		
51	**Umsätze aus früheren Kalenderjahren** zu anderen Steuersätzen	257	258	
52	d) Übrige steuerpflichtige Umsätze land- und forstwirtschaftlicher Betriebe, für die keine Steuer zu entrichten ist ...	361		
53				
54				
55	**Steuer infolge Wechsels der Besteuerungsform:** Nachsteuer/Anrechnung der Steuer, die auf bereits versteuerte Anzahlungen entfällt (im Falle der **Anrechnung** bitte auch Zeile 57 ausfüllen)			
56			317	
57	Betrag der Anzahlungen, für die die anzurechnende Steuer in Zeile 56 angegeben worden ist	367		
58	**Nachsteuer** auf versteuerte Anzahlungen u.ä. wegen **Steuersatzänderung**		319	
59				
60	Summe .... (zu übertragen in Zeile 92)			

Steuernummer:

D. Abziehbare Vorsteuerbeträge
(ohne die Berichtigung nach § 15a UStG)

Zeile		Steuer EUR	Ct
61			
62	Vorsteuerbeträge aus Rechnungen von anderen Unternehmern (§ 15 Abs. 1 Satz 1 Nr. 1 UStG)	320	
63	Vorsteuerbeträge aus innergemeinschaftlichen Erwerben von Gegenständen (§ 15 Abs. 1 Satz 1 Nr. 3 UStG)	761	
64	Entrichtete Einfuhrumsatzsteuer (§ 15 Abs. 1 Satz 1 Nr. 2 UStG)	762	
65	Vorsteuerabzug für die Steuer, die der Abnehmer als Auslagerer nach § 13a Abs. 1 Nr. 6 UStG schuldet (§ 15 Abs. 1 Satz 1 Nr. 5 UStG)	466	
66	Vorsteuerbeträge aus Leistungen im Sinne des § 13b Abs. 1 UStG (§ 15 Abs. 1 Satz 1 Nr. 4 UStG)	467	
67	Vorsteuerbeträge, die nach den allgemeinen Durchschnittssätzen berechnet sind (§ 23 UStG)	333	
68	Vorsteuerbeträge nach dem Durchschnittssatz für bestimmte Körperschaften, Personenvereinigungen und Vermögensmassen (§ 23a UStG)	334	
69	Vorsteuerabzug für innergemeinschaftliche Lieferungen neuer Fahrzeuge außerhalb eines Unternehmens (§ 2a UStG) sowie von Kleinunternehmern im Sinne des § 19 Abs. 1 UStG (§ 15 Abs. 4a UStG)	759	
70	Vorsteuerbeträge aus innergemeinschaftlichen Dreiecksgeschäften (§ 25b Abs. 5 UStG)	760	
71	Summe ... (zu übertragen in Zeile 99)		

E. Berichtigung des Vorsteuerabzugs (§ 15a UStG)

72	Sind im Kalenderjahr 2005 Grundstücke, Grundstücksteile, Gebäude oder Gebäudeteile, für die Umsatzsteuer gesondert in Rechnung gestellt wurde, erstmals tatsächlich zur Ausführung von Umsätzen verwendet worden? Falls ja, bitte eine „1" eintragen	370	
73	(Geben Sie bitte auf besonderem Blatt für jedes Grundstück oder Gebäude gesondert an: Lage, Zeitpunkt der erstmaligen tatsächlichen Verwendung, Art und Umfang der Verwendung im Erstjahr, insgesamt angefallene Vorsteuer, in den Vorjahren - Investitionsphase - bereits abgezogene Vorsteuer)		
74			
75	Haben sich im Jahre 2005 die für den ursprünglichen Vorsteuerabzug maßgebenden Verhältnisse geändert bei		
76	1. Grundstücken, Grundstücksteilen, Gebäuden oder Gebäudeteilen, die innerhalb der letzten 10 Jahre erstmals tatsächlich und nicht nur einmalig zur Ausführung von Umsätzen verwendet worden sind? Falls ja, bitte eine „1" eintragen	371	
77	2. anderen Wirtschaftsgütern und sonstigen Leistungen, die innerhalb der letzten 5 Jahre erstmals tatsächlich und nicht nur einmalig zur Ausführung von Umsätzen verwendet worden sind? Falls ja, bitte eine „1" eintragen	372	
78	3. Wirtschaftsgütern und sonstigen Leistungen, die nur einmalig zur Ausführung von Umsätzen verwendet worden sind? Falls ja, bitte eine „1" eintragen	369	
79	Die Verhältnisse, die ursprünglich für die Beurteilung des Vorsteuerabzugs maßgebend waren, haben sich seitdem geändert durch		
80	☐ Veräußerung ☐ Lieferung i.S. des § 3 Abs. 1b UStG ☐ Wechsel der Besteuerungsform, § 15a Abs. 7 UStG		
81	☐ Nutzungsänderung, und zwar		
82	☐ Übergang von steuerpflichtiger zu steuerfreier Vermietung oder umgekehrt bzw. Änderung des Verwendungsschlüssels bei gemischt genutzten Grundstücken (insbesondere bei Mieterwechsel)		
83	☐ steuerfreie Vermietung bisher eigengewerblich genutzter Räume oder umgekehrt; Übergang von einer Vermietung für NATO- oder ähnliche Zwecke zu einer nach § 4 Nr. 12 UStG steuerfreien Vermietung		
84	☐		

		nachträglich abziehbar		zurückzuzahlen	
		EUR	Ct	EUR	Ct
85	Vorsteuerberichtigungsbeträge				
86	zu 1. (Grundstücke usw., § 15a Abs. 1 Satz 2 UStG)				
87	zu 2. (andere Wirtschaftsgüter usw., § 15a Abs. 1 Satz 1 UStG)				
88	zu 3. (Wirtschaftsgüter usw., § 15a Abs. 2 UStG)				
89	Summe	357		359	
90		zu übertragen in Zeile 100		zu übertragen in Zeile 97	

Steuernummer:

F. Berechnung der zu entrichtenden Umsatzsteuer

Zeile		Steuer EUR	Ct
91			
92	Umsatzsteuer auf steuerpflichtige Lieferungen, sonstige Leistungen und unentgeltliche Wertabgaben ... (aus Zeile 60)		
93	Umsatzsteuer auf innergemeinschaftliche Erwerbe ... (aus Zeile 13 der Anlage UR)		
94	Umsatzsteuer, die vom letzten Abnehmer im innergemeinschaftlichen Dreiecksgeschäft geschuldet wird (§ 25b Abs. 2 UStG) ... (aus Zeile 20 der Anlage UR)		
95	Umsatzsteuer, die vom Leistungsempfänger geschuldet wird (§ 13b Abs. 2 UStG) ... (aus Zeile 27 der Anlage UR)		
96	Umsatzsteuer, die vom Abnehmer als Auslagerer geschuldet wird (§ 13a Abs. 1 Nr. 6 UStG) ... (aus Zeile 30 der Anlage UR)		
97	Vorsteuerbeträge, die auf Grund des § 15a UStG zurückzuzahlen sind ... (aus Zeile 89)		
98	Zwischensumme ...		
99	Abziehbare Vorsteuerbeträge ... (aus Zeile 71)		
100	Vorsteuerbeträge, die auf Grund des § 15a UStG nachträglich abziehbar sind ... (aus Zeile 89)		
101	Verbleibender Betrag ...		
102	In Rechnungen unrichtig oder unberechtigt ausgewiesene Steuerbeträge (§ 14c UStG) sowie Steuerbeträge, die nach § 6a Abs. 4 Satz 2 UStG geschuldet werden ...	318	
103	Steuerbeträge, die nach § 17 Abs. 1 Satz 6 UStG geschuldet werden ...	331	
104	Steuer-, Vorsteuer- und Kürzungsbeträge, die auf frühere Besteuerungszeiträume entfallen (nur für Kleinunternehmer, die § 19 Abs. 1 UStG anwenden) ...	391	
105	Umsatzsteuer Überschuss - bitte dem Betrag ein Minuszeichen voranstellen - ...		
106	Anrechenbare Beträge ... (aus Zeile 21 der Anlage UN)		
107	Verbleibende Umsatzsteuer (bitte in jedem Fall ausfüllen) Verbleibender Überschuss – bitte dem Betrag ein Minuszeichen voranstellen – ...	816	
108	Vorauszahlungssoll 2005 (einschließlich Sondervorauszahlung) ...		
109	Noch an die Finanzkasse zu entrichten - Abschlusszahlung - (bitte in jedem Fall ausfüllen) Erstattungsanspruch – bitte dem Betrag ein Minuszeichen voranstellen –	820	
110			
111			
112			
113			

Bearbeitungshinweis

114

115   1. Die aufgeführten Daten sind mit Hilfe des geprüften und genehmigten Programms sowie ggf. unter Berücksichtigung der gespeicherten Daten maschinell zu verarbeiten.

116   2. Die weitere Bearbeitung richtet sich nach den Ergebnissen der maschinellen Verarbeitung.

117

Kontrollzahl und/oder Datenerfassungsvermerk

118

119

120

15.6. Anlage 6: Anlage UR 2005

2005

– Bitte weiße Felder ausfüllen oder ☒ ankreuzen, Anleitung beachten –

Zeile					Sach-bereich
1	Steuernummer				
2	Unternehmer				
3					
4					99 / 11

Anlage UR zur Umsatzsteuererklärung

Zeile		Bemessungsgrundlage ohne Umsatzsteuer volle EUR	Steuer EUR	Ct
	A. Innergemeinschaftliche Erwerbe			
6	Steuerfreie innergemeinschaftliche Erwerbe nach § 4b UStG	791		
7				
8	Steuerpflichtige innergemeinschaftliche Erwerbe (§ 1a UStG)			
9	zum Steuersatz von 16 %	797		
10	zum Steuersatz von 7 %	793		
11	zu anderen Steuersätzen	798	799	
12	neuer Fahrzeuge von Lieferern ohne USt-IdNr. zum allgemeinen Steuersatz (§ 1b UStG)	794	796	
13	Summe (zu übertragen in Zeile 93 der Steuererklärung)			
	B. Innergemeinschaftliche Dreiecksgeschäfte (§ 25b UStG)	Bemessungsgrundlage ohne Umsatzsteuer volle EUR	Steuer EUR	Ct
15	Lieferungen des ersten Abnehmers	742		
16	Lieferungen, für die der letzte Abnehmer die Umsatzsteuer schuldet			
17	zum Steuersatz von 16 %	743		
18	zum Steuersatz von 7 %	746		
19	zu anderen Steuersätzen	747	748	
20	Summe (zu übertragen in Zeile 94 der Steuererklärung)			
	C. Leistungsempfänger als Steuerschuldner (§ 13b UStG)	Bemessungsgrundlage ohne Umsatzsteuer volle EUR	Steuer EUR	Ct
22	Werklieferungen und sonstige Leistungen eines im Ausland ansässigen Unternehmers (§ 13b Abs. 1 Satz 1 Nr. 1 UStG)	871	872	
23	Lieferungen sicherungsübereigneter Gegenstände (§ 13b Abs. 1 Satz 1 Nr. 2 UStG)	873	874	
24	Umsätze, die unter das Grunderwerbsteuergesetz fallen (§ 13b Abs. 1 Satz 1 Nr. 3 UStG)	875	876	
25	Bauleistungen eines im Inland ansässigen Unternehmers (§ 13b Abs. 1 Satz 1 Nr. 4 UStG)	877	878	
26	Lieferungen von Gas und Elektrizität eines im Ausland ansässigen Unternehmers (§ 13b Abs. 1 Satz 1 Nr. 5 UStG)	883	884	
27	Summe (zu übertragen in Zeile 95 der Steuererklärung)			
	D. Auslagerer als Steuerschuldner (§ 13a Abs. 1 Nr. 6 UStG)	Bemessungsgrundlage ohne Umsatzsteuer volle EUR	Steuer EUR	Ct
29	Lieferungen, die der Auslagerung vorangegangen sind (§ 4 Nr. 4a Satz 1 Buchst. a Satz 2 UStG)	852	853	
30	Summe (zu übertragen in Zeile 96 der Steuererklärung)			

Anlage UR – zur Umsatzsteuererklärung 2005 USt 2 A – (OFD Chmz – 10.05 – 400.000 / 807)

Steuernummer:

E. Steuerfreie Lieferungen, sonstige Leistungen und unentgeltliche Wertabgaben

Zeile		Bemessungsgrundlage ohne Umsatzsteuer volle EUR
31		
32	**Steuerfreie Umsätze mit Vorsteuerabzug**	
	a) Innergemeinschaftliche Lieferungen (§ 4 Nr. 1 Buchst. b UStG)	
33	an Abnehmer mit USt-IdNr. 741	
34	neuer Fahrzeuge an Abnehmer **ohne** USt-IdNr. 744	
35	neuer Fahrzeuge außerhalb eines Unternehmens (§ 2a UStG) 749	
36	Summe der Zeilen 33 bis 35	
37	b) Weitere steuerfreie Umsätze mit Vorsteuerabzug (z. B. nach § 4 Nr. 1 Buchst. a, 2 bis 7 UStG)	
38	Ausfuhrlieferungen und Lohnveredelungen an Gegenständen der Ausfuhr (§ 4 Nr. 1 Buchst. a UStG)	
39	Umsätze nach § _____ UStG	
40	Umsätze im Sinne des Offshore-Steuerabkommens, des Zusatzabkommens zum NATO-Truppenstatut und des Ergänzungsabkommens zum Protokoll über die NATO-Hauptquartiere	
41	Reiseleistungen nach § 25 Abs. 2 UStG	
42	Summe der Zeilen 38 bis 41 237	
43	**Steuerfreie Umsätze ohne Vorsteuerabzug**	
	a) **nicht zum Gesamtumsatz** (§ 19 Abs. 3 UStG) gehörend	
44	nach § 4 Nr. 12 UStG (Vermietung und Verpachtung von Grundstücken usw.) 286	
45	nach § 4 Nr. _____ UStG 287	
46	Summe der Zeilen 44 und 45	
47	b) **zum Gesamtumsatz** (§ 19 Abs. 3 UStG) gehörend	
48	nach § 4 Nr. _____ UStG	
49	nach § _____ UStG	
50	Summe der Zeilen 48 und 49 240	

F. Ergänzende Angaben zu Umsätzen

51		
52	Umsätze, die auf Grund eines Verzichts auf Steuerbefreiung (§ 9 UStG) als steuerpflichtig behandelt worden sind	
53	Steuerpflichtige Umsätze im Sinne des § 13b Abs. 1 Satz 1 Nr. 2 bis 4 UStG eines im Inland ansässigen Unternehmers, für die der Leistungsempfänger die Umsatzsteuer schuldet 209	
54	**Beförderungs- und Versendungslieferungen** in das übrige Gemeinschaftsgebiet (§ 3c UStG)	
55	a) in Abschnitt C der Steuererklärung (Hauptvordruck USt 2 A) enthalten 208	
56	b) in anderen EU-Mitgliedstaaten zu versteuern 206	
57	Innergemeinschaftliche Güterbeförderungsleistungen und damit zusammenhängende sonstige Leistungen, die im übrigen Gemeinschaftsgebiet steuerbar sind (§ 3b Abs. 3 bis 6 UStG) 207	
58	Sonstige im Inland nicht steuerbare Umsätze 205	
59	In den Zeilen 56 bis 58 enthaltene Umsätze, die nach § 15 Abs. 2 und 3 UStG den Vorsteuerabzug ausschließen 204	
60	Grenzüberschreitende Personenbeförderungen im Luftverkehr (§ 26 Abs. 3 UStG)	

15.7. Anlage 7: Umsatzsteuer-Voranmeldung 2006

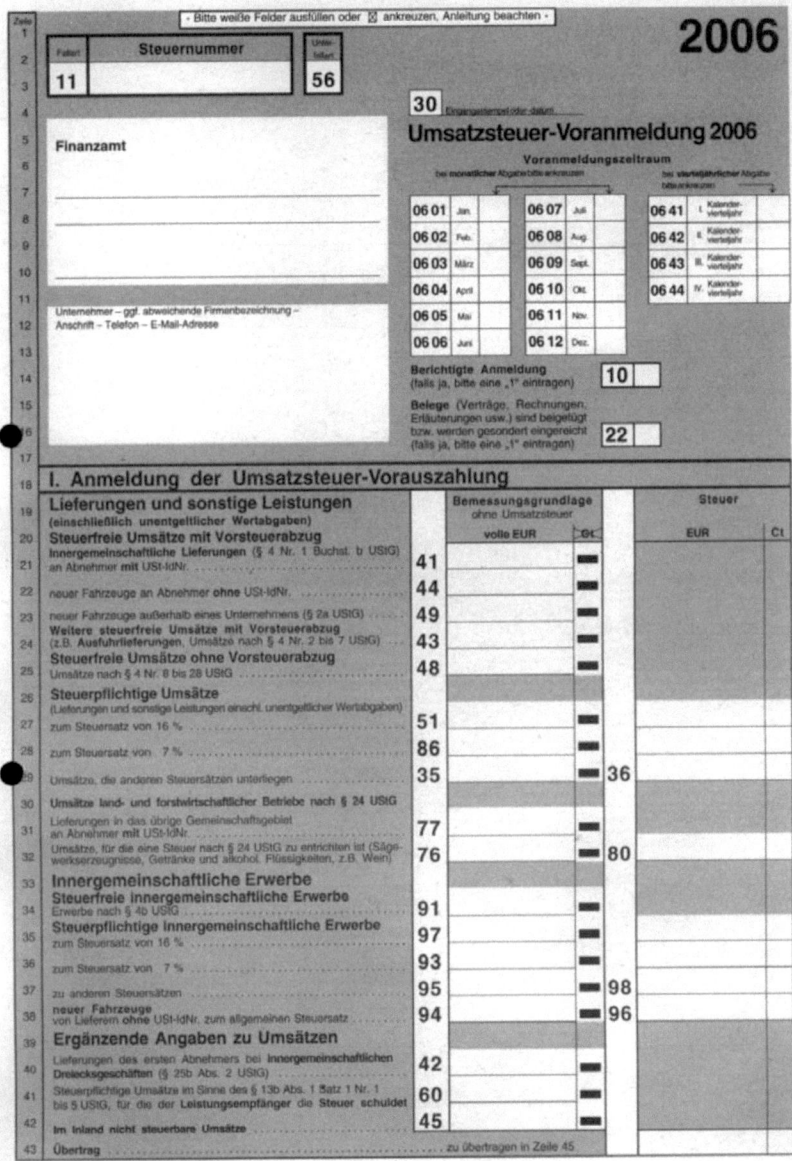

				Steuer EUR	Ct
44	Steuernummer:				
45	Übertrag				
		Bemessungsgrundlage ohne Umsatzsteuer volle EUR			
46 47	**Umsätze, für die als Leistungsempfänger die Steuer nach § 13b Abs. 2 UStG geschuldet wird**				
48	Leistungen eines im Ausland ansässigen Unternehmers (§ 13b Abs. 1 Satz 1 Nr. 1 und 5 UStG)	52	—	53	
49	Lieferungen sicherungsübereigneter Gegenstände und Umsätze, die unter das GrEStG fallen (§ 13b Abs. 1 Satz 1 Nr. 2 und 3 UStG)	73	—	74	
50	Bauleistungen eines im Inland ansässigen Unternehmers (§ 13b Abs. 1 Satz 1 Nr. 4 UStG)	84	—	85	
51					
52	Steuer infolge Wechsels der Besteuerungsform sowie Nachsteuer auf versteuerte Anzahlungen wegen Steuersatzerhöhung			65	
53	**Umsatzsteuer**				
	Abziehbare Vorsteuerbeträge				
54 55	Vorsteuerbeträge aus Rechnungen von anderen Unternehmern (§ 15 Abs. 1 Satz 1 Nr. 1 UStG), aus Leistungen im Sinne des § 13a Abs. 1 Nr. 6 UStG (§ 15 Abs. 1 Satz 1 Nr. 5 UStG) und aus innergemeinschaftlichen Dreiecksgeschäften (§ 25b Abs. 5 UStG)			66	
56	Vorsteuerbeträge aus dem innergemeinschaftlichen Erwerb von Gegenständen (§ 15 Abs. 1 Satz 1 Nr. 3 UStG)			61	
57	Entrichtete Einfuhrumsatzsteuer (§ 15 Abs. 1 Satz 1 Nr. 2 UStG)			62	
58	Vorsteuerbeträge aus Leistungen im Sinne des § 13b Abs. 1 UStG (§ 15 Abs. 1 Satz 1 Nr. 4 UStG)			67	
59	Vorsteuerbeträge, die nach allgemeinen Durchschnittssätzen berechnet sind (§§ 23 und 23a UStG)			63	
60	Berichtigung des Vorsteuerabzugs (§ 15a UStG)			64	
61	Vorsteuerabzug für innergemeinschaftliche Lieferungen neuer Fahrzeuge außerhalb eines Unternehmens (§ 2a UStG) sowie von Kleinunternehmern im Sinne des § 19 Abs. 1 UStG (§ 15 Abs. 4a UStG)			59	
62	Verbleibender Betrag				
	Andere Steuerbeträge				
63 64	in Rechnungen unrichtig oder unberechtigt ausgewiesene Steuerbeträge (§ 14c UStG) sowie Steuerbeträge, die nach § 4 Nr. 4a Satz 1 Buchst. a Satz 2, § 6a Abs. 4 Satz 2, § 17 Abs. 1 Satz 6 oder § 25b Abs. 2 UStG geschuldet werden			69	
65	**Umsatzsteuer-Vorauszahlung/Überschuss**				
66	Anrechnung (Abzug) der festgesetzten Sondervorauszahlung für Dauerfristverlängerung (nur auszufüllen in der letzten Voranmeldung des Besteuerungszeitraums, in der Regel Dezember)			39	
67	Verbleibende Umsatzsteuer-Vorauszahlung (bitte in jedem Fall ausfüllen)			83	
68	Verbleibender Überschuss - bitte dem Betrag ein Minuszeichen voranstellen -				

II. Sonstige Angaben und Unterschrift

70 Ein Erstattungsbetrag wird auf das dem Finanzamt benannte Konto überwiesen, soweit der Betrag nicht mit Steuerschulden verrechnet wird.

71 **Verrechnung des Erstattungsbetrags erwünscht / Erstattungsbetrag ist abgetreten**
72 (falls ja, bitte eine „1" eintragen) 29
73 Geben Sie bitte die Verrechnungswünsche auf einem besonderen Blatt an oder auf dem beim Finanzamt erhältlichen Vordruck „Verrechnungsantrag"

Die **Einzugsermächtigung** wird ausnahmsweise (z.B. wegen Verrechnungswünschen) für diesen
74 Voranmeldungszeitraum **widerrufen** (falls ja, bitte eine „1" eintragen) 26
Ein ggf. verbleibender Restbetrag ist gesondert zu entrichten.

75 **Hinweis nach den Vorschriften der Datenschutzgesetze:**
76 Die mit der Steueranmeldung angeforderten Daten werden auf Grund - nur vom Finanzamt auszufüllen -
der §§ 149 ff. der Abgabenordnung und der §§ 18, 16b des
77 Umsatzsteuergesetzes erhoben. 11 19
Die Angabe der Telefonnummer und der E-Mail-Adressen ist freiwillig.

78 Bei der Anfertigung dieser Steueranmeldung hat mitgewirkt: 12
79 (Name, Anschrift, Telefon, E-Mail-Adresse)

Bearbeitungshinweis
80 1. Die aufgeführten Daten sind mit Hilfe des geprüften und genehmigten Programms sowie ggf. unter Berücksichtigung der gespeicherten
81 Daten maschinell zu verarbeiten.
2. Die weitere Bearbeitung richtet sich nach den Ergebnissen der
82 maschinellen Verarbeitung.

83

84 Datum, Namenszeichen

85 Kontrollzahl und/oder Datenerfassungsvermerk

86 Datum, Unterschrift

15.8. Anlage 8: Antrag auf Dauerfristverlängerung

15.9. Anlage 9: Umsatzsteuer-Nachschau - Verdachtsliste[555]

In der Verdachtsliste sind Merkmale zusammengestellt, mit der nach Art einer Rasterfahndung betrugsverdächtige und prüfungswürdige Unternehmen ermittelt werden. Hier eine Auswahl der über 100 Aufgriffskriterien:

- lückenhafte Angabe im Betriebseröffnungsbogen,
- Geschäftsführer wohnt nicht in der Nähe der Firma,
- Geschäftsführer ist Ausländer mit Wohnsitz im Ausland,
- hohes Alter des Geschäftsführers,
- fehlende Steuerberatung,
- Handeln mit Mobiltelefonen, PC, Kraftfahrzeugen,
- häufige Firmensitzverlegung,
- Erreichbarkeit nur über Handy,
- fehlende Eintragung im Telefonbuch,
- kein vorgedruckter Briefkopf auf dem Geschäftspapier,
- Wechsel der Branche lange nach Firmengründung,
- Geschäftspapier ohne Anschrift, Telefonnummer, Bankverbindung,
- ausländische Bankverbindung,
- fehlende Einreichung von Erklärungen und Voranmeldungen,
- Vorsteuerüberschüsse,
- keine Arbeitnehmer, aber hohe Umsätze,
- starker Vorsteuer- und Umsatzanstieg bei länger bestehenden Unternehmen,
- Hohe Vorsteuern und Umsätze bei Neugründungen,
- Lohnsteuer-Anmeldungen werden nicht eingereicht,
- Umsatzsteuer wird nicht abgeführt,
- Barzahlung hoher Rechnungen,
- ungeknickte Rechnungen,
- unvollständige Rechnungen,
- handgeschriebene Rechnungen.

---

[555] http://www.epg-stbg.de/de/mr200201.php; http://www.daechert.de/downloads/mar12002.pdf
[17.11.2003]

15.10. Anlage 10: Einnahme-Überschuss-Rechnung

1. Gewinnermittlung

(Zeile)	Betriebseinnahmen	Beträge in Euro und Cent
1		
2	Betriebseinnahmen als umsatzsteuerlicher **Kleinunternehmer** (weiter ab Zeile 8)	.....
	Davon aus Umsätzen, die in § 19 Abs. 3 Nr. 1 und Nr. 2 UStG bezeichnet sind.	
3	Betriebseinnahmen als **Land- und Forstwirt**, soweit die Durchschnittssatzbesteuerung nach § 24 UStG angewandt wird.	.....
4	Umsatzsteuerpflichtige Betriebseinnahmen	.....
5	Umsatzsteuerfreie, nicht umsatzsteuerbare Betriebseinnahmen sowie Betriebseinnahmen, für die der Leistungsempfänger die Umsatzsteuer nach § 13b UStG schuldet	.....
6	Vereinnahmte Umsatzsteuer sowie Umsatzsteuer auf unentgeltliche Wertabgaben	.....
7	Vom Finanzamt erstattete und ggf. verrechnete Umsatzsteuer	.....
8	Veräußerung oder Entnahme von Anlagevermögen	.....
9	Private Kfz-Nutzung	.....
10	Sonstige Sach-, Nutzungs- und Leistungsentnahmen (z.B. private Telefonnutzung)	.....
11	Auflösung von Rücklagen und/oder Ansparabschreibungen (Übertrag von Zeile 63)	.....
12	**Summe Betriebseinnahmen**	.....

Seite 1 der Anlage EÜR

(Zeile)	Betriebsausgaben	Beträge in Euro und Cent
13		
14	Betriebsausgabenpauschale für **bestimmte Berufgruppen** bzw. Freibetrag nach § 3 Nr. 26 EStG (weiter ab Zeile 53)	.....
15	Sachliche Bebauungskostenpauschale/Betriebskostenpauschale für **Land- und Forstwirte**	.....
16	Waren, Rohstoffe und Hilfsstoffe einschl. der Nebenkosten	.....
17	Bezogene Leistungen (z.b. Fremdleistungen)	.....
18	Aufgaben für eigenes Personal (z.B. Gehälter, Löhne und Versicherungsbeiträge)	.....
19	Absetzung für Abnutzung (AfA) auf unbewegliche Wirtschaftsgüter (ohne AfA für das häusliche Arbeitszimmer)	.....
20	AfA auf immaterielle Wirtschaftsgüter (z.b. erworbene Firmen- oder Praxiswerte)	.....
21	AfA auf bewegliche Wirtschaftsgüter (z.B. Maschinen, Kfz)	.....
22	Sonderabschreibungen nach § 7g Abs. 1 und 2 EStG	.....
23	Aufwendungen für geringwertige Wirtschaftsgüter	.....
24	Restbuchwert der im Kalenderjahr/Wirtschaftsjahr ausgeschiedenen Anlagegüter	.....
25	Kraftfahrzeugkosten und andere Fahrtkosten	
26	Laufende und feste Kosten (ohne AfA und Zinsen)	.....
27	Zeile 26 abzüglich enthaltene Kosten aus Zeile 21, 26 und 37 für Wege zwischen Wohnung und Betriebsstätte -	.....
28	(Zeile 26 abzüglich Zeile 27) verbleibender Betrag ->	.....
29	Abziehbare Aufwendungen für Wege zwischen Wohnung und Betriebsstätte	.....
30	Raumkosten und sonstige Grundstücksaufwendungen	
31	Abziehbare Aufwendungen für ein häusliches Arbeitszimmer (einschl. AfA und Schuldzinsen)	.....
32	Miete/Pacht für Geschäftsräume und betrieblich genutzte Grundstücke	
33	Aufwendungen für betrieblich genutzte Grundstücke (ohne Schuldzinsen und AfA)	.....
34	**Übertrag (Summe Zeilen 14 - 33)**	.....

Seite 2 der Anlage EÜR

(Zeile)	Übertrag aus Zeile 34:			Beträge in Euro und Cent
35				.....
36	Schuldzinsen (4 Abs. 4a EStG)	**nicht abziehbar**	**abziehbar**	
37	Finanzierung von Anschaffungs-/ Herstellungskosten und von Wirtschaftsgütern des Anlagevermögens	Euro und Cent	Euro und Cent	
38	Übrige Schuldzinsen	.....	.....	
39	Übrige beschränkt bziehbare Betriebsausgaben (§ 4 Abs. 5 EStG)			
40	Geschenke	.....	.....	
41	Bewirtung	.....	.....	
42	Reisekosten, Aufwendungen für doppelte Haushaltsführung		.....	
43	Sonstige (z.B. Geldbußen, Repräsentationskosten)	.....	.....	
44		Summe Zeilen 37 - 43 (abziehbar)		.....
45	Sonstige (z.B. Geldbußen, Repräsentationskosten)			
46	Porto, Telefon, Büromaterial			.....
47	Fortbildung, Fachliteratur			.....
48	Rechts- und Steuerberatung, Buchführung			.....
49	Übrige Betriebsausgaben			.....
50	Gezahlte Vorsteuerbeträge			.....
51	An das Finanzamt gezahlte und ggf. verrechnete Umsatzsteuer			.....
52	Bildung von Rücklagen und/oder Ansparabschreibungen (Übertrag von Zeile 63)			.....
53	**Summe Betriebsausgaben**			.....
54	**Ermittlung des Gewinns**			
55	Betriebseinnahmen (Übertrag aus Zeile 12)			.....
56	abzüglich Summe der Betriebsausgaben (Übertrag aus Zeile 53)			.....
57	**Gewinn/Verlust**			.....

Seite 3 der Anlage EÜR

2. Ergänzende Angaben

(Zeile)	Rücklagen und Ansparabschreibung	Bildung	Auflösung
58		Beträge in Euro und Cent	Beträge in Euro und Cent
59	Rücklagen nach § 6c i.V.m. § 6b StG, R 35 EStR	.....	.....
60	Ansparabschreibungnach § 7g Abs. 3 - 6 EStG	.....	.....
61	Ansparabschreibungnach § 7g Abs. 7 und 8 EStG	.....	.....
62	Gewinnzuschlag nach § 6c i.V.m. § 6b Abs. 7 und 10, § 7g Abs. 5 und 6 EStG		.....
63	Summe	.....	.....
64		Übertrag in Zeile 52	Übertrag in Zeile 11
65	**Entnahmen und Einlagen bei Schuldzinsenabzug**		
66	Entnahme einschl. Sach-, Leistungs- und Nutzungsentnahme		.....
67	Einlagen einschl. Sach-, Leistungs- und Nutzungseinlagen		.....

Seite 4 der Anlage EÜR

15.11. Anlage 11: Informationen zu ELSTER

Wie funktioniert Elster-Formular?	- Eingabe der Daten in die Steuerformulare am Bildschirm, - einfaches Online-Update der Programmversion, - gesicherte Übermittlung der verschlüsselten Steuerdaten via Internet, - papierlose Abgabe der Umsatzsteuer-Voranmeldung und der Lohnsteuer-Anmeldung, zusätzlich auch mit persönlichem Zertifikat, nach vorheriger Registrierung im Internet unter „**www.elsteronline.de**", - papierlose Abgabe der Jahreserklärungen und Lohnsteuerbescheinigungsdaten mit Ihrem persönlichen Zertifikat nach vorheriger Registrierung im Internet unter „**www.elsteronline.de**", **alternativ:** Ausdrucken, Unterschreiben und Einreichen der komprimierten Einkommen-, Umsatz- oder Gewerbesteuererklärung bei Ihrem Finanzamt
Welche technischen Voraussetzungen müssen erfüllt werden?	Sie benötigen - einen PC mit Windows 98/2000/XP[556] und einen Drucker für den Ausdruck der komprimierten Steuererklärung bzw. des Übertragungsprotokolls, - mindestens 100 MB freien Speicherplatz auf der Festplatte, davon 25 MB auf der Systemplatte, - 128 MB Hauptspeicher, davon mindestens 15 MB frei, - einen Prozessor mit mindestens 300 MHz Leistung, - sowie einen Internetzugang (ISDN, DSL empfohlen).
Welche Vorteile hat die Software ElsterFormular?	- Übernahme der Vorjahresdaten, soweit bereits im Vorjahr die Software „ElsterFormular" benutzt wurde - Überprüfung der erklärten Daten auf formale Fehler - Berechnung der voraussichtlichen Steuer - sichere Übermittlung der Steuerdaten - papierlose Steuererklärung nach vorheriger Registrierung im Internet unter „**www.elsteronline.de**" - Vermeidung von Übertragungsfehlern - weniger Rückfragen und schnellere Bearbeitung durch das Finanzamt - automatischer Bescheiddatenabgleich - Funktionen zur Unterstützung von Anwendern mit Sehschwäche
Wo erhalten Sie weitere Informationen?	Weiterführende Informationen zum Programm „ElsterFormular" erhalten Sie unter folgender Internetadresse: „**www.elsterformular.de**".
Wohin können Sie sich bei technischen Problemen wenden?	Um die Unterstützung bei ELSTER noch zielgerichteter zu gestalten, wurde im Internet ein modernes und jederzeit verfügbares ELSTER-Informations- und Auskunftssystem (ELIAS) eingerichtet. ELIAS finden Sie im Internet unter „**www.elster.de**" unter „Hilfe".

---

[556] sämtliche Betriebssysteme sind unter **www.elsterformular.de** aufgeführt

15.12. Anlage 12: Gerichtsentscheidungen im Zusammenhang mit der Kleinunternehmerregelung

Finanzgerichte

FG München, Urteil vom 23.02.2005 – 3 K 3479/03

Treu und Glauben bei der Besteuerung von Kleinunternehmern. Ein Unternehmer, der durch die entsprechenden Eintragungen in der Umsatzsteuerjahreserklärung zu erkennen gegeben hat, auf die Behandlung als Kleinunternehmer nicht verzichten zu wollen, ist wegen des Verbots widersprüchlichen Verhaltens gehindert, nach Eintritt der Festsetzungsverjährung für den Veranlagungszeitraum des Leistungsbezugs unter Vorlage ordnungsgemäßer Eingangsrechnungen nachträglich den Vorsteuerabzug zu beanspruchen.

FG München, Urteil vom 09.07.2003 – 3 K 4787/01

Anwendung der Kleinunternehmerbesteuerung des § 19 Abs. 1 UStG bei Neugründungen – maßgebliche Umsatzgrenze.

FG Baden-Württemberg, Beschluss vom 17.05.2002 – 14 V 37/01

Option zur Steuerpflicht bei Gebäudevermietung oder -verpachtung an Kleinunternehmer unzulässig.

FG Saarland, Urteil vom 25.04.1997 – 2 K 221/96

Beginn der unternehmerischen Tätigkeit und in diesem Zusammenhang Umrechnung auf einen Jahresgesamtumsatz.

Bundesfinanzhof

BFH-Beschluss vom 18.01.2005 – V B 24/04

Voraussetzung einer erfolgreichen Nichtzulassungsbeschwerde wegen eines Schätzungsbescheids gegen einen Kleinunternehmer.

BFH-Urteil vom 17.06.2004 – V R 31/02

Wechsel vom Kleinunternehmer zur allgemeinen Umsatzbesteuerung als Änderung der Verhältnisse im Sinne des § 15a UStG.

BFH-Urteil vom 09.07.2003 – V R 29/02

Zunächst Verzicht auf die Kleinunternehmerregelung im Rahmen einer Zustimmungsbedürftigen Umsatzsteuerjahreserklärung, in welcher die Umsatzsteuer nach den allgemeinen Grundsätzen berechnet wurde – später Widerruf des Verzichts. Der BFH hatte die Frage zu klären, ob der Widerruf des Verzichts fristgemäß erfolgt war.

<u>Sachverhalt (Kurzfassung):</u>

Die Klägerin begann Mitte des Jahres 1994 ihre Tätigkeit als Therapeutin. Am 14.05.1996 reichte sie über ihren Steuerberater bei dem für sie zuständigen Finanzamt die Umsatzsteuerjahreserklärung 1994 ein, in welcher sie die Umsatzsteuer nach den allgemeinen Vorschriften des Gesetzes berechnete und den Vorsteuerabzug geltend machte. Bei Umsätzen i.H.v. 10.997 DM (daraufentfallende Umsatzsteuer 1.649,55 DM[557]) und Vorsteuerbeträgen i.H.v. 5.353,96 DM ergab sich ein Steuerguthaben i.H.v. 3.704,41 DM[558]. In Übereinstimmung mit der Klägerin beurteilte die Beklagte (das Finanzamt) die Umsatzsteuererklärung zugleich als Verzicht auf die Nichterhebung der Umsatzsteuer für Kleinunternehmer nach § 19 Abs. 2 UStG 1993 (Option). Das Finanzamt teilte der Klägerin zusammen mit der Abrechnungsverfügung vom 03.06.1996 mit, die nach § 168 Satz 2 der Abgabenordnung für die Erstattungen erforderliche Zustimmung sei erteilt worden. Eine Rechtsbehelfsbelehrung enthielt das Schreiben nicht.
Mit Schreiben vom 06.12.1996 widerrief die Klägerin den für das Kalenderjahr 1994 erklärten Verzicht auf die Anwendung des § 19 Abs. 1 UStG.
Nach einer Außenprüfung ging das Finanzamt davon aus, dass der Widerruf des Verzichts im Sinne von § 19 Abs. 2 UStG 1994 mit dem o.g. Schreiben der Klägerin vom 06.12.1996 wegen der Einspruchsfrist verspätet erklärt worden und damit unwirksam sei. Das Finanzamt änderte daraufhin u.a. den Umsatzsteuerbescheid und setzte entsprechend

---

[557] 10.997 DM * 15 % (Umsatzsteuersatz im Kalenderjahr 1994)
[558] Umsatzsteuer i.H.v. 1.649,55 DM abzüglich der Vorsteuer i.H.v. 5.353,96 DM = Steuerguthaben der Klägerin

Umsatzsteuer fest. Sowohl der hiergegen gerichtete Einspruch, als auch die gegen die Einspruchsentscheidung vor dem Finanzgericht erhobene Klage waren erfolglos.
Die gegen die Entscheidung des Finanzgerichtes gerichtete Revision bei dem BFH war erfolgreich. Der BFH führte in seinem Urteil vom 09.07.2003 unter „Entscheidungsgründe" u.a. aus, dass, wenn bei einer nach § 168 Satz 2 AO erforderlichen Zustimmung zu einer Steueranmeldung, die Rechtsbehelfsbelehrung unterblieben ist, die Einlegung des Einspruchs binnen eines Jahres seit Bekanntgabe des Verwaltungsaktes zulässig sei. Die Klägerin habe hiernach rechtzeitig den mit Steueranmeldung für 1994 erklärten Verzicht auf die Anwendung des § 19 Abs. 1 UStG widerrufen.

BFH-Beschluss vom 04.04.2003 – V B 7/02

Kleinunternehmer im Sinne des § 19 UStG – Beurteilung der Frage, ob bei der Ermittlung der Umsatzgrenze der Netto- oder Bruttoumsatz zu Grunde zu legen ist.

BFH-Urteil vom 18.11.1999 – V R 22/99

Für die Umrechnung in einen Jahresgesamtumsatz maßgeblicher Zeitpunkt des Beginns der unternehmerischen Tätigkeit.

Eine unternehmerische Tätigkeit kann schon beginnen, wer nach der Aufforderung eines späteren Auftraggebers ein Angebot für eine Lieferung oder eine sonstige Leistung gegen Entgelt abgibt. Bei der Umrechnung des tatsächlichen Gesamtumsatzes in einen Jahresgesamtumsatz ist der Zeitraum seit dem Beginn der rechtserheblichen Handlungen zu berücksichtigen.

BFH-Beschluss vom 31.08.1999 – V B 53/97, V S 13/99, V B 53/97, V S 13/99

Verfassungsmäßigkeit der Kleinunternehmerregelung.

BFH-Beschluss vom 31.08.1999 – V B 20/98

Nichtzulassungsbeschwerde: Verfassungsmäßigkeit der Kleinunternehmerregelung.

BFH-Beschluss vom 16.10.1998 – V B 56/98

Umsatzbesteuerung von Kleinunternehmern mit schwankenden Umsätzen.

BFH-Urteil vom 11.12.1997 – V B 52/97

Verfassungsmäßigkeit des § 19 UStG. Der § 19 UStG dient der Verwaltungsvereinfachung und bezweckt nicht die Existenzsicherung des Kleinunternehmers. Der Art. 3 GG gebietet es deshalb nicht, die Umsatzsteuer über den Anwendungsbereich des § 19 Abs. 1 UStG hinaus nicht zu erheben.

BFH-Urteil vom 05.01.1996 – V B 64/95

Rechtsanwalt als Kleinunternehmer – gesonderter Ausweis der Umsatzsteuer im Rahmen der Gebührenabrechnung.

BFH-Urteil vom 07.03.1995 – XI R 51/94

Die für die Besteuerung als Kleinunternehmer in § 19 Abs. 1 Satz 1 UStG 1980 bezeichnete Umsatzgrenze von 20.000 DM (25.000 DM) ist auch dann maßgeblich, wenn die von dem Unternehmer im vorangegangenen Kalenderjahr ausgeführten Umsätze nach § 4 Nr. 11 UStG[559] 1980 steuerfrei waren.
Für die Frag, ob der Gesamtumsatz des Unternehmers im laufenden Kalenderjahr 100.000 DM voraussichtlich nicht übersteigen wird, kommt es auf die Verhältnisse zu Beginn des Kalenderjahres an. Dies gilt regelmäßig auch dann, wenn der Unternehmer seine bisherige unternehmerische Tätigkeit während des laufenden Kalenderjahres erweitert.
Eine spätere Erweiterung des Unternehmens kann sich in der Umsatzprognose nur dann niederschlagen, wenn der Unternehmer sich bereits zu Beginn des Kalenderjahres mit entsprechenden Gedanken trägt, die einen höheren Gesamtumsatz erwarten lassen.

BFH-Beschluss vom 28.09.1993 – V B 90/93

Die Vorschrift des § 19 UStG bezweckt nicht die Existenzsicherung des Kleinunternehmers.

---

[559] § 4 Nr. 11 UStG 2005 - Umsätze aus der Tätigkeit als Bausparkassenvertreter, Versicherungsvertreter und Versicherungsmakler

BFH-Urteil vom 15.10.1992 – V R 91/87

Ermittlung des Gesamtumsatzes im Sinne des § 19 Abs. 1 UStG im Zusammenhang mit dem Verzicht (Option) des Unternehmers auf die Steuerbefreiung von Vermietungsumsätzen gem. § 4 Nr. 12a UStG.

BFH-Urteil vom 30.07.1992 – V R 95/87

Verzicht auf die Anwendung des § 19 Abs. 1 UStG bis zur Unanfechtbarkeit der Steuerfestsetzung.

BFH-Urteil vom 24.02.1988 – X R 58/82

Die Option kann nicht mehr wirksam erklärt werden, wenn die erstmalige Steuerfestsetzung nicht mehr mit außergerichtlichen Rechtsbehelfen oder mit Rechtsbehelfen des Steuerprozesses, auf Grund der formellen Bestandskraft, angefochten werden kann. Die rechtliche Zulässigkeit einer Änderung des Steuerbescheides hat auf die Optionsfrist keinen Einfluss. So kann beispielsweise ein unter dem Vorbehalt der Nachprüfung ergangener Steuerbescheid nach Ablauf der Rechtsbehelfsfrist geändert oder aufgehoben werden, da noch keine materielle Bestandskraft eingetreten ist, eine Option ist wegen der eingetretenen formellen Bestandskraft (Ablauf der Rechtsbehelfsfrist) jedoch nicht mehr möglich.

BFH-Urteil vom 30.07.1986 – V R 101/79

Die Besteuerung des Erben richtet sich nach den umsatzsteuerlichen Verhältnissen des Erblassers.

Hatte der Erblasser seine Umsätze der Besteuerung nach den allgemeinen Vorschriften des Umsatzsteuergesetzes unterworfen, so kommt bei den Erben, welche selbst nicht unternehmerisch Tätig sind, die Besteuerung nach § 19 Abs. 1 UStG nicht in Betracht, soweit diese in späteren Jahren noch Entgelte aus der unternehmerischen Tätigkeit des Erblassers vereinnahmen.

BFH-Urteil vom 19.12.1985 – V R 167/82

Eine Optionserklärung im Sinne des § 19 Abs. 4 UStG 1973 kann durch schlüssiges Verhalten abgegeben werden, z.B. dadurch, dass ein Kleinunternehmer dem Finanzamt auf einem für die Regelsteuer vorgesehenen Vordruck eine Umsatzsteuer-Erklärung einreicht, in welcher er unter Mitwirkung eines Angehörigen der steuerberatenden Berufe die Umsatzsteuer nach den allgemeinen Vorschriften des Gesetzes errechnet und den Vorsteuerabzug geltend gemacht hat.

BFH-Urteil vom 13.12.1984 – V R 32/74

Die Erklärung eines Unternehmers, dass er auf die Anwendung der Kleinunternehmerregelung verzichten und zur Regelbesteuerung optieren will, ist an das Finanzamt zu richten. Dieses hat bei Wirksamkeit der Option die Umsatzsteuer unter Anwendung der Regelbesteuerungsvorschriften festzusetzen. Eine im Rahmen eines Klageantrags gegenüber dem Finanzgericht abgegebene Optionserklärung ist grundsätzlich unwirksam. Insbesondere ist das Finanzgericht nicht befugt, seiner Entscheidung in Abweichung von der Steuerfestsetzung des Finanzamts nach § 19 Abs. 1 UStG die Regelbesteuerungsvorschriften zugrunde zu legen. Es hat vielmehr das Verfahren nach § 74 FGO auszusetzen und dem Finanzamt Gelegenheit zur Prüfung der Optionserklärung zu geben.

BFH-Urteil vom 22.11.1984 – V R 170/83

Im Erstjahr einer unternehmerischen Betätigung wird die Steuer entsprechend § 19 Abs. 1 UStG nicht erhoben, wenn der Gesamtumsatz dieses Jahres voraussichtlich die für das Erstjahr geltende Umsatzgrenze nicht übersteigen wird.

BFH-Urteil vom 13.12.1963 – V 77/61 U

Bei Saisonbetrieben ist keine Umrechnung in einen Jahresgesamtumsatz vorzunehmen. Um die Einstellung einer gewerblichen oder beruflichen Tätigkeit annehmen zu können, müssen Anhaltspunkte vorliegen, dass der Unternehmer diese Tätigkeit aufgeben wollte.

Von einer Einstellung der gewerblichen Tätigkeit kann nur gesprochen werden, wenn die unternehmerische Tätigkeit ihr Ende gefunden hat. Es ist für die Weiterführung eines Unternehmens nicht erforderlich, dass laufend Umsätze bewirkt werden. Eine Einstellung liegt daher nicht vor, wenn den Umständen zu entnehmen ist, dass der Unternehmer die Absicht hat, das Unternehmen weiterzuführen oder in absehbarer Zeit wiederaufleben zu lassen. Solange das Unternehmen ruht, ist es noch nicht eingestellt.

16. Verzeichnisse

16.1. Abkürzungsverzeichnis

A	Abschnitt
Abs.	Absatz
abzgl.	abzüglich
a.F.	alte Fassung
AO	Abgabenordnung
AEAO	Anwendungserlass zur Abgabenordnung
Art.	Artikel
Aufl.	Auflage
BZSt	Bundeszentralamt für Steuern
BFH	Bundesfinanzhof
BFH/NV	Sammlung amtlich nicht veröffentlichter Entscheidungen des BFH
BGB	Bürgerliches Gesetzbuch
BGBl.	Bundesgesetzblatt
BMF	Bundesministerium der Finanzen
BStBl	Bundessteuerblatt
BT-Drucks.	Bundestag-Drucksache
EFG	Entscheidungen der Finanzgerichte
EG	Europäische Gemeinschaft
ErbStG	Erbschaftsteuergesetz
EStDV	Einkommensteuer-Durchführungsverordnung
EStG	Einkommensteuergesetz
EU	Europäische Union
EuGH	Gerichtshof der Europäischen Gemeinschaft
EWG	Europäische Wirtschaftsgemeinschaft
FG	Finanzgericht
FGO	Finanzgerichtsordnung
GbR	Gesellschaft bürgerlichen Rechts
gem.	gemäß
GG	Grundgesetz
GmbH	Gesellschaft mit beschränkter Haftung
HGB	Handelsgesetzbuch
i.d.R.	in der Regel
Mrd.	Milliarden
OFD	Oberfinanzdirektion
o.g.	oben genannt
rd.	rund
Rn.	Randnummer
Rz.	Randziffer
UR	Umsatzsteuer-Rundschau
UStDV	Umsatzsteuer-Durchführungsverordnung
UStG	Umsatzsteuergesetz
USt-IDNr.	Umsatzsteuer-Identifikationsnummer
UStR	Umsatzsteuerrichtlinie
u.U.	unter Umständen
vgl.	vergleiche
z.B.	zum Beispiel
ZM	Zusammenfassende Meldung
zzgl.	zuzüglich

16.2. Gesetze, Durchführungsverordnungen und Richtlinien

Abgabenordnung (AO) in der Fassung der Bekanntmachung vom 01. Oktober 2002 (BGBl. I S. 3866; 2003 I S. 61; BStBl I S. 1056)

Bürgerliches Gesetzbuch (BGB) in der Fassung der Bekanntmachung vom 07. März 2002, 51. Auflage (Deutscher Taschenbuch Verlag)

Grundgesetz (GG) in der Fassung der Bekanntmachung vom 01. Oktober 2001, 37. Auflage (Deutscher Taschenbuch Verlag)

Sechste Richtlinie (77/388/EWG) des Rates zur Harmonisierung der Rechtsvorschriften der Mitgliedstaaten über die Umsatzsteuern vom 17. Mai 1977, ABl. EG 1977 Nr. L 145 S. 1

Umsatzsteuer-Durchführungsverordnung 2005 (UStDV) in der Fassung der Bekanntmachung vom 21. Februar 2005 (BGBl. I S. 434)

Umsatzsteuergesetz 2005 (UStG) in der Fassung der Bekanntmachung vom 21. Februar 2005 (BGBl. I S. 386)

Umsatzsteuer-Richtlinie 2005 (UStR 2005) vom 16. Dezember 2004 (BStBl. I Sondernummer 3/2004, BAnz Nr. 248, Beilage Nr. 248a)

16.3. Verwaltungsanweisungen

OFD Nürnberg, Verfügung vom 29.08.2002 – S 7103a – 12/St 43, UR 2003, 256

BMF-Schreiben vom 05.12.2001 – IV D 1 – S 7279 – 5/01, BStBl 2001 I, 1013

BMF-Schreiben vom 02.12.2004 – IV A 1 – S 7279 – 100/04, BStBl 2004 I, 1129

BMF-Schreiben vom 31.03.2004 – IV D 1 – S 7279 – 107/04, BStBl 2004 I, 453

BMF-Schreiben vom 17.11.2004, BStBl 2004 I S. 1064

BMF-Schreiben vom 29.11.2004, BStBl 2004 I S. 1135

16.4. Rechtsprechung

Finanzgerichte

FG Schleswig-Holstein, Urteil vom 19.06.1979 – III 4/79, EFG 1979 S. 499

FG Düsseldorf, Urteil vom 25.05.1988 – 1 K 86/83 U, EFG 1988, 495

FG Saarland, Urteil vom 25.04.1997 – 2 K 221/96

FG Baden-Württemberg, Beschluss vom 17.05.2002 – 14 V 37/01, EFG 2002, 1126

FG München, Urteil vom 09.07.2003 – 3 K 4787/01, EFG 2003, 1580

FG München, Urteil vom 23.02.2005 – 3 K 3479/03, EFG 2005, 1394

Bundesfinanzhof

BFH-Urteil vom 19.11.1953 – IV 360/53 U, BStBl 1954 III S. 18

BFH-Urteil vom 13.12.1963 – V 77/61 U, BStBl 1964 III S. 90

BFH-Urteil vom 17.05.1968 – VI R 227/67, BStBl 1968 II S. 567

BFH-Urteil vom 19.11.1970 – V R 14/67, BStBl 1971 II S. 121

BFH-Urteil vom 24.01.1975 – VI R 148/72, BStBl 1975 II S. 382

BFH-Urteil vom 19.02.1976 – V R 23/73, BStBl 1976 II S. 400

BFH-Urteil vom 21.06.1976 – IV R 101/75, BStBl 1976 II S. 562

BFH-Urteil vom 17.07.1980 – IV R 140/77, BStBl 1981 II S. 14

BFH-Urteil vom 02.03.1982 – VIII R 225/80, BStBl 1984 II S. 504

BFH-Urteil vom 22.11.1984 – V R 170/83, BStBl 1985 II S. 142

BFH-Urteil vom 13.12.1984 – V R 32/74, BStBl 1985 II S. 173

BFH-Urteil vom 19.12.1985 – V R 167/82, BStBl 1986 II S. 420

BFH-Urteil vom 24.07.1986 – IV R 309/84, BStBl 1987 II S. 16

BFH-Urteil vom 30.07.1986 – V R 101/79, BFH/NV 1986, 771

BFH-Urteil vom 24.02.1988 – X R 58/82, BFH/NV 1988, 601

BFH-Urteil vom 25.08.1989 – III R 125/84, BStBl 1990 II S. 82

BFH-Beschluss vom 26.03.1991 – VIII B 83/90, BStBl 1991 II S. 463

BFH-Urteil vom 07.04.1992 – VI R 113/88, BStBl 1992 II S. 854

BFH-Urteil vom 30.07.1992 – V R 95/87, BFH/NV 1993, 202

BFH-Urteil vom 15.10.1992 – V R 91/87, BStBl 1993 II S. 209

BFH-Urteil vom 10.12.1992 – V R 73/90, BStBl 1993 II S. 383

BFH-Beschluss vom 28.09.1993 – V B 90/93, BFH/NV 1994, 206

BFH-Urteil vom 15.09.1994 – XI R 56/93, BStBl. 1995 II S. 275

BFH-Urteil vom 07.03.1995 – XI R 51/94, BStBl 1995 II S. 562

BFH-Urteil vom 06.10.1995 – III R 101/93, BStBl 1996 II S. 166

BFH-Urteil vom 05.01.1996 – V B 64/95, BFH/NV 1996, 582

BFH-Urteil vom 10.04.1997 – V R 35/96, BFH/NV 1997, 908

BFH-Urteil vom 11.12.1997 – V B 52/97, BFH/NV 1998, 751

BFH-Beschluss vom 16.10.1998 – V B 56/98, BFH/NV 1999, 227

BFH-Urteil vom 22.07.1999 – V R 51/98, BStBl 1999 II S. 630

BFH-Beschluss vom 31.08.1999 – V B 20/98, BFH/NV 2000, 245

BFH-Beschluss vom 31.08.1999 – V B 53/97, V S 13/99, V B 53/97, V S 13/99, BFH/NV 2000, 244

BFH-Urteil vom 18.11.1999 – V R 13/99, BStBl 2000 II S. 153

BFH-Urteil vom 25.11.1999 – III R 77/99, BStBl 2002 II S. 233

BFH-Urteil vom 16.03.2000 – V R 44/99, BStBl 2000 II S. 361

BFH-Beschluss vom 31.03.2000 – V B 8, 9/00, BFH/NV 2000, 1369

BFH-Urteil vom 22.02.2001 – V R 77/96, BStBl 2003 II S. 426

BFH-Urteil vom 08.03.2001 – V R 24/98, BStBl 2003 II S. 430

BFH-Beschluss vom 04.04.2003 – V B 7/02

BFH-Urteil vom 09.07.2003 – V R 29/02, BFH/NV 2003, 1467

BFH-Urteil vom 02.10.2003 – IV R 13/03, BStBl 2004 II S. 985

BFH-Urteil vom 14.10.2003 – IX R 68/98, BFH/NV 2003, 1626

BFH-Urteil vom 19.02.2004 – V R 135/01, BStBl 2004 II S. 958

BFH-Urteil vom 17.06.2004 – V R 31/02, BFH/NV 2004, 1487

BFH-Beschluss vom 18.01.2005 – V B 24/04

Europäischer Gerichtshof

EuGH-Urteil vom 29.02.1996, BStBl II S. 655

EuGH-Urteil vom 08.06.2000, BStBl 2003 II S. 452